21世纪高等学校应用型特色精品规划教材

现代旅游酒店会展服务系列

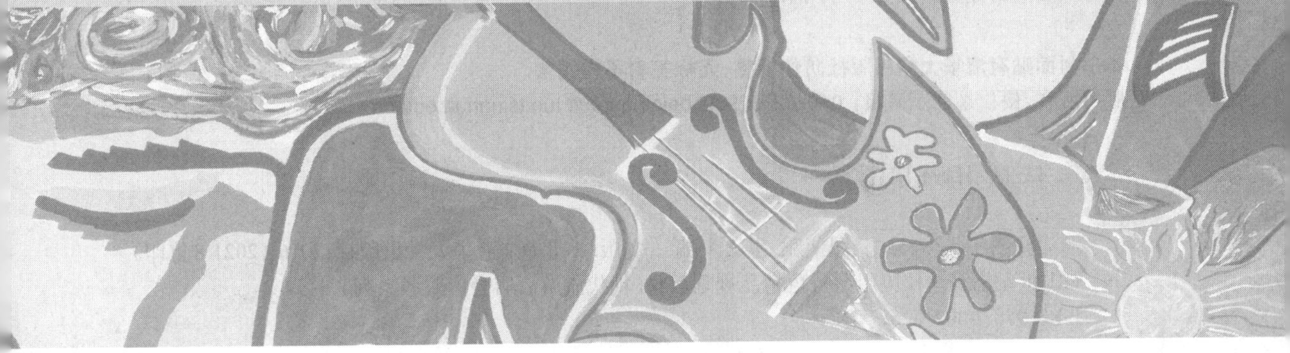

酒店营销实务

（第2版）

周显曙　闫莹娜　丁　霞　主编

清华大学出版社

北京

内 容 简 介

为了更好地适应我国酒店业对高级管理人才的需要，各类应用型院校都在致力于培养符合酒店需求的精服务、懂营销、会管理的复合型人才。

本书在引入大量新的行业案例的基础上，介绍酒店市场营销的基础知识，着重介绍酒店市场营销的环境与分析、市场细分与目标市场定位，进而介绍酒店市场的产品、价格、渠道和促销策略以及酒店客户关系、酒店营销部的运营与管理等知识。

本书既可作为应用型院校酒店管理专业学生的教材，也可作为酒店对其营销人员、管理人员、服务人员进行业务培训的参考用书。

图书在版编目（CIP）数据

酒店营销实务/周显曙，闫莹娜，丁霞主编. —2版. —北京：清华大学出版社，2016（2021.8重印）
（21世纪高等学校应用型特色精品规划教材. 现代旅游酒店会展服务系列）
ISBN 978-7-302-42617-2

Ⅰ. ①酒… Ⅱ. ①周… ②闫… ③丁… Ⅲ. ①饭店-市场营销-高等学校-教材
Ⅳ. ①F719.2

中国版本图书馆CIP数据核字（2016）第005280号

责任编辑：孟毅新
封面设计：王 军
责任校对：袁 芳
责任印制：杨 艳

出版发行：清华大学出版社
网 址：http://www.tup.com.cn，http://www.wqbook.com
地 址：北京清华大学学研大厦A座 邮 编：100084
社 总 机：010-62770175 邮 购：010-62786544
投稿与读者服务：010-62776969，c-service@tup.tsinghua.edu.cn
质量反馈：010-62772015，zhiliang@tup.tsinghua.edu.cn
课件下载：http://www.tup.com.cn，010-83470410
印 装 者：北京鑫海金澳胶印有限公司
经 销：全国新华书店
开 本：185mm×260mm **印 张**：16.25 **字 数**：390千字
版 次：2013年1月第1版 2016年11月第2版 **印 次**：2021年8月第6次印刷
定 价：49.00元

产品编号：067471-02

第 2 版前言

我国酒店业发展迅速，已成为第三产业的重要组成部分。作为旅游高等院校酒店管理等相关专业的主要课程，本书第 1 版自 2013 年出版以来，得到了众多同行和广大读者的认可，成为诸多酒店管理等相关专业的主要教材。为了使本教材更贴近现代酒店发展的趋势和符合酒店管理等相关专业的教学需求，特别对本书进行了再版修改。

再版教材在保持第 1 版原有章节框架的基础上做了以下更新、修改和补充。

（1）对全书各章节的相关内容做了修正和更新。

（2）更换和增补时效性强的酒店案例。

（3）增加了酒店业的新业态的介绍。

我国酒店业的发展经历了在数量上从供给短缺到供给过剩的变化，在性质上完成了从内部的接待业务向市场经营的转变。但是，与国际酒店集团相比，我国酒店的经营状况还有待提高。从发展来看，酒店业的竞争实际上是酒店经营管理人员素质和经营理念的竞争。

本书根据酒店营销的理论架构，注重实用性特点，主要针对当前酒店营销的相关知识、理论和策略进行了较为系统的阐述。全书共 9 章，本着“必需、够用”的原则，结合我国酒店业营销的实际情况，通过对基础知识和基本理论的介绍和阐释，使学生掌握基本理论知识，从而为毕业后从事相关工作奠定基础。

本书由周显曙、闫莹娜、丁霞编写，周显曙、丁霞负责第一～三章和第八章的编写；闫莹娜负责第四～七章和第九章的编写。

由于编写时间和编者水平有限，书中难免存在不足之处，敬请广大读者和同行批评、指正。

编　者

2016 年 6 月

目　录

第一章

绪　论

引导案例

7天酒店——会员制营销让淡季不淡

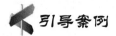

7天酒店创办于2005年，目前拥有300多家连锁店。“7天会”为7天酒店的会员俱乐部，它推出了多项会员专享服务、丰富多彩的会员积分奖励计划，拥有行业内最为庞大的会员体系。

与受到商务活动因素影响而淡旺季明显的商务型酒店相比，经济型酒店通常没有太明显的淡旺季之分，其价格常年保持一致。7天酒店CEO郑南雁对《新营销》记者介绍说，7天酒店能够让淡季不淡，秘诀在于一贯坚持的会员制、IT系统平台以及“滚雪球式”的扩张模式，由此节省了分销成本，同时拥有了一个忠诚的客户群体。

在经济型酒店业，通过携程、艺龙等网站做推广是许多酒店习以为常的做法。但7天酒店却摆脱了对中介代理的依赖，自成立之日起，就一直坚持做会员制营销，并不依赖旅行社和酒店预订代理机构，使7天酒店不受制于人，也因此大大节省了分销成本。

7天酒店重点推广会员制，利用会员的反馈提高服务质量，大大减少了人力投入和管理成本，做到了成本最低。郑南雁说：“我们营销的核心就是直接发展会员，以确保其享受低价，同时，会员制推广也是7天酒店品牌推广的主要方式。我们并没有很刻意地去打造品牌，而是在销售的过程中逐渐强化品牌，会员制对7天酒店的品牌塑造有着更持久的影响力，当然成本也更低。”

7天酒店营销的精髓就是将更多的利益回馈给消费者，跟消费者形成互动。据了解，7天酒店对会员实行统一低价，其定价原则是倒推价格，即先拟订一个市场价格，然后倒推成本，通过技术手段降低成本，在确保利润的前提下，让利给客户。7天酒店采用会员制营销，直接面向消费者，避开了代理商，也缩短了服务流程，让服务变得更加简单，也更加规范。通过实施会员忠诚度计划，7天酒店搭建了行业内最为庞大的会员体系，其会员超过了300万人，消费会员为100多万人。

7天酒店还自主开发了一套基于IT信息技术的电子商务平台，建立了国内首家集互联网络、呼叫中心、短信、手机WAP及店务管理为一体的系统，具有即时预订、确认及支付功能，使消费者无论何时何地都可以轻松、便捷地查询、预订房间。同时，在网络支付、网络营销等方面进行了一系列的合作创新实践。比如，和第三方在线支付平台财付通合作，让顾客拥有安全而多样的网上银行支付渠道；和知名社区天涯、若邻网合作，提供电子商务入口，让顾客体验酒店电子商务等。通过跨领域、大范围的合作，7天酒店为电子商务构建了一个全面而良性的生态圈：不仅给顾客带来最佳的服务体验，同时培育顾客养成电子商务消费习惯。更为关键的是，7天酒店在电子商务上的核心优势变得更加强大。

7天酒店的良好业绩，与其贴近市场的特色营销手段和策略密不可分。

资料来源：唯才教育网．宾馆淡季促销方案［OL］．http：//www.hn1c.com/2016/cuxiaofangan_ 0723/188938.html，2016-07-23.

辩证性思考：

（1）分析7天酒店的营销理念，说明其成功的原因。

（2）什么是酒店市场营销？酒店市场营销对于酒店的发展有什么作用？

有人说，“经营的目的，不是你想做什么，而是你能为客户做什么。”酒店营销就是为了满足客户的合理要求，为使酒店盈利而进行的一系列经营、销售活动，营销的核心是围绕满足客人的合理要求，最终的目的是为酒店盈利。而市场营销部作为酒店的核心部门，承担着酒店市场分析、计划、执行与控制工作，负责酒店的产品组合、产品销售和销售回收款等经营重任，因此，酒店市场营销部的运转水平直接关系到酒店的经营状况。通过对本章的学习，可以了解酒店市场营销工作的基础理论，从而为今后的学习奠定扎实的理论基础。

第一节 酒店营销研究的基础——市场营销的基本概念

教学目标：

(1) 掌握市场营销的基本概念。

(2) 了解市场营销的相关核心概念。

(3) 理解市场营销观念的演变历程。

一、市场的概念

市场是社会分工和商品经济发展到一定程度的产物。随着社会生产力的发展、社会分工的细化，商品交换日益丰富，交换形式复杂化，人们对市场的认识日益深入。

传统的观念认为市场指的是商品交换的场所，如商店、集市、商场、批发站、交易所等，这是市场的最一般、最容易被人们理解的概念，所有商品都可以从市场流进流出，实现了商品由卖方向买方转换。

但是，随着商品经济的飞速发展和繁荣，商品交换过程和机制日益复杂起来，狭隘的传统市场概念已远远不能概括全部商品经济的交换过程，也反映不了商品和服务交换中所有的供给和需求关系，因此，市场这个概念已不再局限于原有空间范围，而是演变为一种范围更广、含义更深的市场概念。

广义的市场是由那些具有特定需要或欲望，愿意并能够通过交换来满足这种需要或欲望的全部顾客所构成的。这种市场范围，既可以指一定的区域，如国际市场、国内市场、城市市场、农村市场；也可以指一定的商品，如食品市场、家电市场、劳动力市场等；甚至还可指某一类经营方式，如超级市场、百货市场、专业市场、集贸市场等。

从广义的市场概念可以看到，市场的大小并不是取决于商品交换场所的大小，而是取决于那些表示有某种需要并拥有使别人感兴趣的资源，以及愿意用这种资源来换取其需要东西的主体数量。具体来说，市场由购买者、购买力和购买愿望三要素组成。只有当三要素同时具备时，企业才拥有市场，即

$$市场 = 购买者 + 购买力 + 购买欲望$$

从经营者的角度来看，人们常常把卖方称之为行业，而将买方称之为市场，它们的关系如图 1-1 所示。

这里买方与卖方之间有 4 种流动相连，卖方把商品或服务送到市场，并与市场取得沟通，买方把金钱和信息送至行业。如图 1-1 所示，内环表示钱物交换，外环表示信息交换。

从宏观角度来看，市场是所有交换关系活动的总和。其交换内容可以是有形的，如商品

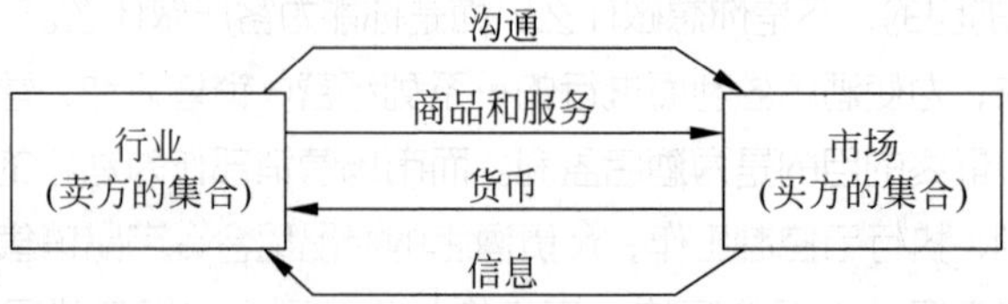

图 1-1　市场与行业的关系

市场、金融市场、生产要素市场等；也可以是无形的，如服务市场，这些由交换过程连接而形成的复杂市场就构成了一个整体市场，如图 1-2 所示。

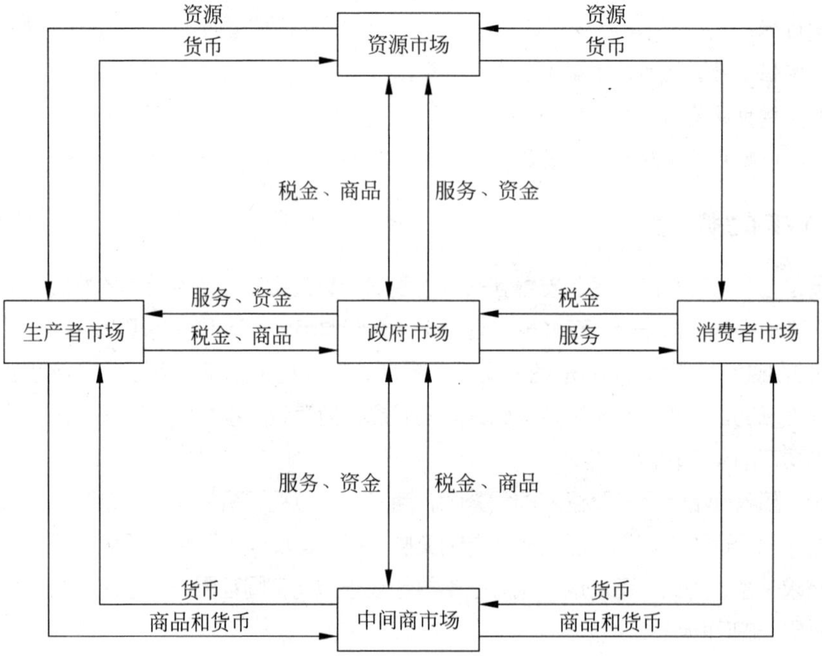

图 1-2　整体市场的流程结构

在整体市场中，生产者主要从资源市场（工业品市场）购买资源，生产出商品或服务卖给中间商，中间商再出售给消费者，消费者则从出卖劳动力所得到的报酬来购买其所需的商品和服务；政府则是另一种市场，它为公众需求提供服务，对各市场征税，同时也从资源市场、生产者市场和中间商市场采购商品与服务。

二、市场营销的概念

市场营销学是由英文 Marketing 一词翻译过来的。关于 Marketing 一词的翻译，中文有“市场学”“行销学”“销售学”“市场经营学”“营销学”等各种译法。考虑到从静态和动态结合上把握 Marketing 的含义，用“市场营销学”的译法比较合适。“市场营销学”一词的含义是什么，长期以来，许多人仅仅把市场营销理解为推销。其实，推销只是市场营销多重功能中的一项，并且通常还不是最重要的一项功能。正如美国著名管理学家彼得·德鲁克所言："可以设想，某些推销工作总是需要的，然而，营销的目的就是要使推销成为多余，从而使产品或服务完全适合顾客需要而形成产品自我销售；理想的营销会产生一个已经准备来购买的顾客群体，剩下的事情就是如何便于顾客得到这些产品或服务。"

市场营销是一个动态发展的概念。近几十年来，西方学者从不同角度给市场营销下了许多不同的定义，归纳起来可以分为如下三类。

（1）把市场营销看作一种为消费者服务的理论。

（2）强调市场营销是对社会现象的一种认识。

（3）认为市场营销是通过销售渠道把生产企业与市场联系起来的过程。

综上所述，市场营销是个人和群体通过创造产品和价值，并同他人进行交换以获得所需所欲的一种社会及管理过程。

根据这一定义，可以将市场营销的概念归纳为以下要点。

（1）市场营销的终极目标是满足需求和欲望。

（2）市场营销的核心是交换。而交换过程是一个主动、积极寻找机会、满足双方需求和欲望的社会和管理过程。

（3）交换过程能否顺利进行，取决于营销者创造的产品和价值满足顾客需要的程度和交换过程管理的水平。

三、市场营销的核心概念

要对市场营销进行深入细致的研究，就要先掌握它的一些基本的核心概念。它们包括了需要、欲望和需求，商品与服务，价值与满意，交换与交易，营销者。

（一）需要、欲望和需求

1．需要

构成市场营销基础的最基本的概念就是人类需要这个概念。需要是指人们没有得到某些满足的感受状态，人们在生活中需要空气、食品、衣服、住所、安全、感情以及其他一些东西，这些需要都不是社会和企业所能创造的，而是人类自身本能的基本组成部分。

2．欲望

欲望是指人们想得到这些基本需要的具体满足物或方式的愿望。一个人需要食品，想要得到一个面包；需要被人尊重，想要得到一辆豪华小汽车。

3．需求

需求是指人们有能力购买并且愿意购买某种商品或服务的欲望。人们的欲望几乎没有止境，但资源却有限的。因此，人们想用有限的金钱选择那些价值和满意程度最大的商品或服务，当有购买力做后盾时，欲望就变成了需求。

企业并不创造需要，需要早就存在于营销活动出现之前。企业以及社会上的其他因素只是影响了人们的欲望，它们向消费者建议一个什么样的商品可以满足消费者哪些方面的要求，如一套豪华住宅可以满足消费者对居住与社会地位的需要。优秀的企业总是力图通过使商品富有吸引力、适应消费者的支付能力和容易得到来影响需求。

案例 1-1

喜来登酒店的香味营销

如今，利用人们的嗅觉已经成为参与激烈竞争的一种武器。一种好的气味会使得顾客心情愉悦，愿在店内停留较长时间购物。相反，难闻的味道则会让顾客产生焦躁情绪，甚至避而远之。

喜来登酒店集团一共管理着142家福朋喜来登品牌的酒店，这些酒店分布在全球24个国家。以往，客人一走进酒店，闻到的是一种苹果派的味道。苹果派是欧美国家一道家常的饭后甜点，能让人感受到妈妈的味道，也令人联想到酒店所崇尚的简约风尚。不过为了更好地为客户服务，集团也会定期进行问卷调查了解客人的需求。最近一次的调查表明，客人更喜欢雨后清新自然的味道，于是，酒店决心对气味进行一些改变。这款香味有个挺好听的名字，“Pinwheels in the Breeze”，中文翻译为“风车味”，“那种感觉就如同春日里清新舒爽的户外气息”。“风车味”是福朋喜来登酒店的特有气味。福朋喜来登酒店的客户群体定位在30~40岁的商务客人，他们年轻、自然、崇尚简约、喜欢自由，这款清新自然的“风车味”正合他们意。

当然，除了福朋喜来登，喜来登酒店集团旗下还有瑞吉、豪华精选、W酒店、威斯汀、艾美国际、喜来登等多个品牌，每个酒店都有自己特有的味道，根据酒店的风格、定位专属定制。比如，喜来登酒店旗下另外一个高端品牌威斯汀则采用了一款不同的香味，在威斯汀酒店的大堂和公共区域，到处弥漫着一股白茶芳香。威斯汀酒店定位于高端商务客，这些商务客人工作紧张、压力非常大，白茶芳香能够帮助他们舒缓压力、放松心情。这种芳香的选择和威斯汀品牌“个性化、直觉灵动、焕发活力”的核心价值观相适应，体现了酒店所崇尚的健康、积极向上的生活方式。

和名称、Logo一样，与众不同的气味正在成为酒店的新标识并成为重要的营销手段之一。

资料来源：农博网．喜来登酒店香味营销案例分析［OL］．http：//finance. aweb. com. cn/20111122/465198232_ 2. shtml，2011-11-22.

（二）商品与服务

人们在日常生活中需要各种商品来满足自己的各种需要和欲望。从广义上来说，任何能满足人们某种需要或欲望而进行交换的东西都是商品。

商品这个词在人们心目中的印象是一个实物，例如汽车、手表、面包等。但是，诸如咨询、培训、运输、理发等各种无形服务也属于商品范畴。一般用商品和服务这两个词来区分实体商品和无形商品。在考虑实体商品时，其重要性不仅在于拥有它们，更在于使用它们来满足人们的欲望。人们购买汽车并不是为了观赏，而是因为它可以提供一种被称为交通的服务，所以实体产品实际上是向人们传送服务的工具。

服务则是一种无形产品，它是将人力和机械的使用应用于人与物的结果，如保健医生的健康指导、儿童钢琴知识教育、汽车驾驶技能的培训等。

当购买者购买商品时，实际上是购买该商品所提供的利益和满意程度。例如，在具有相同的报时功能的手表中，为什么有的消费者偏爱价格高昂的劳力士手表？原因在于它除了基本的报时功能外，还是消费者成功身份的象征。这种由产品和特定图像、符号组合起来表达的承诺，能够帮助消费者对有形产品和无形产品做出购买判断。在很多情况下，符号和无形的产品让消费者感到更有形、更真实。由于人们不是为了商品的实体而买商品，商品的实体是利益的外壳，因此，企业的任务是推销商品实体中所包含的内核一利益或服务，而不能仅限于描述商品的形貌，否则，目光就太短浅了。

（三）价值与满意

消费者通常都面临一大批能满足某一需要的商品，消费者在这些不同商品之间进行选择时，一般都是依据商品所能提供的最大价值而做出购买决定的。这里所谓的价值就是消费者付出与消费者所得之间的比率。一般来说，消费者在获得利益的同时也需要承担成本。消费者所获得的利益包括功能利益和情感利益，而成本则包括金钱、时间、精力以及体力，因此，价值可用以下公式来表达。

价值 = 利益/成本 = 功能利益 + 情感利益/金钱成本 + 时间成本 + 精力成本 + 体力成本

企业可以通过这几种方法来提高购买者所得价值：①增加利益；②降低成本；③增加利益同时降低成本；④利益增加幅度比成本增加幅度大；⑤成本降低幅度比利益降低幅度大。顾客在具体的消费过程中对两件商品进行选择时，这两件商品的价值分别为 V_1、V_2，如果 $V_1:V_2>1$，这名顾客会选择 V_1；如果 $V_1:V_2<1$，他会选择 V_2；如果 $V_1:V_2=1$，他会持中性态度，任选 V_1 或 V_2。

如果满意解释为顾客通过对某商品可感知的效果与他的价值期望相比较后所形成的愉悦或失望的感觉状态，则满意水平可表示为感知效果与价值期望之间的差异函数，即

满意水平 = 感知效果 − 价值期望

如果效果超过期望，顾客就会高度满意；如果效果与期望相等，顾客也会满意；但如果效果低于期望，顾客就会不满意。

知识拓展 1-1

提高客户满意度——幽默服务

幽默被解释为一种交流方式，一种由复杂的心智刺激启动、逗起或引起发笑的反射。它有着天然让人愉快的价值，同时也是启动快乐的一种学问，一种基本的好客学问；从经济角度出发，在酒店管理中导入幽默的理念，并不需要投入过多的资金成本，只需要管理者的灵感投入。

在英文中，酒店行业通常被表述为 Hospitality Industry，也就是好客的行业。酒店的服务过程就像在家里接待来访的客人，作为主人有责任让客人开心愉悦。在此过程中适当使用幽默可以调节气氛，增进彼此间的信任和感情。

> 不拒绝客人提出的要求，这是酒店服务的基本原则。但是总会有客人提出一些令酒店难以接受的服务要求，这时候，幽默就不失为一种有效的缓解方法。比如，一位很挑剔的女顾客来到酒店餐厅，对女服务员说："我要一份煎鸡蛋，蛋白要全熟，但是蛋黄要全生的，甚至还能流动。不要用太多的油去煎，盐要少放，加点胡椒。还有，一定要是一只乡下快活的母鸡生的新鲜蛋。""好的，您稍等。"女服务员温柔地说，"顺便问一下，那只母鸡的名字叫阿珍，您觉得满意吗?"面对爱挑剔的顾客，服务员没有表达对这些苛刻要求的不满，而是按照对方的思路，夸张地提出一个更为可笑的问题，在会心一笑中化解了服务中的难题。
>
> 幽默在酒店的告示语言设计中使用得较为广泛，因为酒店的告示是酒店与客人、与员工沟通的重要途径。比如，国内一家酒店员工餐厅的盛饭桶上方曾经有这样的告示："少盛一点，多盛几次，本饭桶欢迎您再次光临"，据说这一告示是代替"谁知盘中餐，粒粒皆辛苦"的告示的，使用以后，减少了大约2/3的粮食浪费。
>
> 可见，作为一种能带来快乐的交流方式，幽默可以为酒店的营销管理带来一些新的思路和启发。
>
> 资料来源：周显曙，丁霞．酒店营销实务［M］．北京：清华大学出版社，2013.

（四）交换与交易

需要和欲望只是市场营销活动的序幕，只有通过交换，营销活动才真正发生。交换是提供某种东西作为回报而与他人换取所需东西的行为，它需要满足以下5个条件。

（1）至少要有两方。

（2）每一方都要有对方所需要的有价值的东西。

（3）每一方都要有沟通信息和传递信息的能力。

（4）每一方都可以自由地接受或拒绝对方的交换条件。

（5）每一方都认为同对方的交换是称心如意的。

如果存在上述条件，交换就有可能，市场营销的中心任务就是促成交换。交换的最后一个条件是非常重要的，它是现代市场营销的一种境界，即通过创造性的市场营销，交换双方都达到双赢。

交易是交换的基本单元，是当事人双方的价值交换。或者说，如果交换成功，就有了交易。怎样达成交易是营销界长期关注的焦点，各种各样的营销课题理论实际上都可还原为对这一问题的不同看法。

（五）营销者

前面已经指出，市场营销就是以满足人们各种需要和欲望为目的，通过市场将潜在交换变为现实交换的活动。毫无疑问，这种活动是指与市场有关的人类活动。在这种交换活动中，对交换双方来说，如果一方比另一方更积极主动地寻求交换，则前者称为营销者，后者称为潜在顾客。具体来说，营销者就是指希望从他人那里得到资源，并愿以某种有价值的东西作为交换的人。很明显，营销者可以是一个卖主，也可以是一个买主。假如有几个人同时想买某幢漂亮的房子，每个想成为房子主人的人都力图使自己被卖方选中，这些购买者就都在进行营销活动，也都是营销者。

知识拓展1-2

全员营销

酒店业的“全员营销”即指酒店全体员工对酒店的产品、价格、渠道等可控因素进行组合以满足顾客的多元化需求；同时以销售部为龙头，所有部门以市场为核心、以顾客为导向，进行营销管理，所有员工关注并参加到企业的整个营销活动的策划实施过程中，群策群力，从而使酒店赢得市场竞争力。

对于酒店常规的外部营销，酒店经营者无疑都认为至关重要，而深具潜力的内部营销在管理行为中却常被忽略。内部营销多是完成在现有顾客的基础上，让顾客满意度最大化的消费，促销成本低，利润同时也达到最大化，既促进了与客人积极的沟通交流，又有益于营造宽松和谐的酒店氛围；再者，作为开放社会的一员，人人必然存在人际关系的辐射性、外延性，对于酒店的业务推广、形象宣传较之媒体广告都具有更强的说服感染力。

资料来源：贺友桂，李明飞．酒店管理：理论、方法与案例［M］．北京：中国经济出版社，2014.

四、市场营销观念的演变历程

企业的经营思想指导着企业的营销行为，要想研究企业的市场营销活动，则先必须清楚营销的观念。企业营销观念是随着社会经济的发展和市场发生、市场结构、市场活动范围等条件的变化而发展变化的。近百年来，伴随着企业生产及销售活动的变化，企业的营销指导思想经历了一个漫长而复杂，由“以生产为中心”转变为“以顾客为中心”，从“以产定销”转变为“以销定产”的演变历程。具体而言，市场营销的观念经历了以下一些阶段，如图1-3所示。

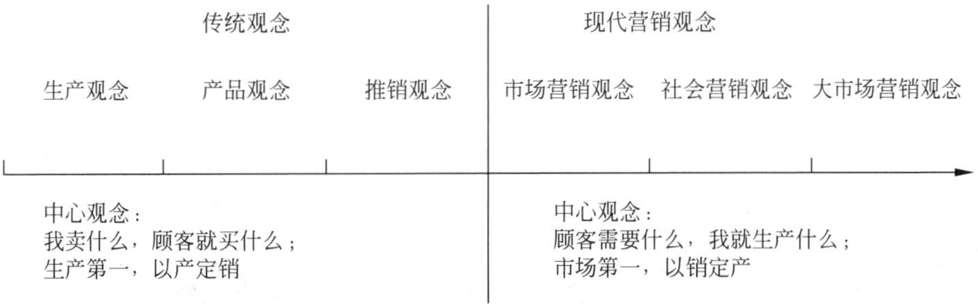

图1-3　市场营销观念的演变历程

（一）生产观念

生产观念是最古老的一种经营哲学，是在生产力相对比较落后的情况下才会持有的一种观念。在手工坊的生产时代里，企业的生产效率比较低，商品生产量有限，卖方竞争不激烈，而买方则是争相抢购，整个市场中的供求状况是供不应求的卖方市场，产品想实现价值太容易了，企业经营者根本不必考虑生产出来产品后是否能销售出去的问题，也不会从消费者的需求出发从事经营活动，经营者持有的观念是“我生产什么，就销售什么；我生产多少，就可以销售多少”。在这种观念的指导下，企业只按订单生产，并以此引导经营活动。企业的核心在生产环节，而非消费者的需求，且经营管理者的主要任务就是改进生产技术，提高劳动生产率，增加产量，并将产品配送至销售者手中，这样企业就可以获得更多的利润。例如，20 世纪 20 年代，美国汽车大王亨利 · 福特公司生产的“T”型车是抢手货，当时的福特汽车根本无须寻找顾客，也不在意顾客需要什么颜色的汽车，一律只生产黑色的。当时福特的这种经营行为就是在典型的生产观念指导下而产生的。

（二）产品观念

在市场竞争日趋激烈的条件下，企业要想更多地售出自己的产品，就必须有吸引顾客的地方。而在早期，企业经营者首先能够想到的吸引顾客的手段就是提高产品的质量，为顾客提供优质的产品，由此，产品观念应势而生。这种观念认为，与同类型的产品相比，只要自己的产品质量最好、性能最优、功能最多，就会受到消费者的欢迎。与生产观念相比，这一观念有一定的进步，而且这一观念至今在企业界还存在着广泛影响。

与现代营销观念相比，产品观念仍然是一种传统的经营哲学，因为这一观念的核心是企业自身的产品，企业依旧没有考虑到顾客的需求，只是一心想提高产品质量。我们并不是说注重产品质量不对，但在这种观念下，有两个疑问需要解决：一是产品的质量是谁眼中的质量，这种质量是否是顾客需要的；二是产品的质量是否越高越好。如果产品的质量并不是顾客所需要的，那么不顾消费者的需求，一味提高产品的质量，容易导致企业采取“故步自封”及“孤芳自赏”的经营态度，出现“产品自恋症”以及“市场销售的近视症”，产品的销售不仅无法得到保证，还会为企业带来成本上升的问题，严重的话还会导致企业经营的失败。

（三）推销观念

推销观念的经营哲学产生于 20 世纪 20 年代末至 50 年代，这一时期是许多产品由“卖方市场”向“买方市场”过渡。在这一阶段中，由于各种原因，企业之间的竞争逐步加剧，市场供给由供不应求转变为供过于求，由卖方市场向买方市场过渡，尤其是在 1929—1933 年的美国特大经济危机时期，大量产品销售不出去。这种状况迫使企业采取各种方式去推销产品，即采用“王婆卖瓜，自卖自夸”的方式，一方面提高改进产品服务质量，另一方面打出广告并组织人员外出推销，唯此才能使客人了解产品并在竞争中战胜对手。和产品导向下的“等客上门”相比，企业开始重视广告及人员的推销。并有专人从事销售工作，因此比前两种观念更前进了一步，但推销观念同样表现为“我卖什么，顾客就买什么”，与前两者相比，推销观念同属“以销定产”的范畴，企业对于销售的努力和重视主要是出于自身利益的考虑，这一观念的实质仍是以企业的生产及推销为中心，依然是在为考虑顾客需求的情况下从事产品的生产与销售工作，它同样忽视了售后服务的重要性。随着商品经济的不断完善与发展，这一观念也慢慢地不再适应社会的需要。

（四）市场营销观念

市场营销观念产生于20世纪50年代之后，当时，社会生产力迅速发展，市场趋势表现为供过于求的买方市场，同时，广大居民个人收入迅速提高，有可能对产品进行选择，企业间产品的生产与销售竞争加剧，单纯依靠生产效率、产品质量以及各类推销方式已不能满足企业的经营需要。如果产品不对路，不能满足消费者的需求，生产得越多、质量越好、投入推销方面的人力物力越多，则企业成本越高，产品若卖不出去，企业的损失越大，在这种形势下，市场营销观念随之产生。市场营销观念认为，要达到企业目标，关键在于弄清目标市场的需求和欲望，并根据这些需求欲望从事自身的生产经营活动，以满足顾客的需求，因此市场营销观念的出发点不再是企业的生产，而是顾客的需求，“顾客需要什么，就生产什么”是市场营销观念的表现。

相对于前三种观念而言，市场营销观念是一个飞跃，也是营销理论与实务发展历程中的一个分水岭。它与前几种观念的根本差别在于，在此之前的营销实际上仅仅局限于企业的生产与销售活动，是以企业及产品为中心的，是以扩大消费需求来创造利润的；而市场营销观念则将营销活动的范围延伸至产品生产与销售的前后，是以市场为出发点，以顾客需求为中心的，企业要想成功并获得利润，必须依赖并满足消费者需求，使消费者满意。市场营销观念与推销观念之间的区别如图1-4所示。

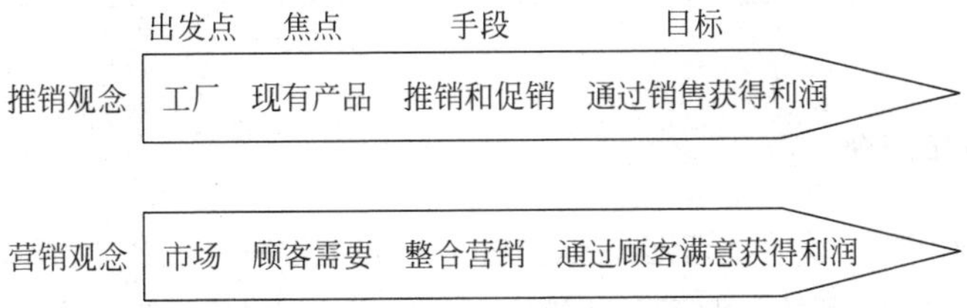

图1-4　市场营销观念与推销观念之间的区别

案例1-2

上海某酒店总机接线员的营销意识

2014年圣诞节前午夜时分，上海某酒店总机当班的小王接到某外资公司一位客人的电话，询问圣诞活动预定事宜，并说曾打电话给另一家酒店，因该店总机接线员告之订票处已经下班，于是便打电话到该酒店询问。

小王接到客人的电话，尽管此事并非她直接的工作范围，但她脑海中立即意识到这事关饭店形象，做好咨询服务是自己应尽的责任和义务，处理得当还能促进饭店的圣诞销售。

小王是一个有心人，平时已将饭店的圣诞活动安排了解得一清二楚，于是她马上热情、细致地把有关情况向客人一一作了介绍。客人听后非常满意，并表示他们公司的平安夜活动就定在该酒店了，若中了奖就送给总机小姐。第二天，他们果然来饭店买了1000张欢度“圣诞平安夜”的套票。

资料来源：陈文生．酒店管理经典案例［M］．福建：福建人民出版社，2011.

（五）社会营销观念

社会营销观念是在20世纪70年代出现的，一方面，随着社会的不断发展，在经济利益的驱动下，有些企业为了追求销售量、追求经济效益，不惜冒犯消费者的利益生产伪劣产品，发布一些欺骗性的广告，这些行为都直接侵犯了消费者权益，引起了广大消费者的不满，由此，社会上掀起了一场保护消费者权益的活动。另一方面，第二次世界大战后经济发展速度加快，人口数量膨胀，因此，资源被过分利用，生态环境恶化；加之许多企业为了提高产品产量，引入了各种各样新的技术，从而忽视了生产产品可能对环境产生的破坏性影响，打破了生态平衡，使全社会的长期利益受到了极大威胁。在这种情况下，人们越来越清楚地认识到资源与环境保护的重要性。为了改善地球的生态状况，企业需要树立一种绿色的生态经营观念，即一方面注意生产一些不会破坏自然环境的产品；另一方面注意教育消费者树立绿色消费的观念，至此社会上又掀起了一场保护生态平衡的运动。

上述两种运动迫使企业在生产销售的同时不仅要考虑购买本企业产品消费者的利益，还要考虑整体消费者的利益；不仅要考虑消费在近期的利益，还要考虑到社会的长远利益，将企业、消费者和全社会的利益有机地结合起来。在这种思想指导下的营销观念就是社会营销观念。

（六）大市场营销观念

20世纪80年代后，经济全球化日益明显，许多企业都将目标洒向全球范围，但一些国家为了保护本国企业的利益，实行了贸易保护主义，即通过关税、技术限制、指定产品有害物质的最高含量等各种壁垒限制其他国家企业产品的进口。大市场营销观念就是在这种背景下产生的，这种观念提出：除了运用传统的营销手段，即产品、价格、分销及促销等整体营销策略外，更重要的是运用公共关系手段，通过各种渠道影响贸易国的政策及行政权力，间接运用政治权利，越过壁垒开展市场营销活动。

这种观念使企业对市场营销环境的认识跃上了一个新的台阶。在此之前的营销观念中，企业能够影响的范围仅限于消费者，而在大市场营销观念下，企业影响的不只是消费者这一微观的主体，还有政府部门等宏观主体。在大市场营销观念的指导下，企业发挥了营销的主体能动性，通过影响环境，使之向有利于企业的方向改变。所以，与传统观念相比，在大市场营销观念指导下的企业能够开辟更宽阔的天地。

如今的企业营销人员都应学习和掌握现代营销观念，用它来指导自己的日常工作。只有以现代营销观念武装自己的营销管理者，才称得上是远大的战略家，否则他最多只能是一个患有“营销近视症”的战术家。

评估练习

（1）简述市场营销的概念。

（2）市场营销的相关核心概念有哪些？

（3）什么是全员营销？

（4）简述市场营销观念的演变历程。

第二节　酒店市场营销概述

教学目标：

（1）掌握酒店市场营销的概念。

（2）掌握酒店市场营销的特点。

（3）理解酒店市场营销的内涵。

一、酒店市场营销的概念

（一）酒店

酒店的基本定义是向消费者提供住宿、饮食以及相关综合性服务的企业。具体地说，酒店是以它的建筑物为凭证，通过出售客房、餐饮及综合服务设施向客人提供服务，从而获得经济收益的组织。酒店主要为游客提供住宿服务、生活服务，以及餐饮、游戏、娱乐、购物、商务中心、宴会及会议等场地设施。

随着我国经济的持续发展，人均消费水平的不断提高，选择外出旅游的人也越来越多，加之我国经济迅速国际化，来华旅游、工作的人也越来越多，直接促进了我国酒店行业的发展。对酒店行业来讲，酒店的分类对酒店战略目标的制定至关重要。

酒店可以按照以下标准分类。

1．按酒店的服务类型分类

按服务类型，酒店可以分为以下几类：以接待从事商务活动客人为主的商务型酒店，比如广州鼎龙国际大酒店；以接待会议旅客为主的酒店，除食宿娱乐外还为会议代表提供接送站、会议资料打印、录像摄像、旅游等服务的会议型酒店；为观光旅游者服务的观光型酒店；为度假游客提供娱乐和度假场所的度假型酒店；为旅游出差者预备的，同时价格低廉且服务方便、快捷的经济型酒店，经济型酒店中的精品酒店就是连锁酒店；为懒人和忙人提供酒店式服务公寓，既能享受酒店提供的殷勤服务，又能享受居家的快乐。

2．按酒店的建筑规模分类

酒店的规模大小，可以在一定程度上反映出酒店的等级高低及提供服务的项目多少。

（1）小型酒店

小型酒店一般有100～300个房间，提供一般性的服务，如客房、餐厅、小酒吧和简单的康乐设施。小型酒店一般价格都比较低廉。

（2）中型酒店

中型酒店一般拥有300～500个客房。这是一般旅游者理想的休息娱乐场所。价格比较合理，服务项目较齐全，设施也比较现代化。经营、管理比较容易，经济效益比较可观。

（3）大型酒店

大型酒店一般拥有500个以上客房。大型酒店的设施豪华，服务项目相对齐全，所以大型酒店一般都称之为豪华酒店。酒店盈利高，但是难以管理，必须采用世界级酒店集团的先进科学管理体系。

3. 按酒店星级标准划分

星级制把酒店按一定的标准分成不同的星级，用星号的数量来代表。我国采用五星级制，分别为：一星、二星、三星、四星、五星。星数越多，等级越高。五星是最高级（即豪华酒店），一星是经济型酒店。星级划分的依据是酒店的物质因素、管理因素、技术因素、服务因素、安全卫生环境因素等。

（1）一星酒店

设备简单，具备食、宿两个最基本功能，能满足客人最简单的旅行需要，提供基本的服务，属于经济等级，符合经济能力较差的旅游者的需要。

（2）二星酒店

设备一般，除具备客房、餐厅等基本设备外，还有卖品部、邮电、理发等综合服务设施，服务质量较好，属于一般旅行等级，满足旅游者的中下等的需要。

（3）三星酒店

设备齐全，不仅提供食宿，还有会议室、游艺厅、酒吧间、咖啡厅、美容室等综合服务设施。服务质量较好，收费标准较高，能满足中产以上旅游者的需要。

（4）四星酒店

设备豪华，综合服务设施完善，服务项目多，服务质量优良，讲究室内环境艺术，提供优质服务。客人不仅能够得到高级的物质享受，也能得到很好的精神享受。这种酒店国际上通常称为一流水平的酒店，收费一般很高，主要是满足经济收入较高的上层旅游者和公务出差的需要。

（5）五星（豪华型）酒店

五星（豪华型）酒店是旅游酒店的最高等级。设备十分豪华，设施更加完善，除了房间设施豪华外，服务设施齐全。有各种各样的餐厅，较大规模的 宴会厅、会议厅，综合服务比较齐全。收费标准很高，主要是满足上层人士、政府官员、社会名流、大企业公司的管理人员、工程技术人员、参加国际会议的官员、专家、学者的需要。

截至2014年年底，我国共有11180家星级酒店正常运营。其中五星酒店745家，四星酒店2373家，三星酒店5406家，二星酒店2557家，一星酒店99家。

（二）酒店市场

酒店市场是现代市场的重要组成部分，从营销的角度讲，酒店市场是指酒店现有的和潜在的顾客。

1．酒店市场的特点

酒店市场与其他市场相比具有以下特点。

（1）异地性。酒店市场中的消费者有相当一部分是从异地到酒店所在地旅游的旅游者。

（2）季节性。酒店的季节性最直接的反映就是酒店的淡、旺季。

（3）高弹性。我国酒店为数众多、种类众多，但特色酒店比例还有待提高，酒店存在很大的同质性，这就导致消费者以同样标准进行选择时可以有更多的替换选择。

（4）脆弱性。酒店市场会受到诸多因素的影响，比如政治、经济、重大灾害等都会对酒店市场造成一定影响。

2．酒店市场供给

统计在本区域内所有的酒店，根据酒店市场的现状分析其区域内市场供给数。

3．酒店市场需求

根据近几年人们在酒店消费数量来分析酒店市场的需求。

（三）酒店市场营销

酒店市场营销是为了满足客户的合理要求，为使酒店盈利而进行的一系列经营、销售活动。随着我国酒店业日益发展且与国际接轨，酒店营销意识在我国酒店业中得到发展，成功的营销是酒店在激烈的市场竞争中处于不败之地的有效保证。酒店的营销必须与饭店内其他部门密切配合，如住宿与前台、客房，用餐与餐厅，会议与工程、音响等。营销部常常代表顾客的要求和利益，而顾客的要求有时非常挑剔，营销的作用就在于沟通酒店和客源市场间的供求关系，以求酒店的最大效益。因而，酒店市场营销是酒店经营管理的核心。

知识拓展1-3

精品酒店的几大优点

为高端客人提供定制化、个性化与人性化的服务是精品酒店的追求。因此，精品酒店的员工数与客房数的比例常会达到3∶1，甚至5∶1，远高于一般的五星级酒店。精品酒店在服务理念和服务方式上的体贴入微，起源于英国皇室的“贴身管家式服务”。专职管家能最大限度地满足客人个性化的需求，亲切、殷勤、真诚、专属的服务能让客人流连忘返，再次下榻，并成为酒店的忠诚宾客。精品酒店没有大堂柜台，每一位在现场的服务员都配有可写式笔记本电脑，客人在任何时候、任何位置（即使是在用餐的时候）都可以让餐厅的服务员完成结账，发票可以按客人留的地址寄送，让住在这里的每一位客人，都能得到最完美、最亲切、最快速的服务。

作为定位高端的服务产品，精品酒店既迎合了市场由大众化消费向个性化、体验型消费变换的潮流，同时也引导了一种新的时尚消费方式。比如，坐落于北京三里屯的北京精品酒店就是一个典型代表。

资料来源：佚名．精品酒店设计的前景及发展优势［OL］．http：//www. caaad. com/zixun/xydt4_ 201506/435265733. html，2015-06-24.

二、酒店市场营销的特点

酒店市场营销具有以下 6 个特点。

（一）酒店产品的无形性

酒店营销人员必须通过不断地与客人进行交流，为他们提供可靠、有效的产品信息，通过酒店广告、宣传手册等资料来展示酒店产品，使酒店无形的产品有形化，使酒店设施、服务水平、产品品质以及可以带给客人的相关利益等充分地传达给公众，并使它们与众不同且真实可信。

（二）酒店产品的复杂性

由于消费者前往酒店的消费需求一般比较复杂，涉及住宿、饮食、交通、购物、娱乐、商务等诸多方面。因此，与普通的有形产品不同，酒店产品包括的构件非常复杂，需要能够满足顾客的各种生理和精神需求。从性质上分类，酒店产品大体上包括硬件产品与软件产品两部分，硬件产品指酒店拥有的各类住宿、餐饮、娱乐、交通、会议及商务等接待设施；软件产品即是依托上述设施向客人提供的各类服务项目。两者的累加构成了酒店向客人提供的产品，缺少其中任何一个方面，酒店产品都是不完整的。

（三）酒店产品需求的波动性

与此同时，酒店产品不仅无法储存，而且其需求量还存在着极为明显的波动性。在每年的不同季节、每月的不同日期甚至每天的不同时间都会存在着需求量的波动。这种不可储存性和波动性结合在一起，给酒店经营带来了更大的压力。营销人员必须通过创造性的定价、促销和有计划的营销活动来加强酒店产品的销售。比如在淡季，酒店可以采用降低价格、强调酒店可以带给客人的特殊附加利益等方式来提高酒店产品的使用率。

（四）酒店产品的不可储存性

对于酒店而言，其产品的不可储存性至少有两层含义。首先，客房、康乐设施、会议室、宴会厅等一天不出租，一天就不能创造价值。其次，是由酒店服务的直接性决定的。酒店向客人提供的服务也是无法储存和搬运的，只有当客人光顾或住进酒店时才能进行；当客人结账离店时，酒店的服务也随之终止。这种产品特性就对营销人员的工作提出了更大的挑战，它要求营销人员尽量要将酒店当天未出租的客房、餐位等设施销售出去。

（五）酒店产品的不一致性和不可分割性

酒店产品是以服务性产品为主的，而服务是由服务人员提供的，他们的素质、知识、技能、态度各不相同，营销人员为了能使客人对酒店服务产生良好的看法和态度，必须重视对于酒店服务人员的培训与激励。此外，还必须通过各种渠道来了解客人对酒店服务的满意程度，以减少由于服务质量不稳定而产生的各种负面情况，进而为营销工作的开展奠定良好的基础。要注意的是，酒店产品的生产、经营和消费常常发生在同一个时空背景条件下，密不可分，他们是一个过程的两个方面。服务人员在向客人提供服务的同时，消费也即刻启动，顾客开始享受酒店提供的服务产品，待客人结束消费并离店时，生产不再进行，服务人员也停止了向客人提供服务的行为。酒店服务产品的这一典型特点不仅为酒店的营销带来一些特殊的要求，同时也为酒店产品带来一些其他的特殊性。由此可见酒店产品的不一致性和不可分割性。

（六）酒店产品与其他旅游产品的高度关联性

酒店产品被视为旅游产品的一种，酒店业也被视为构成旅游业的核心部门之一。在旅游者全部需求结构中，酒店业担负着解决旅游者食、宿、娱等方面的任务。所以，酒店通常也被组合到整个旅游产品当中去，成为其他旅游产品的互补品，因而酒店产品与其他旅游产品具有较强的关联性。在这种情况下，酒店产品的营销策略必须与旅游产品的相关营销策略相结合，才能取得最好的营销效果。

知识拓展1-4

酒店营销两大忌

一忌主观判定消费单位的信誉程度。

目前，在酒店所有消费群体中，特别是一些内地酒店，挂账消费占相当比重。酒店在衡量挂账单位的消费资证时，自然会根据该单位的实力、信誉程度来确定能否挂账，以免发生呆账、坏账、死账的现象。时间一长，本地区的老客户和比较知名的企业容易掌握，而对于类似新增的消费客户就不能只凭企业属性和现有实力来确定他的信誉程度了，更不能厚“公”薄“私”，重“大”轻“小”。

酒店对于在交往的客户中，积极稳妥的做法是一方面笑脸相迎，另一方面用坚强有力的监管措施来不让酒店利益受损。如可采取订立详细合约、缩短结账时间、安排专人监察等措施来开方便之门达到新增客源之目的，一旦发现问题苗头再取消挂账资格也不迟。

二忌老总很少登门拜访。

酒店老总适时登门拜访客户是增进了解、加强友谊、巩固客源的有效手段，这已被广大同行所认知，但在具体实施中就相去甚远了。有的是没时间，忘了去；有的根本没打算去，让下属走走了事；有的甚至连营销总监、经理都很少下去，关起门来造车。这里面可能有几个方面的原因：与自己同级别的还好说，去拜访比自己低的客户脸面上过不去；一天到晚陷在酒店的杂务里，事必躬亲，大包大揽，结果累得无从顾及；责任心不强或工作不得要领。大凡有这些原因的经理们，只在乎自己的感受和实情，而忽略了赖以生存的客户们的想法。

资料来源：刘伟．酒店管理［M］．北京：中国人民大学出版社，2014.

三、酒店市场营销的内涵

旅游业现在已经成为所有行业中规模较大、发展较快的行业之一。初步预计到2022年，全球从事旅游业的就业人数将达到32800万人。单就美国而言，在十大行业中，旅游业就为群众提供了占所有行业1/8的就业岗位。而这一数据还在不断增加，至2015年年底，每月增加岗位数量超过55000个。全球游客数量也急剧增加，以美国和我国最为明显。预计至2018年，国际游客数量将会比现在增长30%左右。酒店业作为支柱产业之一，势必发挥重要作用，酒店市场营销对于酒店业的发展有着决定性的作用。

（一）酒店市场营销的四要点

1. 正确选择目标市场

酒店所有的经营活动都是围绕着消费者展开的。也就是说为了确保经营活动的有效开展，酒店首先要对市场进行充分调研，在调研的基础上再去选择适合自己的目标市场，了解这些市场中现有顾客和潜在顾客的相关需求；进而设计出有针对性的产品，满足目标市场的需求，最终实现自己的经营利益。

对于酒店的经营者而言，必须要选择正确的目标市场，同时给予酒店明确的市场定位，只有这样才能更好地为每一个目标市场的客源量身定做适当的营销方案，提供有针对性的服务，提高顾客的满意度。

2. 不断了解顾客需求，以顾客满意为己任

顾客的需求是多样化和繁杂的，顾客大多不会将他的需求明确告诉酒店，但对于酒店而言，获取这样的信息又显得尤其重要。所以酒店要采用多种途径来了解顾客对于产品与服务的意见、需求或者建议，获取顾客在消费结束后的各种反馈信息，为改进和提升酒店的服务提供依据。

3. 加强协调，创造良好的营销氛围

酒店产品是一个环环相扣的整体，顾客从入住开始到离店为止要接受来各个部门的共同服务。在对客服务中，任何一个部门都非常重要，这就需要各个部门的有效配合与协调沟通，以此来保证整体的服务效果。

4. 获取满意的盈利率

在保证顾客满意的前提下，酒店也要使自己的营销目标得认实现。如果单纯地关注顾客满意度而忽视了酒店的运营成本，就违背了酒店经营的商业性质；相反，如果只是关注利润的增长，而忽视顾客的满意度，也是目光短浅的作为。

（二）酒店营销管理的新发展

进入21世纪，在经济全球化、竞争国际化等综合影响下，求新成为企业生存发展的根本。现代酒店业面临一个前所未有的经营环境，面对这种复杂多变的经营环境，酒店营销必须求新，这其中包括营销观念的求新、营销产品的求新、营销模式的求新等。

1. 从跟随营销到创造营销

跟随营销是企业跟在市场后面开展营销活动，市场需求变了，营销活动跟着变，即“跟

着市场走”。跟随营销使企业被动地适应市场，往往是市场需求已明朗化，企业才进行生产或销售，从而使企业的生产销售总是比市场需求慢半拍。随着市场需求的变化加快和市场竞争日趋激化，许多企业深感“跟着市场走”不再可行，企业只有走在市场前面，才能在竞争中生存，即企业“牵着市场走”，由跟随营销转向创造营销。创造营销是把人们潜意识的、模糊的、不清晰的需求有意识化、明朗化、清晰化和现实化，并通过市场营销加以满足，这是一种主动适应市场需求的做法。因此，创造营销是更好地依市场需求发展走势开展营销活动，使企业的生产销售与市场需求之间保持“快半拍”的状态，从而牢牢掌握市场主动权。

酒店类企业要实现自己的经营发展目标，关键在于正确地确定目标市场的需求和欲望，并且比竞争者更有效、更有利地传送目标市场所期望满足的东西。

2. 从品质营销到品牌营销

努力提高产品质量，可以说是我国酒店市场营销的一个重要方面，并取得了可喜成就，但由于一些企业对品牌认识不足，有些企业竟把一个好不容易创立起来的知名品牌拱手让给外商，外商购得这些品牌后，立即把它打入“冷宫”，推出自己的品牌。我国酒店业营销者开始由品质营销转向品牌营销，通过品牌的形象塑造、宣传，对其所依附的产品更新，提高质量等营销手段的运用，千方百计地创立全国名牌乃至世界名牌。可喜的是，这样一批国内“名牌”，如如家、锦江之星等已脱颖而出。

3. 从单一营销到整合营销/关系营销

整合营销理论是由美国西北大学市场营销学教授唐·舒尔茨提出的。整合营销就是“根据企业的目标设计战略，并支配企业各种资源以达到战略目标”。与单一营销方式相比，整合营销会把多种营销方式“捆绑”在一起，产生协同效应，更强调“以客户为中心”。

4. 从对抗营销到合作营销

传统的市场营销观念总是把竞争对手视为敌人，这种观念往往导致竞争双方两败俱伤。回顾我国十几年的市场营销，对抗营销现象相当普遍。诸如同行业、同类产品中，你搞一种特价销售，我也如法炮制；你宣传你的产品好，我说我的比你的更好等。其实，“你死我活”并不是市场竞争的唯一“活路”。‘“共存共荣”“携手前进”才是更好的“活法”。近年来，我国的一些企业开始由对抗营销转向合作营销，它们把对手当成朋友、伙伴，在市场竞争中相互合作、相互促进、相互提高、共同发展。

5. 从大众营销到个性营销

大众营销是典型的产品导向方式，它假设每一个人都是一样的，并且认为每一个人都是潜在顾客，试图把产品卖给每一个人。而个性营销则是酒店把对人的关注、人的个性释放及人的个性需求的满足推到空前中心的地位，酒店与市场逐步建立一种新型关系，建立消费者个人数据库和信息档案，与消费者建立更为个人化的联系，及时地了解市场动向和顾客需求，向顾客提供一种个人化的销售和服务。顾客根据自己需求提出商品性能要求，酒店尽可能按顾客的要求进行“生产”，迎合消费者个别需求和品味，并应用信息、采用灵活战略、适时地加以调整，以生产者与消费者之间的协调合作来提高竞争力。

案例 1-3

威斯汀酒店“天梦之床”

很多住过威斯汀酒店的人都会对其天梦之床印象深刻，这是威斯汀酒店最引为自豪的发明，也是全世界的威斯汀迷趋之若鹜的最大理由。由威斯汀酒店开发的天梦之床以其优良的做工以及科学的设置给所有入住威斯汀的旅客睡眠质量带来巨大的保障。

做工精细的天梦之床由 10 层组成，包括威斯汀特有的被套、羽绒被心、定制弹簧床垫、埃及棉质床单、13 英寸双垫层舒适床垫和豪华的 5 个各式枕头及靠枕。在这张全白色的大床上安睡，宛若被朵朵白云环抱。十多年间，遍布全球的威斯汀酒店凭借天梦之床的绝佳睡眠保障，吸引了逾 7500 万宾客，其中包括美国总统、好莱坞影星以及体育明星。随着酒店的不断发展壮大，如今遍布全球的逾 6.5 万间威斯汀客房中，共配置有超过 9.7 万张天梦之床。舒适的睡眠体验使天梦之床很快赢得客人的青睐，而威斯汀酒店则按照“让顾客带着比入店时更好的体验离开”的理念，不失时机地开展了天梦之床零售业务，并由此衍生出“天梦”全方位生活品牌，推出包括天梦之浴、天梦水疗等系列产品，甚至还推出天梦爱犬睡床。天梦迷恋者可以通过网购方式选择心爱的睡床，有多种款式可选。威斯汀迄今已出售 3 万余张天梦之床、10 万个睡枕、3.2 万条床单和 1.3 万个淋浴头。

今天，天梦之床已经成为威斯汀酒店的标志性符号。自诞生之日起，天梦之床便引得各酒店品牌争相效仿，天梦之床概念在全球催生了不下 500 万张酒店睡床。

天梦系列产品引领潮流的十多年间，威斯汀还推出过“威斯汀健身计划”“威斯汀健康跑”“呼吸威斯汀”“特色白茶”“Super Foods 活力食品”等多个极具创新精神的品牌计划和理念。可见，对各种服务方式孜孜以求地探索并革新是威斯汀酒店不变的信条。

资料来源：新浪上海．上海威斯汀大饭店宣布推出全新版天梦之床［OL］．http：//sh. sina. com. cn/fashion/qt/2013-11-22/140871141. html，2013-11-22.

案例 1-4

桔子酒店的“聪明营销”

提到桔子酒店，人们就会马上想到桔子酒店的星座系列视频。这个视频主要包括十二星座的人入住桔子酒店的情景，从不同的侧面展现桔子酒店能适应和满足各种需求。在拍摄、播放视频的过程中，不仅随时根据网友意见修改剧情，还植入奔驰、拉菲等品牌，在整合资源的同时，让这些大品牌为桔子酒店做背书。而桔子酒店也凭借着“桔子水晶酒店星座微电影”案例在第四届网络营销大会上获得“今典”年度最佳创新营销大奖。

桔子水晶酒店星座微电影无论是内容还是传播上，都受到了消费者的赞许，引发网友的广泛关注。可以说，桔子酒店成功地利用网络媒介实现“花最少的钱，得到最好的广告效果”。但桔子酒店的成功并不是心血来潮，它是由广泛的前期策划和敏锐的市场洞察力所造就的。结合时下最流行的微博、视频及社交网络进行全方位的立体传播，从社会化媒体的应用到视频营销及整合营销，展现了桔子水晶创意团队在网络营销领域杰出的整合能力和创新精神。桔子酒店凭借其不断创新的理念和另类营销手段给大家带来了一个个倾注了许多创意内容和时尚元素的酒店。“最佳创新营销大奖”是对其最好的鼓励。

资料来源：沈燕增．酒店经典案例与分析［M］．北京：中国人民大学出版社，2014.

评估练习

（1）酒店的概念是什么？酒店可以如何分类？

（2）酒店市场有哪些特点？

（3）什么是酒店市场营销？

（4）如何理解酒店营销管理的新发展？

第二章

酒店市场营销环境分析与市场调研

引导案例

高端酒店业与奢侈品牌的跨界合作

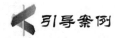

酒店业与奢侈品牌的跨界合作已成为当下潮流。随着财富的增长，人们对于奢侈的定义更偏重于深层次的互动体验：热衷于与人、与环境、与文化乃至与有特点有故事的场合“打交道”。因此，对奢华的追求远非肤浅华美的物质可以满足，酒店服务业正是抓住了人们的这类心理不断寻求更新的生存之道。

为了满足顾客对酒店越来越高的品味需求，一些传统酒店品牌也开始向时尚奢侈品牌巨头们示好，希望展开合作。瑞吉酒店已经同宝缇嘉确立了合作关系；不久，迪奥也成为它的合作伙伴。在纽约的瑞吉酒店拥有1700平方英尺的迪奥套间，设计部分全由迪奥设计师负责。伦敦Claridge's酒店由黛安冯芙丝汀宝设计的首批套间也迅速问世。另外，喜达屋的城市酒店品牌W酒店确定了其时尚酒店的定位，也意欲和奢侈品牌合作经营酒店。

可见，酒店无疑是一个可以承载设计风格、品牌价值的常设公关机构，同时，这也可以为品牌带来新的利润来源，也因此，越来越多的奢侈品牌开始跨界酒店业，只是它们的发展方式不尽相同。比如Leonardo Ferragamo家族旗下的Lungarno Collection，就是一个拥有将近20年优秀经营史的酒店品牌。

资料来源：MSN奢侈品．奢侈大牌跨界酒店业［OL］．http://fashion.ifeng.com/a/20140619/40019060_0.shtml，2014-06-19.

辩证性思考：

（1）我国酒店业在发展过程中遇到了什么样的环境变化？这些变化对酒店的经营环境产生了什么样的影响？

（2）做好酒店市场营销环境分析工作的步骤和方式有哪些？

酒店业从诞生之日起，就决定了与市场经济的密切关系。酒店要生存与发展，就必须建立适当的系统，指定一批专业人员定期或不定期地监视和预测周围的市场营销环境所发生的变化，同时善于分析所面临的环境变化带来的一系列问题，并及时采取对策，使其经营管理水平与整体营销环境的变化相适应。

第一节　酒店市场营销环境的分析

教学目标：

（1）了解酒店市场营销环境的概念、构成及特点。

（2）了解酒店行业的宏观及微观市场营销环境构成。

（3）能正确分析酒店行业的宏观及微观市场营销环境。

（4）掌握酒店市场营销环境分析方法的步骤。

一、酒店市场营销环境概述

（一）酒店市场营销环境的概念

营销环境是指影响企业生存与发展，并在目标市场上开展营销活动的各种内外因素的总和。这里所说的环境因素，既指那些构成市场营销活动的前提与背景的宏观环境因素，也包括直接影响企业在目标市场上开展营销活动的微观环境因素。宏观环境和微观环境共同构成企业营销环境系统，这将对企业的营销活动产生直接或间接的影响。从这个意义上说，酒店市场营销环境就是指一切影响和制约酒店业营销活动的内外部各种因素的总和。

酒店市场营销环境由宏观环境和微观环境构成，宏观环境是指影响酒店企业营销活动的社会性力量与因素，包括人口、经济、政治、自然、社会文化、科技环境因素。微观环境是指与酒店企业的营销活动直接相关的各种参与者，包括企业的供应商、中间商、顾客、竞争者、社会公众以及企业内部环境，如图 2-1 所示。

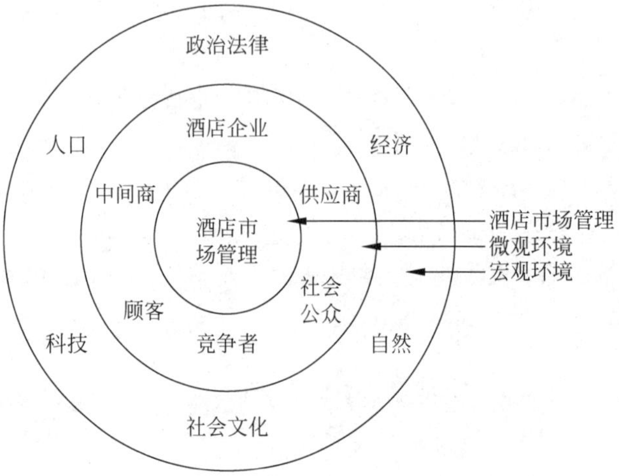

图 2-1　酒店市场营销环境

（二）酒店市场营销环境的特点

酒店市场营销环境包含的内容既广泛又复杂，同时，各因素之间又存在着交叉作用，是一个多因素、多层次而且不断变化的综合体，主要有如下几个特点。

1．客观性

酒店企业的全部营销活动都不可能脱离它所处的环境而发生，酒店企业只要从事市场营销活动，就要受到各种环境因素的影响和制约，因此酒店企业必须头脑清醒，准备随时面临酒店业外部环境所面临的挑战以及把握外部环境变化带来的机遇。

2．差异性

酒店营销环境的差异性体现在两个方面：其一，不同的酒店企业受不同环境的影响，如不同的国家、民族、地区之间在人口、经济、社会文化、政治、自然环境等方面所存在的差异性，这些差异对酒店企业的影响显然也不相同；其二，即使是同样的一种环境因素对不同酒店企业的影响也不同，如日益高涨的环保要求，虽然限制了塑料包装袋的生产；但是又促进了生产环保产品的企业大力发展的积极性。由于环境因素的差异性，要求酒店企业必须采取不同的营销策略才能应付和适应这种情况。

3. 相关性

酒店市场营销环境是一个多因素的集合体，各种因素之间存在着不同的关联性，彼此间相互依存、相互作用、相互制约。如一个国家的法律环境影响着该国的科技、经济的发展速度和方向，而科技和经济的发展又会引起政治经济体制的相互变革，进而促进某些法律、政策的相应变革。

4. 动态性

酒店市场营销环境在不断地发生变化，只是变化有快慢大小之分。如科技、经济等因素变化相对大而快，对酒店业营销活动的影响相对短而跳跃性大；而人口、社会文化、自然因素等变化相对较慢较少，对酒店业营销的影响则相对长而稳定。从总体上说，变化的速度呈现出加快的趋势。因此，酒店业的营销活动必须适应环境的变化，不断调整自己的营销策略。

5. 不可控性

酒店企业一般不可能控制整体市场环境因素及其变化，如一个国家的政治法律制度、人口增长以及社会文化习俗等，酒店企业不可能随意改变。此外，各环境因素之间也常常存在着不可忽视的矛盾，从而影响和制约酒店业的营销活动。在此情况下，酒店企业就不得不调整自己的营销策略，在可用的资源条件下开发节能产品。

二、酒店市场营销的宏观环境分析

（一）人口环境

人口环境是指人口的规模、密度、位置、年龄、性别、民族种类和其他有关的情况。人口环境对酒店营销人员而言非常重要，因为它是决定市场需求类型与规模的基本因素。人口环境因素包括以下几方面。

1. 人口总量

一个国家或地区人口数量的多少是衡量市场潜在容量的重要因素。

2. 年龄结构

人口年龄结构的不同会导致市场需求的变化。世界范围的人口在不断地增长并呈现出增长不均衡的趋势，一方面，发展中国家和地区的人口数量迅速增长；另一方面，发达国家及地区人口出生率下降，人口老龄化加速。这些对所在地区的酒店经营策略会带来不同的影响。例如，酒店需要确定酒店内的服务设施是针对老年客人的需要、为他们提供便利，还是添加更多的儿童活动设施和项目，以满足此类消费群体的需要。

3. 家庭组成

家庭组成是以家长为代表的家庭生活的全过程，也称家庭生命周期。按年龄、婚姻、子女情况等，家庭生命周期通常划分为 7 个阶段。

（1）未婚期：单身，空闲时间多。

（2）新婚期：夫妇二人，无子女。

（3）满巢期一：年轻夫妇和 6 岁以下婴幼儿。

（4）满巢期二：年轻夫妇和 6 岁以上儿童。

（5）满巢期三：年龄较大的夫妇和经济尚未独立的子女。

（6）空巢期：夫妇二人，子女已婚独居。

（7）孤独期：丧偶独居。

家庭是社会的细胞，也是商品采购和消费的基本单位。酒店通过对所在市场家庭数量和家庭平均成员的多少以及家庭组成状况等情况的了解，可以分析其市场消费需求量、需求结构等。比如，未婚与新婚类家庭会对酒店的娱乐服务、时尚客房感兴趣；对于处在满巢第一、二期的家庭来讲，一个欢乐的儿童活动室和面积大的套房才是他们入住酒店时的首选。

4. 性别比例

性别的不同给消费需求、购买习惯、购买行为带来差异。随着妇女越来越多的走出家庭、参与社会工作，入住酒店的女性客人比例也在逐年提高。酒店在进行营销活动时也更多地考虑了女性消费者的心理，相继出现的女士楼层、放松身心的 SPA 与美容服务项目都受到女性客人的青睐。

5. 地理分布

人口的地区分布关系到市场需求的异同。我国人口的地理分布大致为东部人口密度大，西部小；城市人口密度大，农村小。地理位置不同会导致需求和购买习惯的不同；人口密度则会使产品的流向和流量不同。

（二）经济环境

经济环境是指影响消费者购买力和支出结构的各种因素。从酒店营销的角度看，酒店的市场营销活动必然要受到一个国家或地区经济发展状况的制约，同时也会受到社会购买力、消费者支出模式和消费结构的影响。

（三）社会文化环境

1. 价值观

价值观念是人们对于事物的评价，是一种意识形态，存在于个体之中。价值观念由文化因素决定，一定的文化背景下人们的价值观念往往比较接近。酒店只有了解各种客人的价值观，才能知道他们对于事物的评判标准和爱好追求，才能做到投其所好。

2. 风俗习惯

风俗习惯主要是指一个国家或民族的生活习惯和民族传统，具体表现在衣、食、住、行、社会交往等方面。不同国家、地区、民族的客人在风俗习惯方面具有很明显的差异，也有不同的民俗禁忌。所以，酒店在进行营销的过程中要考虑到这些风俗偏好的因素，尊重客人的习俗、禁忌。

案例2-1

急中生智

某酒店举行圣诞庆祝活动，晚宴以后接着是化装舞会，休息之际搞抽彩活动，人人有奖。在每人的奖品袋中都附有一张精致的“口彩卡”，上面印有“圣诞快乐、吉祥如意”之类的吉利话。有一对外籍夫妇（虔诚的基督教徒）正好来我国旅游欢度圣诞节，也参加了酒店组织的圣诞庆祝活动。当他们中的一位打开奖品袋一看，里面根本没有“口彩卡”，于是感到非常不吉利，心中闷闷不乐，服务员见状趋前表示抱歉（由于“口彩卡”没有备货，无法补送，而且客人也并不要求补卡）却无济于事，餐厅经理闻讯，带着微笑走到客人面前用不怎么熟练的英语先说了一句“Merry Christmas Eve ”（圣诞平安夜快乐），接着讲了一句美国谚语：“No news is the best news. ”（没有消息就是最好的消息。）这两句话马上说得这对夫妇转怒为喜，竟和经理握手，连声道谢，僵局就这样被打破了。

在酒店业的接待服务中，可能发生考虑不周、一时疏忽而引起客人的误解和不快，这就要求接待服务人员能够随“地”应变，急中生智，通过不断揣摩客人的心理，用巧妙的语言解决客人的问题。

资料来源：王大悟，刘耿大．酒店管理 180 个案例品析［M］．北京：中国旅游出版社，2007.

3．文化素养

文化素养是指人们的语言文字和受教育水平，它集中反映了一个国家和地区的文明程度。语言文字是人们进行沟通交流的重要手段，酒店营销人员决不能忽视语言的重要性。一方面，它便于与客人直接进行交流；另一方面，营销人员如果掌握了客源国的语言会使客人产生一种亲切感和受尊重感，从而赢得客人的好感。

4．宗教信仰

世界上有很多宗教，如基督教、伊斯兰教、佛教、印度教等，每种宗教都有其教义、教规和典章制度。宗教信仰的不同，造成了人们喜好、禁忌的巨大差异。酒店营销人员要了解各派宗教的基本特点，尤其是禁忌方面，尊重他人的宗教信仰，避免因在这些问题上处理不当而失去客源。

知识拓展2-1

佛教圣地五台山禅文化主题酒店受青睐

挽起发髻，不施粉黛，脚踩僧鞋，身着居士之服。2014 年 3 月 18 日一早，中国佛教圣地五台山脚下的一所酒店服务人员准备开始工作。每逢客人前来，她们都要双手合十，口念“阿弥陀佛”。

在这所以“禅文化”为主题的酒店大堂里，檀香弥漫，梵音缭绕。书法、茶具、佛经、木椅等随处可见的元素衬托出一种安静祥和的佛家意味。为了迎合赴五台山礼佛的香客们，这里还准备了可供500人进餐的“斋堂”、50人共同诵经的“经室”。按经营者讲述，在努力还原真实寺庙陈设的同时，也提供酒店式便利，让香客们体验“禅文化”。

作为中国四大佛教圣地之首的五台山，每年蜂拥而至的游客和礼佛者带动这里佛教文化产业兴盛。而除了传统的佛香、僧袍、佛珠等商品外，餐饮住宿行业的经营者们开始将目光投向了“禅文化”，相关产业正在逐渐兴起。

来自五台山风景区官方数据显示，2013年该景区综合收入达到41亿元人民币，其中主要包括门票、餐饮、住宿、纪念品等方面。

资料来源：凤凰视频．佛教圣地五台山禅文化主题酒店受青睐［OL］．http：//news. gaotie. cn/hotel/2014-03-20/146730. html，2014-03-20.

（四）自然环境

自然环境主要是指营销活动所需要或受营销活动影响的自然资源环境。在科技进步、社会生产力发展过程中，自然状况对经济和市场的影响总体趋于下降，但自然环境制约着经济和市场状况的内容与形式。多年来经济快速发展，但自然环境遭到很大的破坏，自然、生态环境越来越受到人们的重视，这为酒店带来了新的市场机会。与大多数酒店内的室内SPA不同，泰国某度假胜地的酒店为了吸引客人，特别把SPA中心搬到了户外，茂密的树林驱走了热潮，偌大的山林空间中种满了各种热带花草，散发着不经修饰的原始魅力。客人在自然的环境中感受到了另一种浪漫，在SPA疗程中身心达到平衡。因此，这家酒店很受欢迎。

（五）政治法律环境

酒店营销活动的开展，必须建立在了解和遵守国家颁布的有关法律、法规和制度的基础上，才能保证酒店经营的合法性，并运用法律武器来保证酒店及消费者的合法权益。

1. 国内及国际政治环境

国内政治环境一般包括党和政府的路线和各项方针、政策的制定和变化，政治形势和变化等。酒店企业要研究党和政府在不同阶段的具体方针和政策，并在方针和政策的指导下制定酒店的营销对策。国际政治环境包括政治权力和政治冲突对酒店营销活动的影响两个方面。比如泰国的政治冲突就对包括酒店业在内的旅游业造成了严重影响。泰国旅游协会统计数据表明，截至2014年5月10日，曼谷素万那普国际机场入境旅客人数下降38%，造成经济损失1.7亿美元。两大国际旅游市场日本游客入境人数下降65%，中国游客入境人数下降55%。而来自韩国、中国香港和印度旅游市场的入境游客人数则分别下降49%、88%和37.6%。

2. 政策和法规

国家的政策和相关的法规也会影响到酒店企业的营销活动。比如政府的相关法规条例，特别是关于服务行业、旅游行业、消费者等方面的法规对于酒店企业有不可忽视的作用。另外，政府对出国旅游签证政策的制定也直接影响着出境酒店的市场营销。简单便捷的入关手续可以吸引更多的关外游客。另外，离境退税等政策也可以争取更多的境外游客游玩、购物和入住。2010 年 12 月，国家财政部颁布了关于在海南开展境外旅客购物离境退税政策试点的公告，规定境外游客在退税定点商店购买的随身携运出境的退税物品按规定退税，该政策从 2011 年 1 月 1 日起执行。尽管是政策试点，但这对海南的国家旅游岛的建设具有很大的推动作用，众多高星级酒店看好国家对于海南国际旅游岛的优惠政策，纷纷云集海南，开始吸引更多的国际客源。

三、酒店市场营销的微观环境分析

（一）微观市场营销环境

微观市场营销环境是与企业市场营销活动直接发生关系的组织及行为者，主要由企业内部环境、营销渠道企业、消费者、竞争企业和社会公众等方面组成。企业的营销活动能否成功，除营销部门本身的因素外，还受到以上诸多因素的影响。

一般情况下，宏观环境因素决定微观环境因素，宏观环境常常通过微观环境作用于企业的营销活动，对企业营销活动的产生起着重要的制约作用。不过，微观环境对宏观环境也具有重要的反作用。所有环境因素直接或间接、单独或交叉地对企业构成机会或威胁。面对机会，企业要努力抓住，及时地将潜在机会变为企业发展的良机；面对威胁，企业要提前发觉，尽快采取策略，或正面处理，或转移重心，以减少损失。因此，企业趋利避害的基础是其对微观市场营销环境及其发展变化的客观认识和分析。

（二）微观市场营销环境的构成

酒店业的微观营销环境主要由酒店内部各部门、供应商、营销中间商、消费者、竞争对手、社会公众组成。其中，企业微观环境的主要行动者：供应商—企业—营销中间商—消费者（顾客）构成的链条是企业的核心营销系统。同时，酒店还要受到另外两个群体的影响，即竞争对手和公众。

1. 酒店内部各部门

过去的旅游者只要能找个有吃有住的地方就心满意足了，然而今天的酒店必须通过努力才能赢得客人的欢心。过去的客人出门直奔指定的招待所，现在他们可以游刃有余地在竞争激烈的各家酒店中任意挑选和讨价还价。因此，酒店要开展营销活动，必须成立某种形式的营销部门。它要瞄准特定的市场类别，以此作为酒店的主要生意来源；要了解和运用错综复杂的旅游分销系统；要担负销售酒店产品—客房、会议服务、宣传广告和公关的职责；同时要随时关注市场上竞争者的出现和客人需求的变化，及时调整战略，制定相应的营销方案。

在大多数酒店中，营销部由营销与销售总监领导，其下属的营销经理、广告和公关经理及宴会销售经理向该总监汇报工作，这些人各自负责酒店整体营销任务中的某项具体活动；销售人员负责寻找生意，给个人和公司拨打销售电话；广告和公关人员通过设计优秀的广告吸引客人，为酒店创造良好形象；宴会销售人员专门寻找和预订团体业务和会议业务。通常，酒店的营销职能被认为是酒店经营的精髓，营销部的职能是通过有效的激励来实现的。根据规模不同，酒店各部门的分类也有所差别。从财务的角度可把酒店中的部门分成收入中心和成本中心（见表2-1）。收入中心通过向客人出售服务和产品为酒店创造收入；成本中心（也可称为支持中心）本身并不直接创造收入，它们为收入中心的正常运行提供支持。

表2-1　酒店主要部门一览

收入中心	成本中心
客务部	营销部
餐饮部	工程部
电信部	财务部
康乐部	人力资源部
租金等其他收入部门	保安部

作为对客服务企业，酒店的营销工作不仅仅靠营销部来完成。每个部门、每个员工都应该参与到这项满足客人需求的工作中来，这就要求营销部与酒店各个部门之间通力合作与协调。这种合作对营销决策的制定与实施影响极大，这些部门构成了营销计划制定者所必须考虑的企业内部微观环境。

2．供应商

供应商是影响企业营销微观环境的重要因素之一。供应商是指向酒店提供酒店产品和服务所需资源的企业或个人。供应商所提供的资源主要包括原材料、设备、能源、劳务、资金等。

供应商对酒店营销活动的影响主要表现在以下3个方面。

（1）供货的稳定性与及时性。原料、零部件、能源及机器设备等货源的保证是酒店营销活动顺利进行的前提。比如发生严重雪灾时，部分缺少应对极端寒冷气候经验的居民就会纷纷入住当地酒店，以寻求较好的居住条件。但由于大雪对能源、交通等设备设施造成了严重的损坏，与居民生活密切相关的煤、电、油全面告急，很快就出现了供应紧张的局面。灾区所在酒店也不例外，纷纷关门谢客。

（2）供货的价格变动。毫无疑问，供货价格直接影响到企业的成本。如果供应商提高原材料价格，酒店亦将 被迫提高其产品价格，由此可能影响到酒店的销售额和利润。比如，某种原材料价格持续上涨，由此带来的连锁反应使食品原料及鲜活农产品的价格一路飙升，这直接导致了酒店餐饮部门菜单价格的相应调整，从而在一定程度上影响了价格敏感度较高的消费者的光顾。

（3）供货的质量水平。同样，所供应的货物质量直接影响到酒店产品的质量。众所周知，无论我们的服务人员做得多么好、厨师的烹饪水平多么高，一条质地不佳的浴巾、一块嚼不动的牛肉都会令客人大皱眉头。

除去不可抗力因素，针对上述影响，酒店在寻找和选择供应商时应特别注意两点：第一，酒店必须充分考虑供应商的资信情况。要选择那些能够提供品质优良、价格合理的资源，且交货及时，有良好信用，在质量和效率方面都信得过的供应商，与主要供应商建立长期稳定的合作关系，保证企业生产资源供应的稳定性。第二，酒店必须使自己的供应商多样化。越过分依赖一家或少数几家供货人，受到供应变化的影响和打击的可能性就越大。为了减少对酒店经营的影响和制约，酒店要尽可能多地联系供货人，向多个供应商采购。

3. 营销中间商

营销中介单位主要是指协助企业促销、销售其产品给最终购买者的机构。由于酒店业面向众多消费者经营，因而需要通过多种销售渠道去销售其产品和服务。销售渠道是一种媒介，消费者从中可以直接或间接地购买整体或单项的酒店产品。近年来，科技进步为现有销售渠道的完善创造了新的方式和系统。人们外出入住酒店，可能是为了公务、观光、娱乐或探亲访友，无论什么原因，如今的消费者在为自己安排交通、住宿、饮食或旅游这一系列任务时，更倾向于寻找和使用中介服务，营销中间商便应运而生。

酒店服务作为旅游服务业中的一个重要组成部分，它的营销渠道往往与旅游中间商捆绑在一起。所谓旅游中间商，是指那些以从旅游供应商处获取佣金为目的，为旅游消费个人或团体提供有关代办服务的个人或机构。酒店业典型的中间商有以下几种。

（1）旅游代理商。旅游代理商主要从事为旅游批发商和旅游经营商等旅游企业代销包价旅游、饭店客房、航空机票等旅游产品的零售代理，旅游代理商的大部分营业收入都来自代理佣金。

（2）旅游批发商。旅游批发商分别购买交通运输、住宿、景点游览等单项产品，将其组合成为整体性的包价旅游产品，然后通过旅游代理商进行零售。

（3）旅游零售商。旅游零售商为旅游者组织包括交通、住宿和地面服务等内容的“包价旅游”产品，然后通过某些营销手段将其提供给消费者。他们可以通过自设的零售网点，直接面向消费者进行大规模销售。

（4）地接旅行社。地接旅行社是指在旅游目的地提供地面接待服务，如食宿安排的旅行社企业。

（5）电子/网上旅游服务商。电子/网上旅游服务商的业务是指为用户提供旅游信息及直接预订服务。比如，通过“携程网”，直接查询国内各地区的酒店信息，以及利用其预定系统进行网上预订。

除了上述渠道外，消费者还可以通过其他很多途径购买酒店产品，比如航空公司、旅游俱乐部等。

4. 消费者

企业与供应商和中间商保持密切关系的目的是为了有效地向目标市场提供商品与劳务。顾客就是企业的目标市场，是企业的服务对象，企业的一切营销活动都是以满足消费者的需要为中心。在酒店中，消费者关心的核心问题是他的需求是否能够通过某一产品或服务而得以满足。按照不同的购买动机，消费者市场可分为如下 5 种类型。

（1）消费者市场：购买产品和服务供自己消费的个人和家庭，比如外出度假入住酒店客人。

（2）生产者市场：购买产品与劳务投入生产经营活动，以达到盈利或其他目的的组织。

（3）中间商市场：以转售盈利为目的而购买商品和服务的组织。

（4）非营利性组织市场：为提供公共服务或转赠他人而购买产品和服务的政府机构和非营利组织。

（5）国际市场：外国的消费者、生产者、中间商及政府和非营利组织所构成的市场。

5. 竞争对手

企业要在市场中生存，就会有各种各样的竞争对手。企业之间形成的竞争使企业一方面感到了压力；另一方面也看到了改善竞争地位的机会。

6. 社会公众

公众是指对一个企业完成其营销目标的能力有着实际或潜在兴趣的群体，企业面对的广大公众的态度会协助或妨碍企业营销活动的正常开展。公众直接关系到企业的命运，所有的企业都会采取积极措施，以便在公众面前树立良好的形象。一般来讲，企业面对的公众有以下几种。

（1）融资公众。融资公众是指对企业的融资能力有着重要影响的机构，主要包括银行、投资公司、证券经纪行、保险公司、股东等。企业通过发布乐观的年度财务报告，回答关于财务问题的询问；稳健地运用资金，在融资公众中树立信誉。

（2）媒介公众。媒介公众主要有报纸、杂志、电台、电视台等。企业应与媒体组织建立友善关系，争取更多有利于企业发展的正面报道。

（3）政府公众。政府公众是指负责管理企业营销业务的有关政府机构。企业的发展战略也好，营销计划也罢，都要与政府的发展规划、产业政策、法律法规保持高度一致，必须认真研究、考虑政府政策与措施的发展变化。

（4）社团公众。社团公众包括保护消费者权益组织、环境保护组织、少数民族团体等其他社团。企业的营销活动关系到社会各个方面的切身利益，应密切关注来自社会公众的声音。

（5）社区公众。社区公众是指企业所在地邻近的居民和社区组织。企业应同当地的邻里居民和社区组织保持良好的关系，为社区发展贡献力量，争取社区公众的理解和支持。

（6）内部公众。企业的内部公众包括企业的员工和管理者，他们都属于内部公众。企业的营销活动，需要全体员工的充分理解、支持与参与。酒店应通过内部信息平台向员工通报工作情况，介绍酒店发展计划、发动员工献计献策、关心员工福利等，以增加企业内部凝聚力。员工的责任感和满意度会传播并影响外部公众，有利于塑造酒店良好的企业形象。

（7）一般公众。一般公众是指上述各种关系公众以外的社会公众，企业需要关注一般公众对企业产品及营销活动的态度。虽然一般公众并不是有组织地对企业采取行动，然而一般公众对企业的印象却影响着消费者对企业及其产品的看法。

四、酒店市场营销环境的综合分析

（一）酒店营销环境分析

SWOT分析也称营销环境分析，是用来进行酒店市场营销环境综合分析的有力工具。酒店经营者可以通过此分析方法对营销环境进行系统的、有目的的诊断分析，以便清楚地明确本酒店的优势（S）、劣势（W）、营销机会（O）和威胁（T），从而确定酒店的营销战略。

酒店的经营管理及其营销活动都受到来自酒店内部和外部众多的因素影响，我们把影响酒店营销活动的内部因素和外部因素所构成的系统，称为酒店营销环境。而把有利于酒店营销活动顺利而有成效地开展的酒店内部因素，称为酒店营销的优势（S），如酒店优良的组织机构及现代化经营思想、优秀的酒店文化及雄厚的酒店资源等；反之，不利于酒店营销活动开展的酒店内部因素，如低劣的员工素质、紊乱的管理制度、不称职的管理人员、低品位的酒店文化等，称为酒店营销劣势（W）。酒店营销机会（O）是指有利于酒店开拓市场、有效地开展营销活动的酒店外部环境因素，如良好的国家经济政策、高速度增长的市场等；反之，不利于酒店开展营销活动的外部环境因素，称为酒店营销威胁（T），如竞争对手越来越多、竞争对手实力增强、经营的目标市场萎缩等。

1．酒店优势、劣势的诊断

酒店组织机构、酒店文化和酒店资源是判断酒店营销优劣势的3个重要因素。因此，酒店经营管理者通过对这些要素的认真诊断，大致能从总体上看出酒店营销的优势和劣势，从而充分发挥本酒店的优势，不断改进本酒店的不足之处，制定出切合实际的营销战略。

酒店是否拥有营销优势，第一个要素是组织机构。酒店决策层人员的经营观念素质、部门的设置和分工协作、中层管理人员的素质以及基层员工的职业形象等诸多因素是衡量酒店组织机构的具体内容。因此，通过对这些内容的分析、诊断，就可以确定酒店的组织机构是否有利于酒店营销活动顺利而有效地开展。

判断酒店营销优劣势的第二个要素是酒店文化，酒店文化是指全体员工所拥有的职业偏向、信念、期望、价值观及职业化工作习惯的表达方式。它包括酒店的精神风貌、优良传统、良好的声誉、建筑的外貌形象、内部的规章制度、奖惩制度、分配制度、员工职业道德、产品艺术设计和造型等具体内容。通常，优秀的酒店在这方面表现出良好的品位和品质，从而造成文化上的营销优势。

酒店资源是判断酒店营销优劣势的第三个要素，它包括人力、物力、财力、工作时间及管理经验和技术内容。一般来说，具有强大营销优势的酒店在这几个方面都具有较雄厚的实力。

2．酒店营销机会、营销威胁的诊断

酒店外部环境总是为酒店经营管理者提供营销机会或营销威胁，这是每家酒店都会面临的情况。经营管理者只有善于分析外部环境，捕捉各个重要机会，并善于发现各种潜在和现实的挑战，才能使酒店适应外部环境，这可谓适者生存。

（二）SWOT 分析的步骤

酒店运用 SWOT 分析法进行酒店市场营销环境分析时，通常分为三个步骤：第一步，选出酒店自身的优势和劣势、存在的机会和潜在的威胁；第二步，优势、劣势与机会、威胁相结合，形成 SO、ST、WO、WT 四种策略；第三步，对 SO、ST、WO、WT 四种策略进行甄选，确定企业应该采取的具体战略和对策，如图 2-2 所示。

经过 SWOT 分析，如果酒店的现状处于第一象限，即外部有众多机会，但内部条件不佳，宜采用相关措施扭转内部劣势，可以采取先稳定后发展的战略。如果酒店的现状处于第二象限，即外部有众多机会，又具有强大的内部优势，宜采取发展型战略。如果酒店的现状处于第三象限，即外部有威胁，内部状况又不佳，应设法避开威胁，消除劣势，可采用紧缩型战略。如果酒店的现状处于第四象限，拥有内部优势而外部存在威胁，宜采取多元化经营战略分散风险，寻求新的机会。

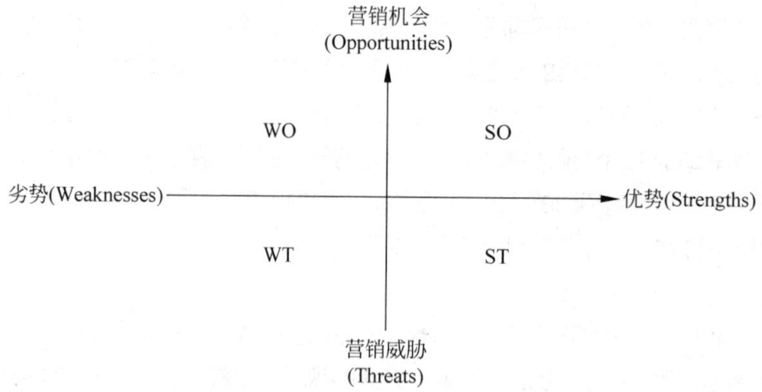

图 2-2　SWOT 营销战略分析图

知识拓展2-2

如家酒店 SWOT 分析（纲要）

如家酒店集团旗下拥有如家快捷酒店、和颐酒店两大品牌，截至 2012 年年末已在全国 279 座城市拥有连锁酒店 2013 家，形成了遥遥领先业内的国内最大的连锁酒店网络体系。现对如家酒店集团发展进行 SWOT 分析。

Strengths 优势：

（1）连锁经营优势和市场占有率。

（2）本土企业的地域优势。

（3）资金优势。

Weaknesses 劣势：

（1）企业管理问题。

（2）企业文化建设。

（3）品牌推广不足。

Opportunities 机会：

（1）大众旅游时代的到来。

（2）如家酒店发展势头良好。

（3）所处地理位置地位日渐明显。

Threats 威胁：

（1）价位。

（2）管理的精细化、服务的多样化。

（3）大量新进入者和替代者挤压市场空间。

在激烈的市场中，如家酒店在扩张的同时必须充分发挥自己的优势，巩固市场占有率，找到新的利润增长点，提供更加精细、更加多样化的服务，加强企业的管理和文化建设。只有这样，如家的品牌知名度才能强化消费人群的品牌意识，同时与一流的超值服务相配合必将加深消费者的忠诚度，从而对企业的发展更为有利。

资料来源：钟志平，谌文．酒店管理案例研究［M］．重庆：重庆大学出版社，2015.

案例 2-2

中档酒店竞争激烈，四大门派逐鹿中原

过去的几年时间，中档酒店仿佛成为中国酒店业的热门话题，之前大多地产商开发的酒店都奔着五星、高端这几个定位去，同时如家、汉庭、7 天等经济型酒店也是全国开花、如火如荼，尤其是经济型连锁酒店的经营情况可以说是一路高歌猛涨，投资回报基本上都能达到预期理想。但是随着物业费的上涨，现在多数地段的经济型酒店已经不赚钱，很多投资者都在寻找更好的项目；再看高星级酒店，在高成本经营的国际高星级酒店品牌疯狂抢占国内市场的情况下，大多数出现入不敷出，需要投资方不断地追加投入，方能维持。在国内经济大环境不景气下，很多投资者趋于理性，不在盲目投资高星级酒店。2012 年开始，异军突起的中档酒店，是行业内讨论的热门话题。这个档次的酒店难以定位、对物业要求较高、没有标准化产品，但是能带给投资者高额的回报，所以很多投资者越来越倾向于投资中档酒店。

目前，杀进中档酒店这个领域的品牌包括：全季、美豪、和颐、亚朵、星程、喆啡等酒店品牌。不过仍有许多打着中档酒店旗号的品牌，只是给“经济型酒店”换了件漂亮点的“外衣”，本质还是换汤不换药，借用某网友的话说是“伪中档”，难以走远。那些想通过与经济型酒店相同的运行模式，快速复制中档酒店的投资商可能会有些许失望。

对于竞争越来越激烈的中档酒店，各品牌都推出自己的核心竞争点，大致可分为 4 大门派。

(1) 非主流派

个性主题非主流，此类酒店突出个性主题（如情侣主题），规模小，不易于连锁化发展，通常以单体酒店或小规模连锁形式出现。

(2) 设计派

突出设计玩噱头，此类酒店以桔子酒店为例，突出自己的设计感，通过标志性的符号给顾客带来不一样的感觉，从而引起此类人群的思想上的共鸣。

(3) 文艺派

赋予文化显情调，此类酒店以亚朵、喆啡为例，以书吧文化、咖啡文化为主题，突出人文、社交、小资等文艺情调，让入住的旅客有一种心灵上的栖息。

(4) 服务派

在硬件条件达到中档酒店水平时，回归酒店的本质—服务，提供亲情式、管家式服务，给客人一种人性的关怀，从心灵上给客人一种家的归属感，此类酒店以美豪酒店为例。

回归营销本质，未来世界营销趋势是从传统营销转向服务营销，酒店作为服务行业更加如此，这个阶段流行书吧、咖啡，那么过几年呢？当消费者审美疲劳时，他们需要的还是最本质的东西—服务，因为没有一个住酒店的人喜欢面对冷冰冰的人和机械式的服务。

资料来源：中原网．中档酒店竞争激烈，四大门派逐鹿中原 [OL]．http://news.ifeng.com/a/20150730/44307304_0.shtml，2015-07-30.

评估练习

（1）简述酒店市场营销环境的概念及特点。

（2）简述酒店市场营销的宏观环境。

（3）酒店市场营销微观环境的构成有哪些？

（4）酒店在进行市场营销环境分析时，该如何运用 SWOT 分析法？

第二节　酒店营销市场的调查与预测

教学目标：

（1）熟悉酒店市场调查的定义、内容和程序。

（2）掌握酒店市场调查的方法和技术。

（3）熟悉酒店市场预测的定义、内容和步骤。

（4）掌握酒店市场预测的方法。

一、酒店营销市场调查

（一）酒店市场调查定义

酒店市场调查是指针对某一个特定的酒店市场营销问题，运用科学的方法和手段，所进行的收集、记录、整理、分析各种资料和信息并得出可靠的、结论性依据的活动。

从上述定义可以看出，酒店市场调查是手段而非目的，它是一种管理工具，具有明确的针对性；酒店市场调查又是一项系统工程，市场调查不是片面强调某一方面，而是从总体出发，运用科学方法进行的系统收集、整理和分析的过程。

（二）酒店市场调查的分类及内容

1．酒店市场调查分类

酒店市场调查分类标准有很多，如根据调查对象、特征、方法、时间、产品等进行不同的划分。而最基本的分类标准是按照市场调查的目的来划分，可以分为以下 3 类。

（1）试探性调查。试探性调查是指酒店企业对所调查的问题和范围不明确时采取的调查形式。调查目的是掌握调查相关问题，确定调查范围和调查的重点。例如，某酒店在正常旅游季节旅游者预定人数减少，但又不知道原因何在，就可以采用试探性调查。酒店市场营销人员可以通过咨询专家、经验丰富的工作人员、酒店老顾客等途径，取得对目前所面临问题的深入了解。

（2）描述性调查。描述性调查是指对市场的客观情况进行如实的描述和反映的调查方式。调查目的是寻找准确的市场信息，为企业正确决策提供参考，如对某酒店当前发展状况进行调查。描述性调查首先需要大量收集有关信息，然后对调研的资料进行分类、分析、整理，最后形成调查报告。描述性调查内容全面、客观，并要做相应的定量分析，比试探性调查要严密得多。

（3）因果性调查。因果性调查是对市场上出现的各种现象之间或问题之间的因果关系进行的调查。目的是为检验某一理论、发现某一问题而寻找原因。例如，某酒店为了在竞争中占据一席之地，决定进军大众旅游市场，推出“大众化”餐饮、客房产品，为确保此举成功，该酒店需要进行市场调查，分析可能出现的积极与消极影响，这就是因果性的市场调查。

2．酒店市场调查内容

酒店市场调查的内容包括直接或间接影响企业营销活动的各个方面，主要包括如下几项。

（1）酒店营销环境调查。酒店市场环境是酒店企业生存与发展的条件，也是酒店企业不可控制的因素。酒店营销环境主要是指酒店企业的宏观环境，包括政治法律环境、经济环境、社会文化环境、科技环境及地理环境等。

（2）酒店市场需求调查。酒店市场需求调查是酒店市场调查的核心部分，主要包括酒店市场规模及构成调查、酒店消费者行为调查、消费者购买动机及影响因素调查等。

（3）酒店企业运行状况调查。酒店企业运行状况调查主要是对企业可控的酒店市场营销组合各要素进行的调查。其主要包括酒店产品调查、酒店价格调查、酒店分销渠道调查、酒店促销调查。

（4）酒店竞争者调查。酒店竞争者调查是企业进行微观环境调查中不可忽视的部分，对竞争者状况的调查主要包括竞争者的数量和分布情况、主要竞争者实力大小、竞争者的优势与劣势以及与竞争者合作的可能性及合作方式、竞争者对企业构成的影响等。

（三）酒店市场调查的程序

酒店市场调查活动一般包括 3 个阶段，即调查准备阶段、调查实施阶段和调查结果处理阶段。

1．酒店市场调查准备阶段

在进行调查之前，首先要明确调查要解决什么问题，怎样有计划地开展调查工作，这一阶段的任务主要有以下两个方面。

（1）确定酒店调查的目的。不同的调查目的所涉及的调查内容和范围不同。调查目的决定着调查的对象、内容和方法。调查目的要尽量具体明确，突出一个至两个主题，避免面面俱到。

（2）制订酒店市场调查计划。在明确了调查目的之后，制订酒店市场调查计划显得十分必要。完整的市场调查计划内容包括调查执行者，即是企业内部执行还是外部调研机构；选择资料来源，即运用第一手资料还是第二手资料，或者其他方式收集资料；选择市场调查工具、确定抽样计划、编制市场调查预算并确定调查人员和时间进度等。

知识拓展2-3

酒店市场调查所需数据资料

市场调查所需数据资料从其来源和性质可分为第一手资料和第二手资料。

1. 第一手资料

第一手资料指的是可直接获取的专为研究目的准备的资料，其特点包括成本高、耗时长、往往需要地方政府的配合。在获取资料时，抽样调查法使用得最多。比如，香港旅游协会常年雇用调查员在启德机场对抵港国际游客进行抽样调查，问卷长达12页共34个（组）问题，包括乘哪一班飞机抵港、停留天数、国籍、年龄组等。

2. 第二手资料

间接获取的资料，比如档案、地图、统计报表、人口普查资料等就是第二手资料。其特点包括节省时间和经费，但可能与调查目的、口径、方法不能合拍，要具体筛选。

酒店的第二手资料分为两个部分：酒店内部和酒店外部资料。

（1）酒店内部第二手资料。

① 客人记录：酒店总台登记、酒店预定要求、客人记录卡、客史档案。

② 酒店销售记录：客人支付费用、支付方式等，每天、每月的销售总结，每周、每月、每季出租情况。

③ 其他记录：放置在客房内的调查表；各部门汇报，如早会情况汇报；客人来信。

（2）酒店外部第二手资料。

① 政府机构：国家旅游局、省市旅游局、统计局的统计资料。

② 国际机构：世界旅游组织WTO—马德里、太平洋地区旅游协会PATA—旧金山、国际饭店协会IHA—巴黎、美国旅行代理人协会ASTA—华盛顿、美国数据中心。

③ 饭店同行组织：各地旅游饭店协会、餐饮管理协会。

④ 旅游教育机构、旅游新闻出版机构。

资料来源：蒋萍．市场调查［M］．2版．上海：格致出版社，2012.

2．酒店市场调查实施阶段

酒店市场调查实施阶段是整个调查过程的关键环节，直接影响着市场调查的效果，这一阶段主要包括以下三大内容。

（1）安排调查人员。根据调查计划，确定、组织和培训参与调查的人员并实施调查计划。

（2）设计调查表。调查表是收集原始资料的基本工具。调查表设计要求具有科学性、合理性和艺术性，文字表述简单明了、内容安排难易适度。

（3）执行调查。执行调查的目的是获取第一手资料和二手资料，通过现场或实验调查可以获得第一手资料。二手资料是由他人收集整理过的资料，这些资料的收集比较省时、省力、省钱，但不如原始资料准确、及时、可靠。酒店企业在二手资料的基础上，应根据具体调查情况进行原始资料的调查。

3. 酒店市场调查结果处理阶段

通过收集、分析和整理各种资料，最后形成调查报告。

(1) 资料的整理与分析。一方面，检查、核对资料的准确性；另一方面，对资料进行评定、分类、编号以便统计，运用调查的数据和资料分析并得出结论。

(2) 完成调查报告。调查报告包括以下内容：①导言，即标题、前言、目录；②报告主体，即调查的详细目的、方法说明、结果描述、结论的摘要；③建议事项，即有价值的建议；④附件，即样本的分配、图表及附录。调查报告要做到突出主题、内容客观、简明扼要、结构严谨、实事求是。

(四) 酒店市场调查的方法和技术

酒店市场调查是一项实际操作性很强的技术，是指酒店营销人员收集各种酒店市场信息资料所使用的技术和方法。

调查方法的选择和技巧的运用，直接关系到酒店市场调查结果的可信度，因此调查了解酒店市场的相关信息必须选用科学的方法。按照酒店市场信息资源的来源，将酒店市场调查方法归为文案调查法和实地调查法两大类。

1. 文案调查法

文案调查法又称间接调查法，它是通过收集酒店企业内部和外部各种现有的信息数据和情报资料，从中摘取与市场调查有关的内容，进行分析研究的一种调查方法。这种方法常被作为酒店市场营销调查的首选方法，几乎所有的市场营销调查都开始于收集现有资料。

2. 实地调查法

实地调查法又称直接调查法，是在周密的调查设计和组织下，由调查人员直接向被调查者收集原始资料的一种调查方法。实地调查主要有询问法、观察法和实验法。根据调查项目类型、调查的目的要求、允许的时间、调查资金及其他物质条件，可灵活选择其中某种或几种方式交叉组合运用。

(1) 询问法。询问调查就是调查人员采用访谈询问的方式向被调查者了解酒店市场情况的一种方法，又称访谈法。访谈询问成功与否，取决于被调查者的配合以及调查者的准备工作和对访谈技巧的掌握。询问调查法又可分为：面谈调查法、电话调查法、邮寄调查法、留置问卷调查法等。

(2) 观察法。观察法是调查者在现场对被调查对象和事物进行直接观察或借助仪器设备进行记录，以获得酒店市场信息资料的调查方法。此方法的最大特点是被调查者并不感到正在被调查，心理干扰较少，能客观地反映被调查对象的实际行为，资料的真实性高。例如，对车站、港口、景点的游客数量调查；以及酒店、商场的消费行为调查等，都有良好的调查效果。

(3) 实验法。实验法是最科学的调查方法，实验法根据调查对象选择影响其变化的几个主要因素，以改变每个因素的数值来判断对调查对象是否影响以及影响程度。例如，在饭店中提高客房小冰箱内商品的价格是否影响客房出租率，可以采用实验的方法得到答案。

案例 2-3

××大酒店调研方案

目录

一、前言

××大酒店是××省首家五星级酒店，也是××省第一家加盟中国名酒店组织、拥有第一枚国际金钥匙的酒店，曾成功地接待过多国国家元首、中国香港特首、中国澳门特首等中外贵宾，是××旅游饭店的窗口与标志。因此，我们对于该企业知名度与服务质量水平展开此次调查。

二、背景

××大酒店始建于××××年，是位于××市××路××号的五星级涉外商务酒店。酒店不但配备了目前世界上最先进的高速电梯、监控系统、同声翻译系统等一大批现代化的设施，而且还充分考虑到环保的要求，经处理后的可直接饮用水与无氟无污染环保冰箱及纯朴、自然的环保家具为客人提供健康保障，房间装饰精益求精、蕴含自然与文化风韵。随着国家对旅游业的支持，同行业的竞争愈渐激烈，在此前提下为追求更好的发展而进行此次调研。

三、调研目的

(1) 调查××市××大酒店知名度，了解其行业地位，以更好地扩大知名度、开拓市场。

(2) 调查××市××大酒店的服务质量水平，从中了解该企业的管理制度，发现其不足之处，并提出建议，更好地满足消费者需求。

(3) 调查××地区酒店市场竞争状况，做出市场预测，从而更好地立足于酒店行业。

四、调研对象

此次调查的主要对象是白领阶层与企业高层管理人员以及收入较高的高层消费人群。比如年轻白领喜欢欢乐、时尚、超值的住宿体验，因此需要给其提供优雅的住宿与饮食环境。

(1) 调查专业人士对酒店的建议以及方案。

(2) 调查路人，以获得消费者对酒店的认知度与满意度。

(3) 派伪装人员去竞争对手的酒店进行调查，查看有何优势之处。

(4) 去食品店调查有何新的口味以及消费者喜欢的口味和菜肴。

(5) 去旅游景点调查不同的旅客对景点的喜爱度。

五、调研内容

(一) 市场容量

调查××各星级酒店的数目（二星级、三星级、四星级、五星级）、规模大小（普通套间、标准间、豪华套间、总统套房等套房的规模）、类型（经济型饭店、中档规模饭店、全套服务型饭店）。

(二) 需求特点

调查国内旅游人次的涨幅、我国居民的人均旅游消费、国内旅游中主力军的构成阶层；调查需求市场主体的消费水平和消费结构、我国旅游业各部门提出的不同结构层次的发展要求。

酒店业为满足以中低档消费为主的需求，需要建立一个怎样的行业结构以适应消费群体，给经济型饭店提供一个广阔的发展空间。

(三) 竞争者

(1) 旅游景点的宾馆：吸引了顾客，因为旅游顾客就近原则。

(2) 各类用餐地点：影响了酒店的饮食提供和客户的满意程度。

(3) 各种类型的超市：酒店的服务是否齐全、是否可以满足客户的需求同时受到超市的影响。

(4) 同行业大酒店：同行业酒店所拥有的服务与环境和对消费者的掌控能力。

(5) 受到娱乐场所的冲击：很多顾客在酒店希望享受，当然也包括各种娱乐方式和机器以及场地。

(四) 市场环境

国际国内政治形势良好，大部分国家都处在和平稳定时期，这样给外出旅游和经商提供了有力的环境。

国家和地方都非常支持旅游的发展，××市将旅游业作为重点产业。黄金周的制定让酒店能更好地接待大众化游客，而这对于低星级酒店来说是非常有利的。随着中国—东盟博览会的发展，××市更是出台了一系列相关优惠措施，如支持酒店的改建、设备的改造和提升、并提供无息贷款或百分比还款补贴等，这对××酒店来说也是一件非常好的事情。

由于互联网的迅速发展，××大酒店的网页制作得相当精美，其携程网以及自身网页的预定系统不断完善，这对于吸引顾客来说是很有利的，但同时只要顾客稍微有点不满意，也将通过互联网进行宣传，造成对酒店的不利局面。

六、调研项目

调查项目总体包括企业知名度与服务质量水平，主要内容如下。

(一) 消费者统计资料

(1) 消费者对××酒店的认知度调查（了解××酒店的宣传效果和消费群体以及市场

占有率）。

（2）消费者对于酒店消费的消费形态调查（了解××酒店在消费者心中的印象，以便更好地改进）。

（二）市场

（1）××市酒店业的发展现状调查（更好地了解市场，努力完善自身发展）。

（2）××市消费者需求及购买力调查（认清消费者需求）。

（3）××市知名酒店的规模、消费档次与地理位置调查（更好地了解竞争对手，从而进行准确定位，形成自己独特的优势）。

七、调研方法

（一）询问法

要求被询问者回答有关的具体问题。

1. 访问面谈法

去人流量密集的地方与被访问者进行交流、互相探讨，以获得调查对象更深层次的信息和资料。

2. 电话询问法

通过打电话询问聊天的方式对调查对象进行××酒店的知名度及服务满意的调查，对散客一般不需要采用这种方法。

（二）观察法

由调查人员到调查现场直接进行观察，从旁边观察来代替当面的询问，要使被调查者不感到自己是被调查，从而获得更加客观的第一手资料。

（三）资料分析法

调查员在网上利用内外部现成资料，用统计方法对资料收集整理。

八、调研经费预算（见表2-2）

表2-2　调研经费预算

序号	项　目	数　量	单位/元	总价/元	备　注
1	打印费	6000份	0.2	1200	
2	交通费	3人	100	300	
3	调研费	1份	2000	2000	
4	人力经费	23人	/	4000	20名调查员　3名访谈员
5	礼金费	/	/	2000	
6	其他	/	/	500	

九、调研人员及时间安排

（一）调研人员

（1）首先分为3组，每组各4人。

（2）每组讨论并制订一份调查方案。

（3）给每组人员进行市场调查培训。

（4）分组外出进行市场调查，发放并回收调查问卷。

(5) 分组统计资料并分析资料。

(6) 小组总结并进行交流、调查。

(二) 时间安排

(1) 准备时间：7 月 1—4 日。

(2) 资料收集阶段：7 月 5—12 日。

(3) 统计分析阶段：7 月 13—15 日。

(4) 总结分析阶段：7 月 16—17 日。

十、附件（关于××市××大酒店知名度及服务满意度调查问卷）

资料来源：王大悟，刘耿大．酒店管理 180 个案例品析［M］．北京：中国旅游出版社，2007.

二、酒店营销市场预测

(一) 酒店市场预测的概念

酒店市场预测是根据既成的市场事实，利用已有的知识、预测技术和经验，对影响酒店市场变化的各种因素进行研究、分析、判断和估计，以便掌握酒店市场发展变化的趋势和规律。预测的内容包括客源流向预测、顾客人均消费的预测、酒店产品价格和利润预测。

(二) 酒店市场预测的基本原则

(1) 连贯性原则。市场发展的各个阶段都具有连贯性，未来是以现在和过去为基础的。

(2) 类推原理。类推原理是把事物的类同性作为事物预测的依据，运用已有的知识、理论来预测尚未完全认识的事物，运用已掌握的规律推测未知的发展。

(3) 相关性原理。相关性原理是把各种因素之间的关系作为预测依据，根据一些因素的已知形态对另一些因素的未知形态进行预测。

(三) 酒店市场预测的内容

根据酒店预测的目的不同，将酒店的预测内容分为 3 类。

1. 生产者预测

生产部门要定期预测下一个阶段的生产能力，如产品的生命周期、客房周转率、资金周转额、接待量、生产费用、生产成本与利润。

2. 消费者预测

消费者预测是对酒店产品的未来市场需求的推算和估计，产品需求量是预测的主要内容。影响酒店需求的因素有两大类：①环境因素，它是不可控因素。②营销因素，它是可控因素。

消费者的预测内容主要包括：需求量、潜在需求量、人均消费额、顾客消费习惯、顾客构成、顾客的兴趣爱好。

3. 竞争者预测

预测竞争者的市场占有率、产品生命周期、价格变动趋势、客流量、接待能力、成本、费用、利润、客房出租率。

（四）酒店市场预测的步骤

1．拟订预测计划

拟订预测计划是酒店市场预测工作的第一步。它是根据酒店市场以及经营活动的需要，预测要解决什么样的问题，并根据预测所要解决的不同问题选择不同的预测对象，从而拟定预测项目、制订预测计划、编制预算、调配酒店力量。

2．收集整理资料

酒店的市场预测要以资料为基础，这样才能对市场的变动规律和预测目标的发展趋势进行具体的分析，如果没有必要的资料就不可能做出科学的预测，因此调查和搜集有关资料是酒店进行市场预测的重要一环，也是酒店市场预测的基础性工作。

3．选择预测方法

适合的预测方法是提高预测质量的主要因素，酒店在预测目的确定、统计资料的分析以及预测费用的综合基础上，去选择恰当的市场预测方法，同时，在对数据变化趋势的分析中，提出与之相应的预测模型。一般来说，对于定量的预测方法可以建立一定的数学模型，而对于定性的市场预测方法则可以建立一定的逻辑思维模型并选定匀具体方法，进行预测。

4．预测过程

酒店在已有的数据、资料基础上，确立合理的市场预测方式之后，则可以通过具体的计算，做出定量或是定性的分析，然后进行归纳、总结，最后判断未来市场的发展方向。判断未来市场的发展方向这个阶段是酒店市场预测的核心环节，它是酒店市场预测前几个环节的目的，同时，它也是为酒店进行进一步分析、提出市场预测报告的基础。

5．分析评价

为了使酒店的市场预测更具有科学性和实用性，应该对酒店所预测到的对影响其未来市场的各种因素进行详细的研究、分析和评价。这种分析评价可以从内部和外部两个方面进行。内部因素包括新的服务项目的设计、市场的推销、客房价格的变动以及服务质量的改进等外部因素包括季节的变化、地理的因素、购买行为以及心理的变化和政府政策法规因素等。

6．提交预测报告

提交预测报告是酒店市场预测的应用阶段，它与酒店决策的步骤是交叉的，也是酒店决策开始的一个重要前提。只有当酒店市场预测人员分析研究得出的市场预测结果被应用于酒店决策计划时，才算真正发挥出市场预测的作用。由此也能看出，一个酒店的市场预测部门也是该酒店内的最重要的部门之一。

（五）酒店市场预测的方法

1．酒店市场的定性预测法

依预测者个人的专门知识、经验和直观材料，对市场做出分析判断来确定未来市场发展的趋势。它是在缺乏历史资料或准确的数据或预测目标受外界环境因素影响大且复杂时使用。其具体方法有如下 4 种。

（1）经理人员判断法。经理人员判断法又称管理人员判断法，有两种形式：第一种形式是营销管理人员进行判断预测；第二种形式是召开业务部门主管人员参加的座谈会，将与会人员的预测意见加以归纳、分析、判断，进而进行预测。采取这种形式的好处是有利于调动业务人员的积极性、结果真实可靠、费用低。但也存在一定问题，比如对市场了解不深、预测结果受主观影响较大。

（2）营销意见综合法。营销意见综合法是召集有关营销人员进行预测，将预测结果进行综合的方法。其优点是简便易行，节省时间费用；缺点是容易受偏见影响且带有局限性。

（3）消费者购买意向调查法。酒店从入住的客人中随机抽出一定数量的人，通过填写表格或与预测人员交谈进行调研预测。

（4）专家意见法。包括两种：①专家会议法。专家会议法是指根据规定的原则选定一定数量的专家，按照一定的方式组织专家会议，发挥专家的集体智慧，对预测对象未来的发展趋势及状况做出判断的方法。“头脑风暴法”就是专家会议预测法的具体运用。②德尔菲法。德尔菲法是采用匿名发表意见方式，将预测问题征询专家意见，经多次信息交换，取得较一致结果。

知识拓展2-4

德尔菲法的特征

1. 资源利用的充分性

由于吸收不同的专家预测，充分利用了专家的经验和学识。

2. 最终结论的可靠性

由于采用匿名或背靠背的方式，能使每一位专家独立地做出自己的判断，不会受到其他繁杂因素的影响。

3. 最终结论的统一性

预测过程必须经过几轮的反馈，使专家的意见逐渐趋同。

正是由于德尔菲法具有以上这些特点，使它在诸多判断预测或决策手段中脱颖而出。这种方法的优点主要是简便易行，具有一定科学性和实用性，可以避免会议讨论时产生的害怕权威随声附和，或固执己见，或因顾虑情面不愿与他人意见冲突等弊病；同时也可以使大家发表的意见较快收敛，参加者也易接受结论，综合意见具有一定的客观性。

资料来源：蒋萍．市场调查［M］．2 版．上海：格致出版社，2012.

2．酒店市场定量预测法

定量预测是在充分占有数据资料的基础上，运用数学方法，对出版物市场未来的发展趋势进行估计和推测。

定量预测的方法包括需求弹性预测法、时间序列预测法和回归分析法。

（1）需求弹性预测法。需求弹性是指由于某一相关因素的变化所引起的出版物商品需求量发生变化的幅度。需求弹性主要有价格弹性和收入弹性。

① 需求的价格弹性是指出版物价格的变化所带来的出版物需求量的变化率。

② 需求的收入弹性是指消费者收入的每一单位的变化所带来的出版物需求量的变动率。

在一般情况下，需求量变化与价格水平变化的方向相反，即价格上升，需求量下降；价格下降，需求量上升。需求量的变化与消费者收入水平的变化方向相同，即收入上升，需求量上升；收入下降，需求量下降。

（2）时间序列预测法。时间序列预测是指利用出版物市场或出版单位一定时间的实际数据，按数据发生的时间先后依次排列后，运用一定的数学方法分析其变化规律。这一方法对于短期预测较为有效，如预测月、季度、半年的市场情况。

时间序列预测法是移动平均法，利用最近几期数据的简单平均值来预测下一期的情况。以酒店客房销售量为例，公式如下。

$$\text{酒店客房预测期的销售量} = \frac{\text{各期实际销售量之和}}{\text{观察期数量}}$$

（3）回归分析法。回归分析是指从定量的角度寻找变量的因果关系，从而判断某些因素的变化对其他因素的影响，多用于处理市场变量之间的相互关系。

回归分析法可分为一元线性回归法、多元线性回归法和非线性回归法。

案例 2-4

大数据与酒店市场预测

大数据时代，给我们带来了思维的变革、商业的变革和管理的变革，而大数据思维则为酒店市场展现了一个新的预测思维空间。从酒店市场预测的角度而言，大数据有助于酒店预测市场无限制需求量、提高预订选择的精准度。

收益管理的主要内容之一就是需要确定酒店在没有任何限制的情况下顾客对酒店客房的需求量是多少。我们通常把这种在没有任何限制的情况下，顾客将会预订的客房数量称为市场无限制需求量。无限制需求量通常被认为由已确认的需求和潜在的需求两部分组成。例如，酒店某一天的总体无限制需求量是指在当天中顾客想要来预订但实际并未预订成功的客房数量再加上那一天顾客进行提早预订并已预订成功的客房数量。确认的需求包括顾客提早预订并已成功的预订。而潜在的需求情况则要复杂得多，主要包括被拒绝的需求和顾客后悔的需求。被拒绝的需求主要是由于酒店的各种限制或客房已售完的限制所造成的，如：价格的限制（顾客本身有入住需求，但由于酒店的房价超出了顾客的支付能力而被拒绝的需求）、住宿时间的限制（酒店要求顾客每次至少连续住两晚，而住一晚顾客的需求就会被拒绝）和预订方式的限制（酒店在需求旺季只接受预付的顾客，现付或后付费的顾客将被拒绝）等。顾客后悔的需求则是酒店能够满足顾客的需求，但顾客却没有预订酒店的客房。这其中存在着两种可能，要么顾客选择了其他的酒店，要么顾客取消了需求，通常体现为取消的预订或 No Show 的发生等，但要弄清顾客后悔的需求远比被拒绝的需求困难许多。因为，顾客的心理活动和购买动机存在着很大的随机性，而且随着时间的变化而发生着改变。

无限制需求量的确定对酒店优化收入管理非常重要。因为我们只有更确切地知道潜在的市场需求量，才能够制定出正确的预订策略，即确定哪些预订可以被接受、哪些预订应该被拒绝。以便对客房进行优化分配和存量控制，即能够预知把多少客房出售给高价格的顾客、多少客房出售给折扣价顾客，从而达到收益最大化的目的。要做到更准确地来预测这些指标，仅依靠酒店自己的数据是不够的，尤其是包括潜在需求在内的顾客需求方面，因为有限的数据不足以用来分析顾客的消费行为和需求动机。而大数据正是可以帮助酒店管理者来解决这方面的问题，因为从其数以万计的数据中可以找到同类顾客在对酒店客房预订和取消中的行为、动机和心理活动的答案，从而使这方面的预测工作变得更加轻松和准确。

资料来源：鄢光哲．大数据应用成酒店行业趋势［OL］．http：//zqb. cyol. com/html/2015-04/02/nw. D110000zgqnb_ 20150402_ 1-11. htm，2015-04-02.

评估练习

（1）简述酒店市场调查的内容及程序。

（2）常见酒店市场调查的方法有哪些?

（3）什么是酒店市场预测?酒店市场预测的原则有哪些?

（4）酒店市场预测的步骤和方法有哪些?

第三节　消费者购买行为的分析

教学目标：

（1）掌握酒店消费者购买行为的概念。

（2）了解酒店消费者行为的类别。

（3）理解影响酒店消费者购买行为的各因素。

（4）理解酒店消费者的购买决策过程和制定酒店营销策略的过程。

一、酒店消费者购买行为

（一）酒店消费者购买行为的概念

酒店消费者指由于观光旅游、商务或会议等原因外出而购买使用酒店产品或接受酒店服务的个人或团体。从消费的目的看，酒店消费者包括以旅游、探亲、购物、会议、学习、商务等为目的的消费者。酒店消费者行为指购买酒店商品的人们在选择和购买商品的思维、方法、决策过程，以及购买后的各种表现和反应。消费者行为的假设前提包括以下5点。

（1）消费者的行为具有目的性。

（2）消费者在消费时具有选择的余地。

（3）消费者行为是一个具有序列性的过程。

（4）消费者行为是可以被各种营销策略所影响的。

（5）消费者需要教育和诱导。

（二）酒店消费者购买行为的特点

酒店消费者购买行为的特点见表2-3。

表2-3　酒店消费者行为特点

休闲度假消费者	季节性强；主要以职员、学生、退休老人为主；选择自由度大；价格敏感；强调家庭式的氛围
商务消费者	酒店设施要求；服务水平要求；在客房工作；餐饮偏好； 选择酒店主要标准：位置、酒店全面质量和价格、公司的决定、常客； 客房物品：烧咖啡壶、调制解调器、烫衣板、多功能电话、传真机

1．无限宽广性

消费者的需求包括生理的、社会的、精神的、物质的，其表现为吃、穿、用、住、行、享受、娱乐等多方面，而且随着社会经济的发展，消费者的需求也不断向前发展。酒店产品既包括具体的产品，也包括无形的服务，消费者对酒店产品的需求也与日俱增，并不断趋于多样化、个性化。

2．多层次性

消费者的购买行为有深层的和低层的，通常消费者首先满足低层次的需要，在低层次需要的基础上才能追求深层次的需要。随着现代收入水平的提高，人们不仅追求吃得营养、住得舒适，而且追求情趣、求知、涵养、实现自我价值等多方面深层次需要。

3．可变性和可诱导性

一定的工作、生活环境的变化、广告宣传的诱导、生态环境的改变，都可能改变人们的消费需要的指向。人们受外部诱因和环境状况影响改变了原来的消费观念，变内在的需要为显现的需要。正由于此，消费需要可诱导性，即通过人为的、有意识的给予外部诱因或改变环境状况，诱使和引导消费需要按照预期的目标发生变化和转移。

（三）消费者购买行为的类别

这里讨论的消费者购买行为仅指消费者购买某一件产品或某一项服务的一次性的具体购买行为。按购买介入程度的不同，把购买行为分为三类：习惯性购买、浅度选择性购买和深度选择性购买。所谓购买介入程度，是指消费者由某一特定购买需要而产生的对决策过程关心或感兴趣的程度。它进而决定了消费者在这一购买过程中所付出成本的多少，包括货币、时间、精力、参与程度等。在习惯性购买、浅度选择性购买和深度选择性购买的过程中，消费者的介入程度逐渐增强。

1．习惯性购买

习惯性购买行为比较简单，基本不涉及决策过程，属低度购买介入，包括日常生活必需品和品牌忠诚型产品或服务的购买。比如正在做饭的妇女发现没有面条了，习惯性地去社区附近的便利店购买；或者某品牌的忠诚顾客习惯性地购买该品牌的产品，即使其他品牌产品的购买同样方便也不会前去购买，甚至考虑不到更换品牌。商务型的酒店消费者常表现为习惯性购买，一方面可能忠诚于某一经常到达城市的固定酒店，另一方面可能习惯于入住不同城市的某一品牌的连锁酒店。习惯性购买过程示意如图 2-3 所示。

图 2-3　习惯性购买过程示意

2．浅度选择性购买

浅度选择性购买行为的介入程度要高于习惯性购买，属中度购买介入。所需购买的产品或服务的重要性高于日常生活必需品，或在这种产品或服务上还未形成对某一品牌的忠诚，如大多数年轻妇女购买服装的行为就属于此列。在消费者一生中的购买中，从数量上来说，这类购买要占相当大的比重。这一过程涉及信息搜集和决策过程，其信息的搜集以内部信息为主，获取信息的手段和决策过程都较简单。如大多数消费者在选择入住的酒店时，如果酒店位置、条件、价格等符合要求，入住的可能性就非常大，几乎没有人会为此去咨询专业人士或担心后续服务不好而专门去咨询律师。

需要是购买过程中的一个重要环节、是导致购买的直接原因，但不是导致购买的根本原因。导致购买的根本原因是消费者心目中理想境况与现实中实际境况的差别在消费者心中所引起的失落或落差，进而引发的消费者要改变这种状况的冲动。使消费者意识到这种差距的方式有两种：一种是消费者自己自发地意识到了这种差距；另一种是由外界的刺激诱发产生的，比如广告或周围亲朋好友的示范效应。在消费者综合考虑了自身的条件以后，如果认为这种需求是可以通过努力来实现的，渴望程度会进一步增强，迫使自己开始信息搜集的行动。首先是调动储存在记忆中的相关信息，找出若干种潜在的解决办法并进行比较，确定是否有现存的令人满意的解决方案，这是内部信息的搜集。然后通过潜在解决方案与新发现的解决方案的比较来决定采取哪一种方案，或者无满意方案时放弃。浅度选择性购买过程示意如图 2-4 所示。

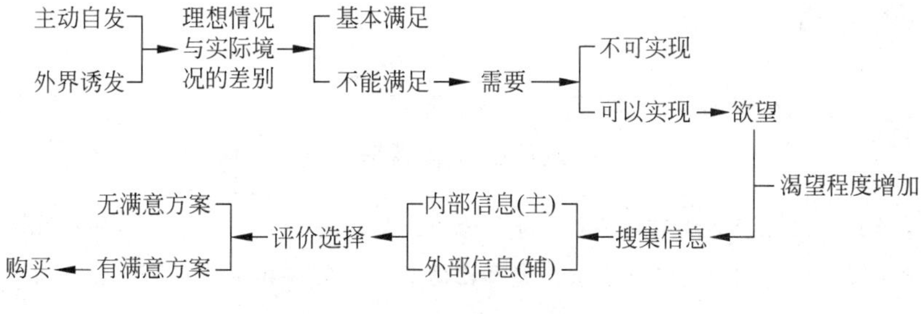

图 2-4　浅度选择性购买过程示意

3．深度选择性购买

深度选择性购买行为的介入程度最高，属深度购买介入型。所需购买的产品或服务的重要性非常高，购买频率比较低且金额较大，比如房子、汽车购买或送孩子到国外读书等。这一过程也涉及信息搜集和决策过程，但信息的搜集以外部信息为主，获取信息的手段和决策过程都比较复杂，如购买汽车时可能要亲自去了解很多非常细的信息：发动机的性能、汽缸的质量、耗油情况、维修站点等。如果有朋友属业内人士会毫不犹豫地前去咨询，而购买房产时甚至会请专门律师起草合同。消费者选择酒店时，除长期入住外，较少出现深度选择性购买的情况。深度选择性购买过程示意如图 2-5 所示。

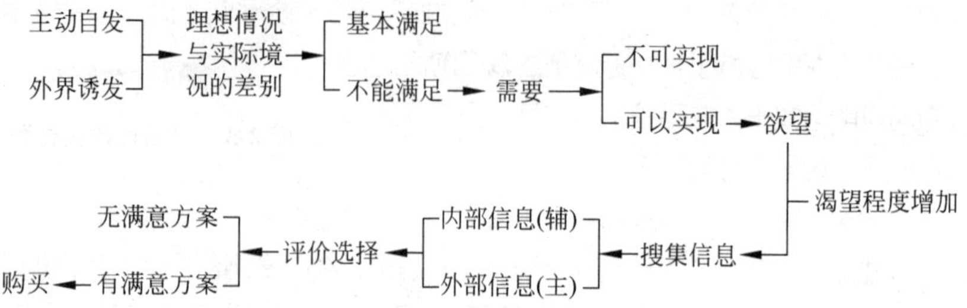

图 2-5　深度选择性购买过程示意

二、影响酒店消费者购买行为的因素

（一）文化因素

1．文化

文化是人类欲望和行为最基本的决定因素。在社会中成长的儿童通过其家庭和其他主要机构的社会化过程学到了基本的一套价值、知觉、偏好和行为的整体观念。在美国长大的儿童就有如下的价值观：成就与功名、活跃、效率与实践、上进心、物质享受、自我、自由、形式美等。文化及价值观对人的消费行为有着潜在的、决定性的影响。

2．亚文化

每一文化都包含着能为成员提供更为具体的认同感和社会化的较小的亚文化群体。亚文化群体包括民族群体、宗教群体、种族团体和地理区域。购买者的行为受到亚文化群体的影响。因为许多消费者都强烈认可自身所具有的遗传特质，并受到体现这些特质的产品的影响，进而产生购买行为。

案例 2-5

酒店的文化营销

简单地说，文化营销就是利用文化进行营销，是指企业营销人员及相关人员在企业核心价值观念的影响下形成的营销理念和塑造出的营销形象在具体的市场运作过程中所形成的一种营销模式。

企业卖的是什么？麦当劳卖的仅是面包加火腿吗？答案是否定的，它卖的是快捷、时尚、个性化的饮食文化。柯达公司卖的仅是照相机吗？不是，它卖的是让人们留住永恒的纪念。中秋节吃月饼吃的是什么？难道只是它的味道吗？不是，我们吃的是中国民族的传统文化—团圆喜庆。端午节吃的仅仅是粽子吗？不是，我们是在纪念屈原，吃的是历史文化。过生日吃的仅仅是蛋糕吗？也不是，主要是人生的希望与价值。喝百事可乐喝的是它所蕴涵的阳光、活力、青春与健康；喝康师傅冰红茶喝的是它的激情、酷劲与时尚。

总之，通过以上例子我们看到在酒店产品的深处包含着一种隐性的东西——文化。酒店向消费者推销的不仅仅是单一的产品，产品在满足消费者物质需求的同时还满足消费者精神上的需求，给消费者以文化上的享受，满足他们高品位的消费。这就要求酒店转变营销方式，进行文化营销。

资料来源：高杰．酒店营销策划［M］．北京：北京交通大学出版社，2014.

（二）环境因素

消费者的购买决策过程还受到环境因素的影响。环境因素是指消费者的外部世界中各种自然、社会与文化等因素的综合体，它包括各种事物、地点及其对顾客的认知和行为产生影响的人，如家庭、相关群体、社会阶层等。

1．家庭

家庭是社会的基本单位，是影响人们消费行为的最主要的参照群体，也是绝大多数销售者要面对的主要目标市场。家庭成员在购买决策过程中扮演不同的角色：提议者、影响者、决策者、购买者和使用者。酒店销售人员应根据其产品的特点及市场目标，结合当前的家庭状况，研究家庭顾客购买决策的影响因素，有的放矢地制定各种销售策略，切实地促进销售。

2．相关群体

对于策划营业促销等活动的酒店营销部门来说，应特别强调重视社会因素中相关群体对酒店消费者购买行为的影响。所谓“相关群体”，是指购买者的社会联系。影响他人消费行为的个人或集团，就是这个人的相关群体。相关群体可以分为3种类型：第一类是初级群体，包括家庭成员、亲朋好友、同事、邻居等；第二类是次级群体，包括与顾客有关的各种群众团体和组织，他们对顾客行为发生间接影响；第三类是渴望群体，主要是顾客渴望加入或作为参照的个人或组织，如电影明星、流行歌手等社会名人及交际圈。他们均能不同程度地起着影响及驱使他人购买这种商品、服务的作用。

因此，酒店业必须十分重视相关群体对消费者购买行为的影响力。在制定酒店营销策略时要善于选择同目标市场关系最密切、传递信息最迅速、影响最大的相关群体，特别是他们中的“领袖”和“意见带头人”，了解其爱好。首先对他们做好酒店产品、服务的促销工作，千方百计争取他们成为本酒店产品、服务销售的“带头人”，进而运用各种传播媒介扩大影响。

3．社会阶层

社会阶层是指按照一定的指标，比如家庭收入、受教育程度、职业、社会地位等，将社会成员划分成若干社会等级。同一社会阶层的人往往有着共同或相近的价值观、生活方式、思维方式和生活目标，并且影响着他们的实际购买行为。

（三）个人因素

对酒店产品、服务的消费，主要是个人行为。个人因素中诸如年龄、性别、家庭成员、经济状况、习惯爱好、教育程度、职业状况及生活方式等都对最终的消费决策产生影响。对于酒店营销人员来说，应潜心研究目标市场顾客的上述个人因素，摸索规律，争取促销活动能符合他们的实际。

1. 年龄和生命周期阶段

人们在一生中购买的商品和服务是不断变化的，比如，幼年时只吃婴儿食品，发育和成熟时期可以吃各类食物，晚年则吃特色食品。同样，人们对酒店产品的喜好也同年龄有关。消费还根据家庭生命周期阶段来安排，根据各阶段的财务收入收支情况，处在每一阶段上的家庭都有自己最感兴趣的产品。一些研究认为，人类存在心理生命周期阶段，成年人在一生中会经历数次过渡时期和转换阶段。

知识拓展2-5

酒店产品的生命周期

酒店产品的生命周期又叫酒店产品的寿命周期，它是就酒店产品的销售量和边际利润而言的，而不是指产品的使用寿命。酒店产品的生命周期是酒店产品在市场经营活动中的市场寿命，即酒店产品从开始构思设计、开发上市直至最终被市场淘汰为止的整个时期。这一时期反映在酒店产品的销售量和利润上，也是由弱到强，又由盛转衰的过程。一般来说，一个完整的酒店产品生命周期可分为4个阶段，即导入期、成长期、成熟期和衰退期。

资料来源：周显曙，丁霞. 酒店营销实务［M］. 北京：清华大学出版社，2013.

2. 职业和经济环境

一个人的职业对其消费模式有一定影响，公司也可以专门为某一特定的职业群体定制它所需要的产品，包括为外派出差员工解决住宿费用。职业关系到一个人的经济环境，进而影响其对产品的选择。人们的经济环境包括可花费的收入（收入水平、稳定性和花费的时间）、储蓄和资产（包括流动资产比例）、借款能力以及对花费与储蓄的态度等。

消费者在酒店的消费能力要受到经济能力的制约，没有足够的可任意支配的收入，要消费者到酒店消费无异于画饼充饥。据一项专题调查，62%的被调查对象回答说，费用困难是他们无法旅游的原因。即便已有足够的费用可自由支配，还有对费用如何分割的问题，即有多少可用于旅游、酒店的消费上。

3. 生活方式

来自相同的亚文化群、社会阶层甚至来自相同职业的人们，也可能具有不同的生活方式。生活方式是一个人在世界上所表现的活动、兴趣和看法的生活模式。人的生活方式描绘出同其环境有相互影响的“完整的人”。营销人员要研究他们的产品和品牌与具有不同生活方式的各群体之间的相互关系。

4. 个性和自我概念

每个人都有影响其购买行为的独特个性。一个人的个性通常可用自信、控制欲、自主、顺从、交际、保守和适应等性格特征来加以描绘。假如个性可以分类，那么它能成为分析消费者购买行为的一个有用变量，某些个性类型同产品或品牌选择之间关系密切。许多营销人员使用一种与个性有关的概念，那就是一个人的自我概念。每个人都有一种复杂的内心图像，购买者的选择大部分与其实际自我概念相一致，还有一些则与理想的自我概念和他人自我概念相一致。所以，自我概念理论在预测消费者对品牌形象的反应方面，其成效还处于一个混合记录的阶段。

（四）心理因素

客人来到酒店，要先了解他们需要些什么，这是在酒店这一特定场景下，客人产生一系列心理活动的内在原因。这些需求的满足程度将在客人心理上产生怎样的反应，这是营销人员必须认真思索的。所谓消费者心理活动过程，是指消费者在购买决策中支配购买行为的心理活动的整个过程，影响其心理活动的主要因素有需要、认知、态度、学习与参与等。

知识拓展2-6

酒店客人对客房的5种心理需求

1. 求干净的心理

客人对自己入住房间的卫生状况是极为关心的，因为酒店的客房为不同的客人所使用，而有的客人患有传染病。客人希望酒店客房的用具是清洁卫生的，特别是容易传染疾病的用具如茶杯、马桶等，他们都希望能严格消毒，保证干净。

2. 求舒适的心理

旅客因各种原因远离家乡，来到一个陌生的地方，环境、气候、生活习惯的改变令他们有生疏感和不适感，他们都希望酒店的客房能够舒适、惬意，从而产生“家外之家”的轻松感。

3. 求方便的心理

旅客入住酒店客房后，都希望生活上十分方便，要求酒店设备齐全、服务项目完善；需要洗衣时只需填张单并将衣物放进洗衣袋；有什么问题要咨询只需向服务台挂个电话就行；需要什么打个电话就能送到房间，一切都像在家中一样方便。

4. 求安全的心理

旅客住进客房，希望能保障自己的财产以及人身的安全，不希望自己的钱财丢失、被盗；不希望自己在酒店的一些秘密被泄露出去；不希望发生火灾、地震等意外事故。万一出现火灾则希望服务员能及时采取措施保障其人身安全。客人还希望在自己喝醉酒、有病或出现危险情况时，服务员能及时采取措施，保障自己的人身安全，不出危险。

5. 求尊重的心理

客人希望自己是酒店和服务员欢迎的人，希望见到服务员热情的笑脸；希望服务员能尊重自己的人格，尊重自己对房间的使用权，尊重自己的意愿，尊重自己的朋友、客人，尊重自己的生活习俗、信仰等。

资料来源：罗振鹏．酒店服务营销［M］．北京：机械工业出版社，2012.

1. 需要

所谓需要，是指在一定的生活环境中、人们为了延续和发展生命、对客观事物的欲望的反应。人们的需要帮助其确定行为目标，因此，从这个角度来讲，需要是推动人们活动的内在驱动力。实际上，销售人员的工作并不总是推销商品，销售人员的工作重点在于激发那些已存在于顾客身上的需要并促使他们做出最终的购买决定。因此，销售人员应该对顾客的需要有比较深入的了解。

2. 认知

所谓认知，是指顾客对产品或服务的感觉、知觉、记忆与思维的总和。感觉与知觉是指人们通过感觉器官对产品的个别属性或整体的认知。知觉是感觉的延伸，它受到各种主观、客观因素的影响。顾客自身的兴趣爱好、个性、对品牌的偏爱以及自我形象是知觉的先决条件；产品形象、企业形象及其吸引力是知觉的基本条件；广告宣传、销售人员的销售行为，则是促成顾客对产品知觉的关键因素。记忆是指人们对过去经历过的事物在大脑中的储存并在一定条件下重新显现出来的能力。思维是指人们对事物一般属性及其内在联系的间接的概括反应。优秀的销售人员应该随时洞察顾客的心理活动，利用品牌形象、面对面交流等机会，引发顾客对产品的关心与注意，诱发其欲望和需要，促成顾客的购买行为。

3. 态度

所谓态度，是指顾客在购买或者使用产品的过程中对产品或服务及其有关事物形成的反应倾向，即对产品的好坏、优劣、肯定与否定的情感倾向。通常情况下，顾客对某一品牌的产品或服务存在3种典型的态度：一是信任型，即顾客对所要购买的产品的各个方面持有完全肯定的态度，这种态度往往会导致购买行为的实现。二是怀疑型，即顾客对所要购买的产品并不十分满意或者心存疑惑。三是反对型，即顾客对所要购买的产品持完全否定的态度。

4. 学习

所谓学习，是指顾客在购买和使用产品过程中不断获得知识、经验和技能，不断完善其购买行为的过程。概括地说，顾客有3种主流的学习类型：一是模仿式学习，即通过获取信息、观摩效仿的方法进行学习，其结果是顾客摈弃旧的消费方式或者使用方式，适应新的需求水平。二是反应式学习，即通过外界信息或事物的不断刺激，形成一种相应的反应，通过感官和体验为顾客所接受和学习，促使其进行购买。三是认知式学习，即通过对前人经验的总结与学习，辅之以复杂的思维过程所学到的分析与解决问题的能力，用自己的学识和辨别能力，对付不断面临的购买决策问题。

5. 参与

所谓参与，是指顾客对一个事物或者行为的关注或与个人相关的领悟力。若产品的参与度高，顾客会经历更强的感知反应。顾客的参与程度可以分成3个阶段，从低水平即很少或没有领悟到的关系，提高到中等水平即一些领悟到的关系，直至达到高水平即大量领悟到的关系。参与只是一种被激发的心理状态，当顾客做出购买决定时，它为顾客的认知过程与行为提供能量与指导。顾客的参与水平受到内在因素与外部因素的影响。内在因素是指存储于顾客记忆中的知识集合，内在因素融合了顾客特性与产品特性；外部因素包括场合、人群等因素。顾客的参与意识与参与水平对人员销售具有重要价值。

案例 2-6

酒店做营销，抓住客户心理了吗？

无论在哪个行业，一个营销者非常重要的一部分工作是了解目标客户行为——他们是如何做、为什么这样做。只有这样，营销者才能做关键词调研、建立客户模型、策划网站的表现形式。再进一步，如果营销者能摸清客户行为背后的心理秘密，提前预测客户行为，那岂不是占得先机？

为了帮酒店营销者更好地了解客户行为，下面通过一些小故事来了解 3 个社交心理原则。

故事 1：互惠原则

一个人收到礼物，通常都会觉得很暖心，会很感激送礼物的那个人，而且想要回送点什么，这正是互惠原则的心理基础。英国行为洞察小组曾经做过实验，如果你送一颗糖再询问对方愿不愿意捐赠，11%的人会愿意捐赠相当于他们一天工资的金额，而如果开门见山直接询问，只有 5%会愿意捐赠。

启示：叫客户购买你的产品前，先给他们一点甜头、一点免费的小礼物——可以是一本有用的电子书、一次免费咨询、一份酒店品牌小礼物，或者只是一张亲笔写的小贴士。这样一来，只要你正面地展示酒店的形象，客人会更愿意倾听你、接受你的要求，更容易建立起对酒店品牌的信赖感，并帮助酒店将品牌宣传到自己的社交圈中。

故事 2：得寸进尺

有一种推销策略叫踏脚入门，名称由来是挨家挨户的推销方法，敲开门后，推销员把脚踏进门里，以免顾客一下把门关上。早在 1966 年时有一个非常有名的实验，研究者首先让人去询问某社区邻里，可否在他们窗上放一张小卡片提醒大家安全驾驶。两周之后，另外一个人再次来问这个社区邻里，可否在他们前院放一个提示安全驾驶的大牌子。实验结果出来，第一次答应的人中，76%第二次也会答应；而没有接受过第一次请求的人，只有 20%会答应在前院放大牌子。

这也是一种“得寸进尺”的技巧。也就是说，如果第一次的小请求（寸）成功了，第二次的大请求（尺）成功率也会比较高。其中第一次请求时，就是双方培养情感纽带的时机。

启示：不要什么都不提，开口就叫客户购买你的产品或服务。也不要在客户第一次访问网站时，就给他们播一个长长的视频介绍。先跟客户打好感情基础，先求小，再求大。比如先解决他们的疑惑（酒店在哪、交通、价格如何、有何优惠等），再提醒他们订房。

故事 3：曝光效应

一个品牌、一件商品的曝光度越高，消费者更容易对其产生偏好。2000 年时，Zajonc 展开了一项调研，他给参与者们看了一系列的外语词，然后让他们凭感觉对这些词汇进行打分，最终结果显示，出现频率高的词汇平均比只出现一次的词汇得分高 1 分。

启示：做好酒店官网排名及关键词设置，以便客人搜索得到，并定期将酒店的资讯、促销信息等推送给你的潜在客户，增加酒店曝光度，潜移默化客人对酒店品牌的认知度及好感度。

资料来源：邢夫敏．现代酒店管理与服务案例［M］．北京：北京大学出版社，2012.

三、酒店消费者购买过程和酒店营销对策

（一）购买决策过程

购买者的购买决策过程有引起需要、收集信息、评价方案、决定购买和买后行为 5 个阶段构成，如图 2-6 所示。前两阶段前文已做介绍，下面就评价方案、决定购买和买后行为 3 个阶段进行说明。

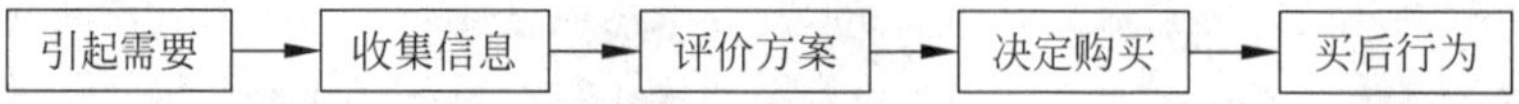

图 2-6　购买决策图

消费者对产品的判断大都是建立在自觉和理性基础之上的。消费者的评价行为一般要涉及产品属性（即产品能够满足消费者需要的特性）、属性权重（即消费者对产品有关属性所赋予的不同的重要性权数）、品牌信念（即消费者对某品牌优劣程度的总的看法）、效用函数（即描述消费者所期望的产品满足感随产品属性的不同而有所变化的函数关系）和评价模型（即消费者对不同品牌进行评价和选择的程序和方法）等问题。

评价行为会使消费者对可供选择的产品形成某种偏好，从而形成购买意图，进而购买所偏好的品牌。但是，在购买意图和决定购买之间，有两种因素会起作用，一是别人的态度，二是意外情况。也就是说，偏好和购买意图并不是总是导致实际购买，尽管二者对购买行为有直接影响。消费者修正、推迟或者回避做出某一购买决定，往往是受到了可觉察风险的影响。可觉察风险的大小随着冒这一风险所支付的货币数量、不确定属性的比例以及消费者的自信程度而变化。市场营销人员必须了解引起消费者有风险感的那些因素，进而采取措施来减少消费者的可觉察风险。

消费者在购买产品后会产生某种程度的满意感或不满意感，进而采取一些使市场营销人员感兴趣的买后行为。消费者根据自己从卖主、朋友以及其他来源所获得的信息来形成产品期望。如果卖主夸大其产品的优点，消费者将会感受到不能证实的期望。这种不能证实的期望会导致消费者的不满意感。所以，卖主应使其产品真正体现出其可觉察性能，以便使购买者感到满意。事实上，那些有保留地宣传其产品优点的企业，反倒使消费者产生了高于期望的满意感，并树立起良好的产品形象和企业形象。

消费者对其购买的产品是否满意，将影响到以后的购买行为。如果对产品满意，则在一次购买中可能继续采购该产品，并向其他人宣传该产品的优点。如果对产品不满意，则会尽量减少不和谐感，因为人的机制存在着一种在自己的意见、知识和价值观之间建立协调性、一致性或和谐性的驱使力。具有不和谐感的消费者可以通过放弃或退货来减少不和谐，也可

以通过寻求实际上产品价值比其价格高的有关信息来减少不和谐感。市场营销人员应采取有效措施尽量减少购买者买后不满意的程度。过去的品牌选择对于未来品牌偏好起强化作用。

（二）制定营销对策的过程

从上述购买的实现过程来看，购买不能实现的原因主要来自3个方面：一是理想境况与实际境况基本没有差别，消费者没有消费的需求；二是消费者目前无法实现的需求，即非有效需求；三是没有令消费者满意的方案，即满足条件出现。这与经济学上的需求分析正好吻合，即只有满足条件的有效需求才能导致购买行为的发生。因此要想增加销售量，可从以下几个方面着手。

1. 研究市场过程

市场需要什么？市场缺少什么？什么产品在市场已呈饱和？什么产品即将退出市场的舞台？市场未来走向如何？这些问题是酒店制定正确的营销对策之前应做的了解。其主要方式有：调查问卷、一对一走访询问、多方位市场评估。这个过程追求的是信息的准确性、可信度与更新速度，获得信息的途径就十分重要。因为占用了消费者的时间，人们对没有利益关联的调查问卷有着本能的排斥，一对一走访的询问方式也不适合当今快节奏的生活方式。因而，如何通过有效的手段收集尽可能多的有用的市场信息成为酒店进行销售活动前必修的一门功课。

2. 整合资料过程

什么样的资料才是最有用的资料？如何对海量的信息进行有效高速地甄别筛选？如何从繁多的信息中找出适合消费者口味的营销方式？这就需要摈弃传统的、无差别的、大量的市场营销策略，转而实行差别营销策略。在繁多的市场信息中，仔细甄别筛选出小的市场单位作为策略主攻方向，集中有限的人力、物力和财力实行高效地资料整合、筛选和确定，进行集中化的营销策略分析。在策略中应突出表现产品在同类产品中的差别优势，分析不同消费者的心理需求，找准市场定位。如今在买方市场的条件下，最大的顾客让渡价值成为价格优势的重要环节。

3. 市场实现过程

在这个过程中，优良的市场营销方案应实现两大目标：名牌效应和忠实客户的产生。整个营销对策应紧紧围绕这两个方面进行计划，偏离了这两个目标，则营销的可行性会降低，无法在消费者脑海留下良好的第一印象，营销的实现便困难重重。

（三）营销对策

1. 体验营销

体验营销是指以消费者为主体，酒店提供一定的物质基础的互动体验，使主体在情绪、体力和智力、精神水平等达到一定程度时意识中产生一系列美好的感觉，从而实现酒店产品价值的营销手段。在进行体验营销之前应做好一系列准备工作，进行体验营销的目标应是建立长期稳定的客户关系。只有以建立长期稳定的客户关系为目标，树立良好的关系营销观念，顾客才能感觉酒店是从顾客的感受出发，真正考虑到了顾客的切身利益，因而更能接受这种消费方式。具体来说，它要求在自然条件下进行作业，调查人员应随时改变时间地点跟随顾客，观察顾客、了解顾客内心的真实感受。

2. 品牌营销战略

一个知名品牌的号召力是巨大的，其影响力几乎超过同类商品的总和。因而，这也是运用最广、最有效的营销战略之一。同时培养一个知名品牌所用的时间也是很长的，所花费的精力与资金也是惊人的。在许多非自我配置时间段，品牌对彰显一个人的个人品位、展示自我独特魅力方面起着至关重要的作用。首先在质量上进行严格把关，然后通过对某一种能够引起消费者心灵共鸣的文化符号进行重新结构阐释与运用，使消费者产生美感的享受，并用人性化、和谐的方式加以表现。这样，呈现在消费者面前的不仅仅是服务，还有一种文化特质、一种品味。“品味”并不是一件实在的商品，而是形成于人们脑海中的概念。因而品牌营销的核心战略是利用产品的特性，通过对概念的解构与重组，结合消费者的消费心理，创造出新的充满了差异性与个性化的品牌形象。

3. 个性化的市场细分策略和营销对策

这是个追求个性化的年代，人们性格、精神上的差异化使得他们不自觉地开始追求更加富有个性化意义的产品和服务。针对消费者购买行为越来越体现出个性化消费这一特点，酒店可以制定出针对消费者需求的市场营销策略。酒店要改变大量市场营销的策略，向差异性市场营销的模式转变，这就要求酒店按照消费需求的个性化对产品进行市场细分，除了按照人口、地理、心理以及行为因素分别细分外，也可以同时选择几种标准。就目前我国的消费市场而言，针对消费群体的多元化发展、品牌差异度较大等特点，可以由品牌敏感度及价格敏感度作为细分市场的维度。在酒店产品中，如果消费者能看到自己的生活状态、精神特征、个性品位，并能使其他人从中体会自己的不同之处，消费者便会变被动消费为主动消费，在消费过程中能体验制造商品的乐趣，契合了消费者的好奇心理。

4. 便利化的渠道分销策略

现代网络通信技术越来越发达，网络已经成为人们生活中不可或缺的重要沟通工具，而网络销售则实现了便利化的分销渠道建设。网络店铺与传统的实体店铺最大的区别是其虚拟的特点，消费者足不出户即可浏览成千上万的新产品，而且在实体店铺中很难买到的物品在网络中也是应有尽有。因此需要酒店拓宽分销渠道，利用网络营销大力建设网络分销渠道，与快速发展的网络社会相适应，大大提升消费者消费的便利性，以迅速渗透市场、降低成本、提高销售量。

5. 高效化的广告促销策略

广告策略可以利用名人效应，借助专家的发言提高信息影响的范围及效用。或者通过对典型消费者的描绘扩大比较影响，也可以通过某种功能的展示进行广告。常用的广告品牌策略主要有以下两种。

（1）信息影响角色。因为消费者的决策行为受其感知价值高低的直接影响，而感知价值水平在很大程度上是由消费者所获取的信息来决定的，消费者通过产品信息的收集提升自己对产品判断的自信度。

（2）比较影响角色。比较影响角色可以利用两类参考群体来实现：一种是典型消费者，这类消费者是现实的参考人，他们可以对与其类似的消费者产生影响，促使其选择广告产品；另一种则是象征参考者，即一些吸引人而倍受关注且期望与其保持一致的名人。

评估练习

（1）简述酒店消费者购买行为的概念。

（2）举例说明酒店消费者行为的类别。

（3）举例说明影响酒店消费者购买行为的因素。

（4）简述酒店消费者的购买决策过程。

第三章

酒店市场细分与目标市场定位

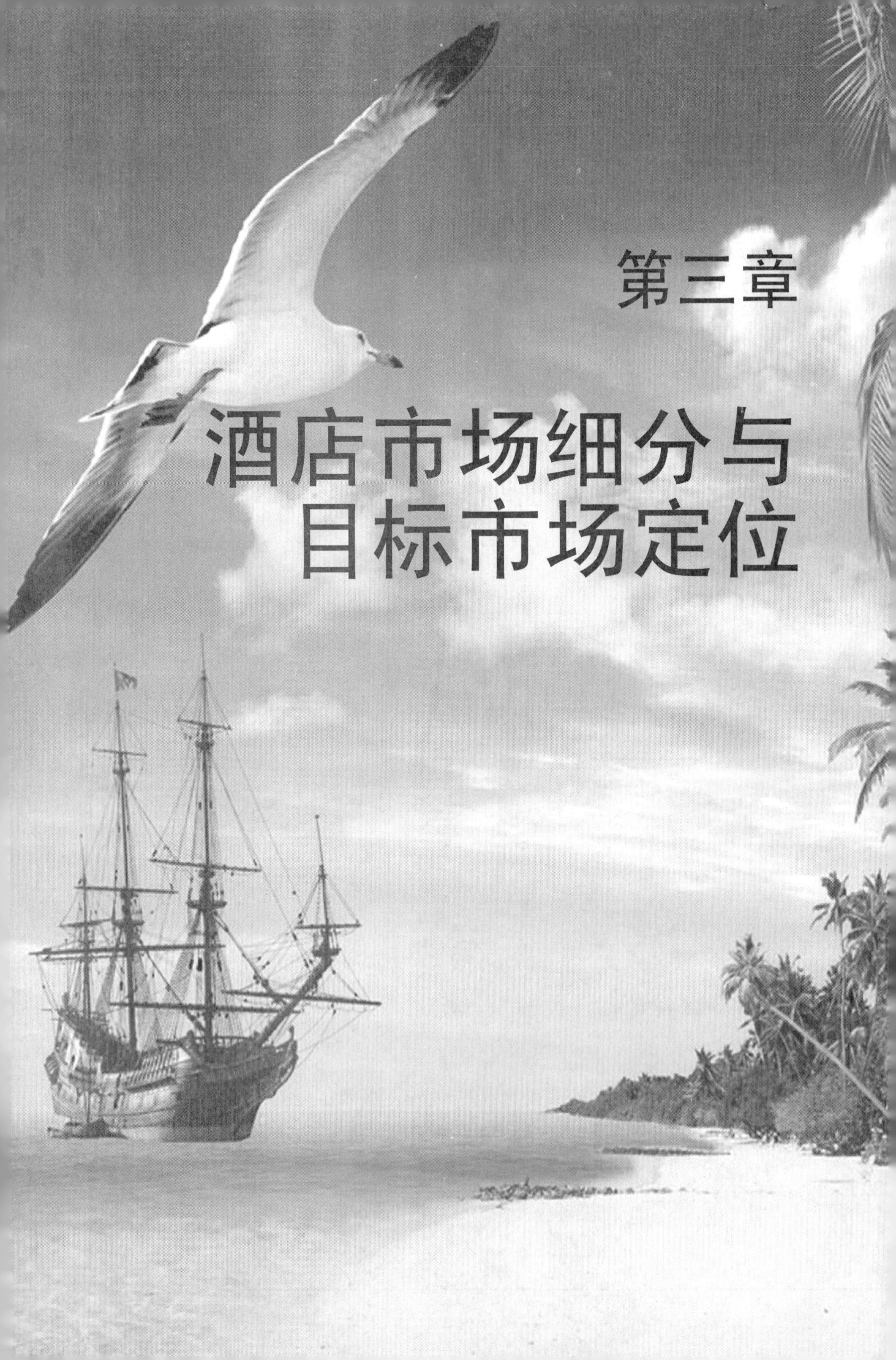

引导案例

经济型酒店“卡位战”

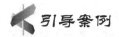

在经历了十余年的狂飙式发展后，经济型酒店行业来到转型的十字路口。经济连锁酒店巨头的转型潮来势汹汹，本土品牌会否受到冲击？

以重庆为例，2007 年时，本土品牌金地 126 拥有 6 家店，成为当时本土品牌的老大。但 2007 年之后，重宾之星、速朋谊等相继淡出，金地 126、天鹅之星的门店数量也没有明显增长。截止到 2014 年 7 月，重庆经济型酒店前五强中，已没有本土品牌的身影。

“连锁品牌的大举进入，单体酒店和区域品牌很难与之抗衡。”一位本土经济型酒店老板感慨，“连锁品牌在全国的会员群体是入住率的保障，更何况一些品牌还与在线旅游平台联手，深度开发客户资源。”

“避开全国连锁品牌的主力店型，寻找细分市场，这是本土品牌的一条出路。”重庆工商大学旅游与酒店管理系副主任胡波表示。

在高端市场冷清、低端市场微利的背景之下，中端市场正在成为经济型酒店角逐的新战场。业内对此有一个说法：待在原地不动，则一定会被踢出局，若尝试转型，其实也面临多重考验。

在经济观察研究院院长清议看来，其实经济型酒店这一轮转型潮也是为了“卡位”，大家都是为了能在中端市场的竞争中抢先占据有利位置，从而一举赢得市场。

“大家现在赌的是未来酒店市场细分后带来的差异化需求。”清议指出，“未来的趋势是品牌的差异化可以提高利润水平，但现阶段多品牌的酒店要形成规模，还有很长一段路要走。”有专家表示，品牌与市场需求的结合度将是决定经济型酒店转型能否成功的要素。

华美酒店顾问机构首席执行官赵焕焱分析称，目前国内的不少中端酒店往往是自我定位、概念不明。从全球经验看，中端酒店区别于经济型酒店的标志：一是有客房外的第二空间，如健身房、书吧等；二是有基本需求外的第二项优质产品要素，如创新的餐饮等；三是有多元素的人文体验，如设计、文化、环境；四是有提升的服务质量。

此外，他还表示，现在中端酒店与高端酒店还没有在价格上完全拉开差距，而欧美地区这两种级别的酒店价格差距通常在三四倍以上。“但中端酒店品牌价格的竞争力恰恰是其品牌影响力的重要体现之一。”

资料来源：重庆商报．经济型酒店卡位战：市场向下价格向上［OL］．http：//www. cq. xinhuanet. com/2014-07-09/c_ 1111527116. htm，2014-07-09.

辩证性思考：

（1）分析单体酒店和区域品牌大规模撤离重庆的原因。

（2）简述可以采取哪些方式改善上述情况。

酒店客源市场表现为消费需求的总和，它包含着千差万别的需求形态。任何一家酒店，无论酒店的规模如何，它所能满足的也只是客源市场总体中十分有限的部分，而不能予以全部满足。因此，酒店应该在市场细分的基础上选择对本企业最有吸引力，而且酒店可为之提供有效服务的部分作为目标，实行目标市场营销，并在目标市场上确定适当的竞争地位。这就关系到酒店的生存和发展这一重大战略性决策，它是实施各项具体营销策略的基本前提。

第一节　酒店市场细分

教学目标：

(1) 掌握酒店市场细分的概念和原则。

(2) 理解酒店市场细分的基本要求、作用和程序。

(3) 熟悉酒店细分市场的方法和标准。

一、酒店市场细分的概念

市场细分的概念最早由美国营销学教授温德尔·史密斯于1956年提出，后经过营销学之父菲利普　科特勒不断完善最后形成了比较成熟的理论结构范式SCP理论（Segmentation-Targeting-Positioning，市场细分—目标市场选择—市场定位）。此后，这一理论被广泛用于企业的市场营销实践中，其基本作用是利用有限的资源加强企业的市场竞争力。具体到酒店业，所谓的酒店市场的细分是指酒店根据消费者需求不同，将整体酒店市场分为若干不同类别的子市场的过程。

需要注意的是，市场细分不是对产品进行细分，而是对消费者的需求和欲望进行分类。在市场经济条件下，市场细分具有其存在的客观基础。市场细分是有层次的，酒店应根据自身条件及产品不同，对市场开展不同层次的细分。

案例 3-1

万豪酒店的成功市场细分

万豪酒店是与希尔顿、香格里拉等齐名的酒店巨子之一，总部位于美国。现在，其业务已经遍及世界各地。

万豪酒店的成功之道在于针对不同的细分市场成功推出了一系列品牌：在高端市场上，Ritz-Carlton（波特曼·丽嘉）酒店为高档次的顾客提供服务方面赢得了很高的赞誉；Renaissance（新生）作为间接商务和休闲品牌与Marriott（万豪）在价格上基本相同，但它面对的是不同消费心态的顾客群体（Marriott吸引的是已经成家立业的人士，而“新生”的目标顾客则是那些职业年轻人）；在低端酒店市场上，万豪酒店由Fairfield Inn衍生出Fairfield Suite（公平套房），从而丰富了自己的产品线；位于高端和低端之间的酒店品牌是TownePlace Suites（城镇套房）、Courtyard（庭院）和Residence Inn（居民客栈）等，他们分别代表着不同的价格水准，并在各自的娱乐和风格上有效进行了区分。

伴随着市场细分的持续进行，万豪又推出了 Springfield Suites（弹性套房），比 Fairfield Inn（公平客栈）的档次稍高一点，主要面对一晚 75 ~ 95 美元的顾客市场。为了获取较高的价格和收益，酒店使 Fairfield Suite（公平套房）品牌逐步向 Springfield（弹性套房）品牌转化。

万豪会在什么样的情况下推出新品牌或新产品线呢？答案是：当其通过调查发现在旅馆市场上有足够的、尚未填补的“需求空白”或没有被充分满足的顾客需求时，公司就会推出针对这些需求的新产品或服务。通过分析可以发现，万豪的核心能力在于它的顾客调查和顾客知识，万豪将这一切都应用到了从公平套房到丽嘉所有的旅馆品牌上。从某种意义上说，万豪的专长并不是旅馆管理，而是对顾客知识的获取、处理和管理。

万豪一直致力于寻找其不同品牌间的空白地带。如果调查显示某细分市场上有足够的目标顾客需要一些新的产品或服务特色，那么万豪就会将产品或服务进行提升以满足顾客新的需求；如果调查表明在某一细分目标顾客群中，许多人对一系列不同的特性有需求，万豪将会把这些人作为一个新的顾客群并开发出一个新的品牌。

资料来源：田彩云．酒店管理概论［M］．北京：机械工业出版社，2016.

二、 酒店市场细分的作用

1．有助于酒店制定和调整营销策略组合

市场细分后的子市场比较具体，比较容易了解消费者的需求，酒店可以根据自己经营思想、方针及生产技术和营销力量，确定自己的服务对象，即目标市场。针对着较小的目标市场，便于制定特殊的营销策略。同时，在细分的市场上，信息容易了解和反馈，一旦消费者的需求发生变化，企业可迅速改变营销策略，制定相应的对策，以适应市场需求的变化，提高酒店的应变能力和竞争力。

2．有助于酒店发现营销机会

通过市场细分，酒店可以对每一个细分市场的购买潜力、满足程度、竞争情况等进行分析对比，探索出有利于本酒店的市场机会，并及时调整市场营销策略，掌握主动权，开拓新市场，以更好地适应市场的需要。

3．有助于酒店集中利用现有资源

任何一个企业的资源、人力、物力、资金都是有限的。通过细分市场，选择了适合自己的目标市场，酒店可以集中人、财、物及资源，去争取局部市场上的优势，然后再占领自己的目标市场。

4．有利于酒店提高经济效益

上述三个方面的作用都能使酒店提高经济效益。除此之外，企业通过市场细分后，可以面对自己的目标市场，提供有针对性的产品和服务，在满足市场需要的同时，亦增加了企业的收入；通过提高入住率和服务质量，实现资金的快速周转，提高酒店的经济效益。

三、酒店市场细分的原则

酒店市场作为一个典型的异质市场，进行市场细分是必然的。但是，细分的“细”要有一定的度。如果分得过于琐碎，便失去了市场细分的意义。因此，要使市场细分得有价值，就必须坚持以下几个原则。

（一）可衡量性原则

酒店选择一个好的细分市场固然很有前途，但是究竟该不该进入该市场，作为一个企业来说，最科学的方法就是用一些指标来衡量，以便做出最佳选择。例如，某酒店要划分一类办理公务的散客，这类客人的住宿人数、平均住宿期、产生的销售额、平均房租都要能统计出来，他们对酒店产品和服务态度的看法以及要求能够被调查和研究出来，这样的市场细分才有意义。

（二）可进入性原则

一个酒店自身的能力是有限的。企业能否进入这个市场就必须对自身的资金、人力资源等方面的能力做出正确的评估，考虑是否可以进入这个市场。如一个酒店客房的接待能力有限，它就不能进入大型商务会议这个市场。

（三）稳定性原则

作为酒店这样的一个行业要进行投资，其投资期一般在1～3年。所以，酒店选择的市场必须是相当稳定的，否则，会给酒店带来巨大的经济损失。

（四）有效性原则

酒店细分后只有在容量上达到一定规模方能保证酒店的获利目标得以实现。例如：一家酒店决定进入婚宴市场，但没有进行人口结构分析。事实上，该地区的人口结构严重老龄化，所以酒店如果没有进入一个有一定规模和容量的市场，就很难获利。

（五）竞争优势原则

酒店进行市场细分的目的在于最后进入某个细分市场，所以酒店要充分意识到自己在该市场是否有竞争优势，这就是进入该市场获利的条件。

知识拓展3-1

酒店市场细分的四大误区

误区一：自身定位模糊化

我国低星级酒店“麻雀虽小，五脏俱全”。很多投资商认为通过追求星级标准可保障房价，从而盲目“追星逐全”。而低星级酒店的顾客多数只要求基本的住宿，这使得初期投资大、维护成本高的配套设施大部分时间都处于“休眠”状态，不仅没有发挥应有的效益，反而成为酒店利润率普遍较低的重要原因。

误区二：划分客源简单化

通常，酒店要抓住的重点只是那些能够来上门消费的人，对其礼遇有佳。而对于一些不具备相应消费能力的人则不屑一顾，搞得冰火两重天。

误区三：划分标准表面化

以为将客人以一定的标准进行划分，就是将顾客市场进行了细分，可以有的放矢地进行营销、服务。实际上，这种划分只是流于表面，因为每类市场顾客都有常客、潜在顾客和非实现顾客。

误区四：划分标准绝对化

酒店在进行营销、为客人提供服务时较注重客史档案的利用，甚至依据客史档案进行市场细分。实际上客人的兴趣爱好、职业、职务等并不是一成不变的。

资料来源：陈学清．酒店市场营销［M］．北京：清华大学出版社，2014.

四、酒店市场细分的标准

酒店要进行市场细分，首先必须明确细分市场的依据或标准，即确定市场细分的变量。自温德尔·史密斯提出市场细分的概念以来，经过半个多世纪的发展，市场细分变量和指标体系不断壮大，目前理论界构建的变量已有数百种之多。完善的指标体系为理论研究和企业实践提供了帮助，但同时也带来了变量选择的难题，如何在众多的变量中进行恰如其分的选择，从而构建有效的细分市场是市场细分理论和实践者面对的问题。

细分指标是企业了解消费者的不同需求的指示器，通过对这些细分指标的分析，企业可以形成对消费者尽可能全面和综合的认知：知道自己所面对的消费者是谁；知道这些消费者的需求和购买力结构；知道这些消费者的人口特征、心理特征和行为特征等。在具备了充分认知后，企业才能了解消费者的实际需求，制定恰当产品策略和销售策略。

如前所述，总体市场之所以可以细分，是由于消费者或消费者的需求存在差异性。细分变量或者指标数以百计，但总体上可以归为七大类：地理区域因素、人口和社会因素、心理因素、消费者利益、行为因素、产品和服务因素以及消费者价值。在营销实践中，企业并不是将某一单一的变量作为细分的最终依据，而是组合运用有关变量来细分市场。

（一）按地理区域变量细分市场

按照消费者所处的地理位置、自然环境来细分市场，如根据国家、地区、城市、气候、人口密度、地形地貌等方面的差异将整体市场分为不同的小市场。地理变量之所以作为市场细分的依据，是因为处在不同地理环境下的消费者对于同一类产品的需求出发点可能大不相同，他们对企业采取的营销策略与措施的反应也会千差万别。比如，城市居民由于平时蜗居于钢筋水泥，可能比较向往具有自然风尚的度假酒店，而农村居民可能很想体验相对比较现代化的商务酒店。

一方面，地理区域变量易于识别；另一方面，区域差异形成的消费需求差异的确是普遍存在的。因此，在进行市场细分时地理区域往往会作为非常重要的细分变量。但处于同一地理位置的消费者需求仍会有很大差异。如在我国流动人口非常多的城市，如深圳、上海等地，处于同一区域消费者需求就大不一样，这些流动人口构成了一个很大的异质市场，这一市场有许多不同于常住人口市场的需求特点。当然，不同区域的消费者的消费习惯也可能会趋于一致。例如，由于区域文化的融合，不同地区的人的生活习性和消费习惯会越来越接近。所以，简单地以某一地理特征区分市场，不一定能真实地反映消费者的需求共性与差异，企业在选择目标市场时，还需结合其他细分变量予以综合考虑。

（二）按人口统计变量细分市场

人口和社会变量相对较多，通常有年龄、性别、家庭规模、家庭生命周期、收入、职业、教育程度、宗教、种族等。消费者的需求和偏好同人口和社会统计变量有着很密切的关系。比如，在一般情况下，只有收入水平很高的消费者才可能成为高档酒店的入住者。人口统计变量比较容易衡量，数据获取也比较容易，因此酒店经常将其作为市场细分的依据。

1. 性别

由于生理上的差别，男性与女性在产品需求与偏好上有很大不同。例如，昆明的一家酒店在对男女顾客关于一次性用品是否自带的调查时发现，九成男士表示出门不会携带洗漱用品，而女性顾客表示平时比较注意日常保养，且对惯用的洗漱品牌比较信任，所以大多自带。

2. 年龄

不同年龄的消费者有不同的需求特点。例如青年人对酒店有格调的装饰比较喜欢；老年人则更倾向于安静、舒适的入住环境。

3. 收入

高收入消费者与低收入消费者在产品选择、休闲时间的安排、社会交际与交往等方面都会有所不同。比如，所谓的“高富帅”群体非常注重生活的品质，价格已不是他们选择产品的首要因素，他们通常选择实施齐全、服务优质的酒店，而更多的低收入消费者通常会选择经济型酒店。

4. 职业与教育

按消费者职业的不同、所受教育的不同以及由此引起的需求差别细分市场。比如，暴发户不求最好、只求最贵，而受过高等教育的人则非常注重酒店的独特品位；又如，由于消费者职业差异所引起的审美观具有很大的差异，诸如不同消费者对酒店装修用品的品种、颜色等会有不同的偏好。

5. 家庭生命周期

将一个家庭按照年龄、婚姻和子女状况进行时间维度上的划分。一般可分为：单身→新婚→满巢→空巢→解体5个阶段。在不同阶段，家庭购买力、家庭人员对商品的兴趣与偏好会有较大差别。

除了上述方面，经常用于市场细分的人口和社会变量还有家庭规模、贯籍、种族宗教等。实际上，通常在进行市场细分时经常采用两个或两个以上的细分变量。

（三）按心理因素细分市场

根据购买者所处的社会阶层、生活方式、性格、购买动机、态度等心理因素细分市场就叫心理细分。

1. 社会阶层

全体社会成员按照一定等级标准划分为彼此地位相互区别的社会集团。处于同一阶层的成员具有类似的价值观、兴趣爱好和行为方式，不同阶层的成员则在上述方面存在较大的差异。在酒店业，星级水平虽然是用于划分产品和服务等方面的水准，但是通常情况下亦是对消费阶层划分的体现。很显然，识别不同社会阶层的消费者所具有不同的特点，对于很多产品的市场细分将提供重要的依据。

2. 生活方式

在一定的历史时期与社会条件下，各个民族、阶级和社会群体的生活方式。人们追求的生活方式各不相同，在酒店产品的消费者中，有的追求简约，有的追求奢华，另一些则追求恬静。由于具有类似生活方式的群体形成了行为导向相似的消费模式，所以，市场研究者可将按生活方式划分的群体看作具有相似的、带有特定象征意义和物质需求的细分市场。基于此，酒店通过形象代言人或者广告语传递市场细分信息。例如，豪生酒店（Howard Johnson）的广告语“Go anywhere，Stay anywhere”便传递了一种随遇而安的生活方式；希尔顿旗下的奢侈品牌港丽酒店（Conrad）的广告语“The luxury of being yourself”则体现了奢华的生活方式；而希尔顿旗下的子品牌 Double tree 则注重合家欢乐的生活方式：“This summer is packed with the fun of kids at double”；希尔顿自身则体现了给旅行者的停靠和温暖的生活方式：“Travel is more than just a to b”。

3. 性格

性格是一个人比较稳定的心理倾向与心理特征，它会导致一个人对其所处环境做出相对一致和持续不断的反应。一般而言，性格会通过自信、自主、支配、顺从、保守、适应等特征表现出来。例如，性格外向、容易感情冲动的消费者往往好表现自己，因而他们喜欢购买能表现自己个性的产品；性格内向的消费者倾向于中庸，往往购买比较大众化的产品；富于创造性和冒险心理的消费者，则对新奇、刺激性强的商品特别感兴趣。酒店企业据于此，制定不同风格的营销手段来吸引不同性格特征的消费者。

（四）按行为变量细分市场

根据购买者对产品的熟悉程度、态度、使用情况及反应、品牌忠诚度等将他们划分成不同的群体，叫作行为细分。理论上，行为变量能更直接地反映消费者的需求差异，因而成为市场细分的关键性指标。按行为变量细分市场主要包括以下 6 点。

1. 购买时机

根据消费者提出需要、购买和使用产品的不同时机，将他们划分成不同的群体。例如，酒店根据入住率将市场分为淡季和旺季，并且根据不同时期消费特性制定不同的营销策略。特别是对价格比较敏感的消费者，在淡季采用折扣优惠的方式将会吸引更多的顾客，而在旺季供不应求，此时还可以提供更多的增值服务。

2. 购买频率

根据顾客是否使用和使用程度细分市场。通常可分为：经常购买者、一般购买者、不常购买者（潜在购买者）。大型酒店往往注重将潜在使用者变为实际购买者；小型酒店则注重于保持现有购买者，并设法吸引竞争者顾客转而成为自己的消费者。不管什么类型的酒店对重要消费者关系的维持往往有所投入，现在许多酒店会进行人性化的人文关怀，比如电话回访、生日问候等。

3. 购买数量

根据消费者使用某一产品的数量多少来细分市场。通常可分为大量购买者、中量购买者和少量购买者。大量购买者通常不多，但他们的消费总量大。而少量和中量购买者占大多数，而消费总量小，即在市场分布上呈 2/8 定律。目前互联网的发展可能会改变这一定律，因为互联网的“集聚效应”会将后两者聚集为大量购买者。对大量购买者的消费者需求应精确把握，而在中小量购买者的营销策略上则需要更加灵活。

4. 忠诚度

酒店还可根据消费者对产品和服务的依赖程度细分市场。有些消费者经常变换品牌，另外一些消费者则在较长时期内专注于某一或少数几个品牌。建立品牌对于企业来说是获得持续性竞争优势的重要策略，消费者对品牌的忠诚在行为上表现为对竞争对手的排斥性。依据对品牌忠诚的程度可以帮助企业了解顾客固定或者转换品牌的原因，从而制定不同的市场策略。

知识拓展3-2

顾客忠诚度

顾客忠诚度即顾客忠诚的程度，是指由于质量、价格、服务等诸多因素的影响，使顾客对某一企业的产品或服务产生感情，形成偏爱并长期重复购买该企业产品或服务的程度。它是一个量化概念。

真正的顾客忠诚度是一种行为，而顾客满意度只是一种态度。根据统计，当企业挽留顾客的比率增加5%时，获利便可提升25%～100%。许多学者更是直接表示，忠诚的顾客将是企业竞争优势的主要来源。由此可见，保有忠诚度的顾客对包括酒店业在内的所有企业经营者来说，是相当重要的任务。

资料来源：陈伟丽，魏新民．酒店市场营销［M］.2版．北京：北京大学出版社，2014.

5. 购买所处的阶段

限于知识、精力等因素，消费者对各种产品的了解程度会大不相同。有的消费者可能存在某些功能诉求，但并不知道该产品的存在，针对这样的消费者应该加强其对产品乃至行业的认知；还有的消费者虽已知道产品的存在，但对产品的价值、安全性等还存在疑虑，这时候要体现产品的品质；另外一些消费者则可能正在考虑购买，会权衡产品能够满足的诉求，这时候应注重产品的竞争优势。

6. 态度

企业还可根据市场上顾客对产品的热心程度来细分市场。不同消费者对同一产品的态度的差异会很大，一般分为：肯定、不确定和否定 3 种。企业一般设法将消费者对产品或者服务的否定向肯定的方向转换，即将潜在消费者变为真实过程的购买者。

（五）按消费者利益和产品服务要素细分市场

消费者购买某种产品总是为了解决某类问题或者满足某种需要。然而，产品提供的利益往往不是单一的，而是多方面的。消费者对这些利益的追求时有侧重，根据这些不同的利益诉求，酒店可以在各个细分市场对消费者诉求进行凸显，如旅游型酒店、度假型酒店、经济型酒店等。这种细分法比较注重消费者的反应，而不是商品购买行为本身。

了解消费者对酒店产品和服务中不同要素的看法和反应，将非常有助于设计合理的产品和服务组合。利用产品和服务要素进行细分时通常应具备三个条件：拥有同种服务要求的消费者群体；能实现产品的差异化；不同的产品能够匹配同一水平的服务。

（六）按消费者终身价值

按消费者终身价值的市场细分法是指根据消费者对酒店的价值贡献和活跃周期进行的细分法。消费者终身价值（有时也被称为消费者寿命期价值），它等于消费者的期望终身收益减去期望终身成本。在有效信息的前提下，酒店通过对消费者在其寿命期内可能的收益和成本进行估计，获得终身价值。通过分析消费者的终身价值，酒店就可以评价某一消费者或消费者群的营销可行性。

在进行价值分析时，一般利用终身价值的现值（PV）进行评价。终身价值可分为两个部分：一部分称为历史价值，即消费者从过去到现在创造的利润总现值；另一部分称为未来价值，即消费者在将来可能带来的利润流的总现值。历史价值的计算比较简单，只要利用历史财务数据即可获得，而未来价值的评估相对困难一些。

消费者终身价值的未来价值亦可分为两个部分：第一部分是假定在消费者现行购买行为模式不变的情况下，未来能够创造的利润总和的现值，这部分是根据消费者当前状态做出的对消费者未来价值的一种保守估计，称为消费者当前价值。第二部分是假定在采取更积极的营销策略时，使消费者购买行为模式向着有利于增大利润的方向发展，消费者未来可能增加的利润总和的现值，这部分是对消费者增值潜力的一种估计，称为消费者增值潜力。消费者增值潜力取决于消费者增量购买、交叉购买和推荐新消费者的可能性的大小。

（七）按消费者关系细分市场

消费者关系是指企业为达到其经营目标，主动与消费者建立起的某种联系。这种联系可能是单纯的交易关系，也可能是通信联系，也可能是为消费者提供一种特殊的接触机会，还可能是为双方利益而形成某种买卖合同或联盟关系。消费者关系具有多样性、差异性、持续性、竞争性、双赢性的特征。它不仅仅可以为交易提供方便、节约交易成本，也可以为企业深入理解消费者的需求和交流双方信息提供许多机会。竞争的白热化和消费者权利的提升促使许多营销实践者意识到关系为中心的诸多好处，消费者关系亦开始被纳入市场细分的指标中。值得一提的是，这一点在中国特别适用，中国的“酒文化”“饭桌文化”为消费者关系的泛化提供了坚实的土壤。

消费者关系往往是一个多元化的结构，一般需要进行多维度的分解，分解指标包括信任感、可靠感、反映度、交流程度、尊重、感情、理解等。

在酒店企业进行消费者关系市场细分时，就按照消费者对象、品牌知名度、服务内容、利益相关者进行区分，以提供不同的产品和服务，而实际上各个市场的细分本身也是为了消费者关系的维护。

使用以上单一细分变量或几个细分变量的组合都可以对市场进行细分，然而细分市场并没有统一的方法。应该看到，在现实生活中，随着时间的推移，人口自然情况、消费者购买心理和行为等因素的变化，每一个细分后的子市场规模和吸引力都在不断地变化，因而市场细分是一个动态过程。

案例 3-2

图书馆酒店

位于美国纽约公共图书馆附近的“图书馆酒店”堪称“书虫的天堂”，其主题为麦尔威·杜威于1876年创立的图书馆文献分类法—杜威十进分类法。这里有60间客房，6000多本藏书，大厅、客房、餐厅、酒吧内图书触手可及。它的楼层按照图书馆杜威十进分类法分成“数学和科学层”“哲学层”等；每层的客房细分为不同主题。比如，5层的“数学和科学层”有天文、恐龙、植物学等主题客房；11层的“哲学层”有爱情、心理学、逻辑学等主题客房。客房枕套上绣着一行话“爱书的人从来不会孤独入睡”。假如觉得客房里的书还不够多，你可以移步至宽敞舒适的阅读室，或是去屋顶的“作家书斋和诗歌花园”酒吧，边看书边享用文学主题的鸡尾酒。

资料来源：马开良．酒店营销实务［M］．北京：清华大学出版社，2015.

五、酒店市场细分的程序

酒店市场细分的流程如图3-1所示。

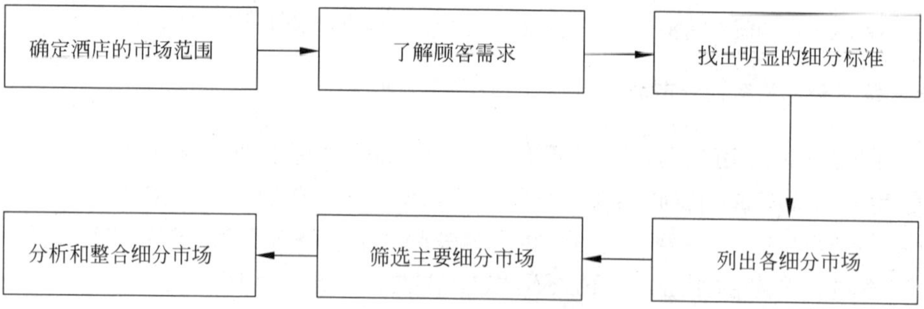

图 3-1　酒店市场细分的程序

1. 确定酒店的市场范围

在确定市场范围前要做由内而外的市场评价，首先是对自身资源和能力的评价，确定能做什么和不能做什么；其次要认清外部的市场环境，例如当地经济状况、竞争对手等。市场范围的确定不仅仅是区位上的确定，更是对产品和服务内容、范围等方面的确定。

2. 了解顾客需求

市场细分是以客户为导向的，在确定市场范围后，应对客户或潜在客户的各种需求进行确认，以确保提供恰当的产品和服务，保证营销活动的顺利进行。

3. 找出明显的细分标准

在以上列出的细分标准中找出适用的细分标准，并尽可能详尽列出。

4. 列出各细分市场

在列出的细分标准的基础上根据市场特性进行更为具体的描述。

5. 筛选主要细分市场

在上面列出的清单中根据内外部资源禀赋和市场特性进行重点筛选。

6. 分析和整合细分市场

对单一的或者多个的指标进行组合，为下面市场策略的制定做充分的准备。

六、酒店市场细分的方法

酒店在运用细分标准或者指标进行市场细分时，以下问题值得注意：其一，市场细分的标准是动态的，即市场细分的标准随着社会生产力及市场状况的变化而不断变化。如职业、年龄、生活方式、态度等都是在不断变化；其二，由于人力、物力、财力和营销的产品等方面的差异，不同的酒店采用的标准也应有所区别；其三，酒店在进行市场细分时，一般采用单个变量或者多个细分变量的组合，同时灵活运用。下面是几种市场细分的方法。

1. 单一变量因素法

单一变量因素法就是根据影响消费者需求的某一个重要因素进行市场细分。如按照消费者住店时间的长短可分为常住型和短暂停留型，按照价位可分为普通间、豪华间、总统套房等。

2. 多个变量因素组合法

多个变量因素组合法就是根据影响消费者需求的两种或两种以上的因素进行市场细分。如目前许多经济型酒店还按照功能需求（度假、公务）进行市场细分。

3. 系列变量因素法

系列变量因素法根据酒店经营的特点并按照影响消费者需求的诸因素，由粗到细地进行市场细分。这种方法可使目标市场更加明确而具体，有利于酒店更好地制定相应的市场营销策略。如可按地理位置（中央商务区、城乡接合部、郊区）、性别（男、女）、年龄（儿童、青年、中年、中老年）、收入（高、中、低）、职业（工人、农民、学生、职员）、购买动机（求新、求美、求价廉物美）等变量因素细分市场。

评估练习

(1) 什么是酒店市场细分？酒店市场细分的作用有哪些？

(2) 酒店市场细分的原则有哪些？

(3) 酒店市场细分的程序是什么？

（4）简述酒店市场细分的方法。

第二节　酒店目标市场定位

教学目标：

（1）掌握酒店目标市场及定位的概念。

（2）了解酒店目标市场的选择及定位步骤。

（3）理解酒店市场的定位策略。

一、酒店市场定位的概念及意义

（一）酒店市场定位的概念

"定位"一词源于艾尔·里斯和杰克·特罗于19世纪70年代在《工业营销》和《广告时代》上发表的一系列文章。关于定位的第一本专著《定位：攻心之战》揭示了定位的一个重要意义：潜入消费者的心智。酒店业将定位理论与自身的经营相结合始于19世纪80年代初，Lewis Robert C. 讨论了酒店定位的概念和定位的因素。酒店进行市场定位是把酒店定位在当前的和未来的、已有的和潜在的顾客心中，以便在顾客心目中形成一个独一无二的印象，并力求消费者心目中的形象与酒店期望相匹配，从而能够区别于同行业竞争者，并且当有特定消费需求时，顾客会进行优先选择。而所谓的目标市场就是根据企业的资源和能力的限制，对细分出来的若干市场进行分析之后，最终决定要进入的市场。

酒店在对目标市场的需求和行为特征进行充分调查分析的基础上，塑造本酒店的特色形象，以求在目标顾客的心目中占据一个独特的、形象鲜明的、有价值的位置。

（二）酒店市场定位的意义

（1）树立特色形象，吸引顾客，扩大销售，形成竞争优势。酒店业竞争的白热化亦导致了严重的同质化，目前酒店行业的竞争处于一片"红海"。在市场细分基础上针对酒店产品特色而进行的市场定位，有助于满足顾客的特殊化需求，从而树立特色形象，吸引特定的顾客群体，也利于对有限资源的优质利用，形成由相对竞争优势累积的绝对竞争优势。

（2）酒店市场定位是酒店制定市场营销策略组合的基础。市场定位是以了解和分析顾客的心理需求为中心和出发点，从探求消费者的心理入手，理解他们的想法，再与产品的特色结合起来考虑进行的定位。它是酒店制定市场营销组合策略的基础，对于制定营销组合策略有重要的指导作用，正确的市场定位指明了与目标市场沟通的正确道路，使酒店能够在适当时间通过适当的途径将信息传递给市场。

（3）有利于酒店掌握目标市场特征，更好地满足目标市场的需求。虽然服务产品的差异不如有形产品那样明显，但每一种服务或多或少都会有一系列特征区别于其他产品，其中一些特征可能是本质的，另外一些则是感觉上的，能够让消费者感受到是互不相同的。酒店进行市场定位时可以强化或放大某个特征，如酒店的地理位置（市中心、邻近机场、度假区内）、会议设施、酒店规模、餐厅提供的菜式；也可以强调服务对象，是商务旅行者、旅游团体、度假旅游者；也可以是服务水平、价格方面的差别。或者可以同时强调多个特征方面的差别，以便旅游者将本酒店和竞争者区分。但无论如何，必须接受服务产品在顾客心目中已有的形象和看法，而不能试图否认或挑战顾客已有的认识。成功的定位必须考虑到顾客的已有认识，然后确定哪些服务需求被认为是十分重要的，哪些需求又是竞争者没有或很少满足的，酒店选择的正是那些未被满足的、又对顾客极为重要的需求。

二、酒店市场定位的步骤

在分析了细分市场的规模、结构竞争力、增长速度之后，还必须考虑到本企业自身的资源及经营目标，从而判断这个细分市场是否符合本企业的利益。企业目标包括若干方面，可分为长期目标和短期目标。具体来说，这些目标最主要有：市场份额、利润率、收益率、一体化方向和市场产品开发方向等。如果细分市场不能满足企业发展目标的要求，则应予放弃。另外，虽然对一个市场来说，最重要的是要满足企业的长远发展要求，但是，如果这个细分市场不能够满足企业的短期目标，对该市场的选择还是有阻力的。

在分析了细分市场是否符合企业的经营目标之后，还必须分析企业是否具有某些细分市场所需的资源和能力，这包括相关产品的研制、批量生产、市场营销技能和相应的资金、人才条件以及获取这些资源的能力。如果企业并不具备这些条件，就只好放弃这个细分市场，转向其他的细分市场。在进行酒店目标市场定位时，应把握以下重点：寻找差异、选择差异、市场定位的沟通与传达。

简单而言，酒店市场定位的步骤如图 3-2 所示。

图 3-2 酒店市场定位的步骤

具体而言，这 3 个阶段的工作大致可分为 5 个具体步骤进行。

1. 明确酒店目标市场客人所关心的关键利益

市场定位的目的之一是树立明确、独特的深受客人喜欢的酒店形象。为此，经营者必须首先分析研究客人在选择酒店时最关心的因素及客人对现有酒店的看法，这样方能投其所好。

2. 形象的决策和初步构思

经过第一步定位工作，经营者就要研究和确定酒店应以何种形象出现于市场方能赢得客人的青睐。值得注意的是，酒店经营者在进行这一步工作时，应站在客人的立场和角度去思考问题，如“该酒店能为我做些什么”“我为什么偏要选这家酒店而不选择别的酒店”等。

3. 确定酒店与众不同的特色

市场定位的另一个目的是要树立独特、容易让人们记住并传播的形象。事实上，酒店之间的许多方面均可显示出自己的特点或个性，如管理风格、服务、价格、地理位置、建筑特色等。经营者应选择最能体现本酒店个性的特色应用到酒店形象的构思与设计中去。

4. 形象的具体设计

形象的具体设计是指酒店经营者在前三步分析的基础上应用图片、文字、色彩、音乐、口号等手段，将构思好的理性形象具体地创造出来，使它对客人的五官感觉产生作用，让客人容易记住酒店的形象。

5. 形象的传递和宣传

酒店的市场形象一经设计完善，就应立即选定适当的宣传时机和合适的宣传媒介向目标市场客人宣传和传递。否则，即使形象设计得再好也只能是停留在酒店经营者的脑海里。

知识拓展3-3

目标市场

所谓目标市场，就是企业期望并有能力占领和开拓，能为企业带来最佳营销机会与最大经济效益的具有大体相近需求、企业决定以相应商品和服务去满足其需求并为其服务的消费者群体。

目标市场有一个选择策略的问题，即关于企业为哪个或哪几个细分市场服务的决定。通常有五种模式供参考。

1. 市场集中化

企业选择一个细分市场，集中力量为之服务。

2. 产品专门化

企业集中生产一种产品，并向所有顾客销售这种产品。

3. 市场专门化

企业专门服务于某一特定顾客群，尽力满足他们的各种需求。

4. 有选择的专门化

企业选择几个细分市场，每一个对企业的目标和资源利用都有一定的吸引力。但各细分市场彼此之间很少或根本没有任何联系。

5. 完全市场覆盖

企业力图用各种产品满足各种顾客群体的需求，即以所有的细分市场作为目标市场。一般只有实力强大的大企业才能采用这种策略。

资料来源：陈学清．酒店市场营销［M］．北京：清华大学出版社，2014.

三、酒店目标市场定位的依据

（一）市场机会

市场经过细分之后，便使酒店面临诸多不同的细分市场机会，而市场细分的最终目的是对市场机会的及时把握，因此，细分工作在完成初期的市场格局划分后，还要结合酒店自身的竞争力对细分的市场进行评估和选择，以确认酒店的营利来源。

基于各方面客观和主观条件的限制，不可能将触角伸入到每一个细分市场中，同样的，并不是所有的细分市场对某个或者某类酒店企业都具有同样的吸引力。从选择的结果来看最后能够“抱得美人归”的只占很少的一部分甚至是唯一的，绝大部分细分市场对于一个酒店企业来说是无价值的或者价值很小。通过对所划分的各个细分市场之间进行权衡，确定最终要进入的目标市场。

市场竞争和市场需求状况千变万化，市场反复经历着建立→发展→瓦解→重建的过程，优势产品或者市场随时都可能被取代。因此，企业必须不断寻找新的市场机会，而市场机会的出发点就是市场上未满足的需求。这种未满足的需求通常为市场的“富矿区”，在这一基础上重构的市场将具有绝对的竞争力，而优先进入的企业通常也获利最多。在进行市场定位时，对新市场的关注是远见性的战略选择。但此时应着重分析自身资源条件和经营目标是否能够与细分市场的需求相吻合。很多情况下，即使细分市场有相当的规模，但如果与酒店的经营目标不相符，酒店的资源条件无法保证，就不得不放弃这个市场。在明确了经营目标和现有资源状况和能力的情况下，再进行细分市场的选择和进入是非常有必要的。

(1) 如果酒店资金充足，实力雄厚，具备很强的市场开拓能力，且市场的同质性比较高，那么在市场范围的选择上可以更加广泛，并在广泛的目标市场上采用相同营销组合策略，满足尽可能多的消费者需求，在企业的发展战略上表现为“又快又好”。

(2) 如果酒店的资金和规模有限，且市场的同质化并不明显，则应选择那些能发挥自身资源优势的细分市场，在目标市场的选择上“求精”，并且提供更优质的产品和服务，最大限度地满足消费者的需求，以获得“无可替代”的竞争地位。

(3) 若企业的资源能够满足更多的市场，且市场的异质化比较高，那么在目标市场的选择上不仅可以有广度还可以有深度，根据不同市场的需求分别采取不同的市场营销策略，选择能发挥资源优势的子市场作为营销选择的目标市场，此时，酒店在组织结构上则表现为子公司、子品牌、事业部制等。

(二) 市场需求潜力分析

市场需求潜力分析是对潜在细分市场的规模和增长能力的评价。市场规模主要是由客户的数量和购买力共同决定的，同时也受消费习惯和客户对营销策略的反映的敏感程度的影响。在分析市场规模时，既要考虑当前水平，又要考虑其潜在的发展趋势。例如，细分市场现有的规模虽然较大，但如果发展潜力不足，则势必会影响长远的发展战略。同时，市场规模和潜力并不是唯一的评价标准，因为，同样的思维方式和市场策略会形成竞争的“红海”，同时还会使客户的一些可满足的需求遭到忽视，最终引起整个市场的崩溃。

通常情况下，大多数未来需求潜量的产品和服务是很难被准确预测的，除非一种产品或服务的需求是完全稳定的，并且市场中不存在竞争关系或者竞争关系也是稳定不变的，竞争对手的能力和策略可见。但是这种理想的状况在现实中是不可能存在的，相反客户的需求和市场的供给都是瞬息万变的，因此在现实中只能在掌握尽可能充分的信息的情况下，对市场进行预测。所以在制定市场策略时，市场调研是必要的。

一项产品或者服务的市场需求是在一定的地理区域、一定的营销环境和一定的营销方案下，由特定的客户群体愿意而且能够购买的总数量。一般情况下，我们利用市场潜量和销售潜量来分析市场需求总量。市场潜量就是在一个既定的条件下，当整个行业的营销努力达到极限时，市场需求的总量。销售潜量是指在竞争对手既定的条件下，通过营销努力而能达到的销售极限。

总市场潜量是在一定的时期中，在一定的行业营销努力和一定的环境下，一个行业的全部企业所能获得的最大销售量。关于市场潜量的测定有许多方法，如多因素指标法、购买意图调查法、销售人员意见法、专家意见法等。我们一般使用如下公式来进行测算。

$$Q = nqp$$

式中：Q——市场总量；

n——在一定假设条件下，特定产品的购买者数量；

q——一个购买者的平均购买数量；

p——产品的单位价格。

指数法是用来估计消费者市场潜量的一种非常重要的方法，指数法的算法很多，一般分为宏观上和微观上两种。在宏观上，经济部门或销售机构根据全国或某一地区、某一行业商品全部需要量估算出某一产品或者服务市场需要量的方法。通常采用以下几种方法。

1．同系产品法

新产品的需求可能与市场上有现成销售数据的老产品的需求有关。新产品有可能补充老产品，或老产品原有用户有可能使用新产品。例如，可通过分析自动洗衣机的销售量来估算自动干洗机的销售量。由于消费者的购买习惯需要经过一定周期才会改变，因此在估算时要打折扣，同时也要考虑竞争程度和推销能力。这种方法虽然比较粗糙，但分析者的经验和对购买者的观察可增加预测的正确性。

2．统计推算法

统计推算法是指通过宏观统计来估算市场。某一产品的销售量可以从《商业统计》中公布的厂商销售总数中推算出来。这些数据虽然是由不同成分组成的，不能据此做出精确的估计，但有消费者和产业部门对特定产品支出的综合资料可供参考。

3．购买力指数法

总购买力指数是衡量市场的简单有用的标准，各种市场的零售总额也可用作消费品畅销程度的另一指数。它的缺点是不能说明影响某一产品需求的独特的因素。

4．特定因素法

多数产品的需求并不是根据任何平均数字，而需要有一种特定的指数。由于市场情况非常复杂，产品需求不可能由单一的因素决定，需要选择几种因素，通过加权合并成一个指数。这种指数可以作为估计某种特定产品需求的有效尺度。

5．多因素相关法

多因素相关法的理论根据是：凡是过去有效的因素，对现在也必然有效。这种方法是对产品需求有密切关系的各种因素进行试验，但也不忽视其他的因素。对各种独立因素的加权和综合，必须经过长期试验才能有效。在市场分析中多因素相关法是最先进的方法。

例如，在微观上，是对个别市场或典型客户对某一产品或劳务的爱好抽样调查，归纳估算全部市场的潜在需求量。最常用的方法有以下 3 种。

（1）购买者意图调查法。从消费者或对产品的采购有影响的进货商那里取得关于市场规模的大量数据，还可以通过商会、政府合同和投标数字中获得所需信息。

（2）实验市场法。通过选择的实验市场进行产品试销来测试产品潜在销售量。这种方法虽然有它的局限性，但对新产品的市场潜在需求量常常能提供正确而具体的资料。

（3）市场仿真。在新产品销售预测方面，有两种花费较少的方法，即控制试销和市场仿真。它们可以很快取得市场的潜在需求量。

购买者意图调查法是在一组规定的条件下，预测购买者购买量及购买水平的方法。如果购买者能够对自己的购买意图有一个清晰的认识，并能够告诉调查者，则这种调查报告就具有非常重要的实际价值。调查中包括询问消费者目前和未来的个人财务状况和经济前景。有些情况下会向一些咨询公司或者信息公司购买相关的资料，希望能够借此来预测消费者的购买意图的变化趋势，从而使企业能够较准确地调整生产和营销计划。

销售人员意见法是指当不能从消费者方得到有效资料时，要求销售人员提供相关信息以进行市场需求潜量分析。由于销售员最接近市场上的顾客和用户，他们比较熟悉和了解消费者以及竞争对手的情况，尤其是对自己的“辖区”市场，往往比其他人员了解得更为清楚。因此，所做出的销售预测具有很大的参考价值。在一般情况下，销售人员为数众多，综合他们的意见所做的预测具有较高的现实性。当企业收集了全部销售人员的估测数据后，进行汇总综合计算，从而求出未来时期的销售预测值。利用销售人员进行市场预测有许多其他方法不能比拟的优势。首先，销售人员对市场需求潜量发展趋势上可能比任何其他人更具有精确的认识和敏锐的眼光。其次，通过参与预测过程，销售人员可以对分配给他们的销售定额充满信心，从而激励他们努力实现销售目标。

专家意见法是指借助专家获得市场需求潜量的预测结果的一种方法，这就是所谓的“利用外脑”的方法。专家一般指经销商、分销商、供应商、营销顾问、咨询公司等。许多企业从一些著名的营销顾问公司购买经济和行业发展趋势报告。这些营销专家处于较经销商、分销商、供应商等更加有利的地位，拥有更加敏锐的头脑和更加先进的技术和预测手段。因此他们的预测结果具有较好的精确性和前瞻性，可信程度更高。还可以召集一些专家，组成专家小组来对市场需求潜量进行预测。在进行专家小组预测时，可以请专家们相互交换意见和看法，并由该小组最终做出一个市场需求潜量预测（小组讨论法）；或者可以请专家们分别提出自己的预测结果，然后由一位权威分析家汇总成一个有代表性的结果（个人估计汇总法）；还可以由专家提出各自的估计和设想，并由专门的人员进行分析和汇总，加以修改和提炼并最终得出切实可行的方案（德尔斐法）。

（三）行业吸引力分析

行业吸引力是企业进行行业比较和选择的价值标准，也称为行业价值。行业吸引力取决于行业的发展潜力、平均盈利水平等因素，同时也取决于行业的竞争结构。酒店一般是集住宿、餐饮、娱乐等功能于一体的，而实际上这些功能在市场细分中可以处于不同的行业，这些服务或产品的盈利水平是不同的。实际上即使规模和增长程度恰到好处，可能仍然缺乏盈利能力，因为其所处的行业的盈利水平会限制行业内企业的盈利水平，而一个行业的盈利能力又取决于这个行业的竞争程度。因此，行业的选择对一个企业能否获得高于平均水平的投资收益具有非常重要的影响。迈克尔·波特在《竞争优势》一书中从产业的角度归纳了以下

5种竞争力量。

（1）行业内企业的竞争。这是小企业所面临的最直接的竞争，也叫作直接竞争，其强度直接决定着小企业的利润水平、生存与发展。

（2）潜在进入者的威胁。潜在进入者加入一个行业，必然会使全行业的生产能力扩大，进而导致产品或服务的价格下降；为了获得一定份额的市场占有率，新加入者往往还采取降价促销的措施，这会进一步导致价格的下降。另外，潜在进入者加入一个行业，必然要和原有企业争夺资源，这就促使行业生产成本的提高，导致行业内所有企业的利润下降。

（3）供应商的讨价还价能力。供应商对企业构成的威胁通常表现为提高供应价格或者降低供应产品或服务的质量，从而降低企业的利润。甚至在某些极端情况下，如果供应商的要求得不到满足，可能会拒绝给企业提供产品或服务。

（4）购买商的讨价还价能力。在买方市场上，购买商的讨价还价能力通常比较强，他们会要求企业提供更高质量的产品和更优质的服务，并降低产品或服务的价格。

（5）替代产品的威胁。替代产品是指那些与本行业产品功能相同或相近的产品，这些产品投入市场必然会导致更加激烈的市场竞争。

如果许多势均力敌的竞争者同时步入或参与同一细分市场，或者一个细分市场已有很多颇具实力的竞争企业，该细分市场的吸引力就会下降；如果该细分市场进入壁垒较低，则该细分市场的吸引力也会下降；替代品越有吸引力，该细分市场增加赢利的可能性就被限制得越紧，从而该细分市场的吸引力下降；购买者和供应商的影响表现在议价能力上，如果某细分市场的购买者的议价能力很强，或者供应商有能力提高价格或者降低所供产品的质量和服务，该市场的吸引力就会下降。一般来说，一个细分市场的结构吸引力都是上述5种变量的函数，所以分析一个细分市场在这5个方面上的表现，是选择目标市场时不能忽略的重要步骤。

一般来说，竞争强度越强，则行业内各企业的获利水平越低；反之，获利水平则越高。所以行业的正确选择对于一个企业是否获得高于平均水平的投资收益具有非常重要的影响。

（四）获利状况

企业经营的目的最终是要落实到利润上，利润是企业生存和发展的前提条件。因此，细分市场应能够使企业获得预期的或合理的利润。对营业利润率、应收账款周转率、总资产周转率等财务指标加以评估，以决定和调整目标市场定位策略。

在确定目标市场之前，我们必须从上述3个方面对所细分出的子市场进行评估。然后再根据企业的战略和理念选择合适的子市场作为目标市场。目标市场是企业为了满足现实或潜在的消费需求而开拓的特定市场，这种特定市场是在市场细分后确定企业机会的基础上形成的。也就是说目标市场是企业在细分出来的若干子市场中，根据本企业的资源、技术、管理水平、竞争状况等因素，选择出对自己最有利的、决定要进入的一个或几个子市场。

选定目标市场要特别注意下面5个主要影响因素：市场收益的年平均增长率、进入和退出市场的难易程度、市场容量、收益潜力、本企业目标和资源。

利用检验和评估细分市场吸引力的方法对每一个细分市场的吸引力进行评估。目标市场选定之后，企业紧随着的工作是制定目标市场营销策略，这项工作涉及企业的方方面面，如企业产品定位和发展方向、新技术的引进与开发、占领目标市场的营销策略等。所有这些便形成了企业的目标市场定位战略。

知识拓展3-4

用发展的眼光看待市场定位

因为市场是发展的、动态的，所以定位也应具有应变性。一般人们认为，一旦规划研究完成之后，市场定位就轻易不能变动，要求市场可行性研究分析准确科学。对一个企业来说，规划定位是什么？酒店的功能性配置是什么？会议设施的面积是多少？餐饮娱乐和客房怎么配置？这在建设当中都有一定的规则和要求。但事实上，这些年我国的经济发展很快，市场变化也非常大。酒店建成之后市场发生了变化，而变化是始料未及的，所以这就给酒店的经营者和投资人提出一个问题：该如何适应这样的市场？在做市场定位过程当中，该如何考虑变量因素？

市场定位并不是在确定之后就必须一定要坚持的，在经营过程当中可以对其进行不断调整甚至可以做根本性的改变。

资料来源：刘剑飞．酒店市场营销［M］．长沙：湖南大学出版社，2010.

案例3-3

香港港丽酒店正确市场定位的依据

1. 详细的市场调查

香港岛有9家成型的五星级酒店，而来香港旅游的人形形色色，港丽酒店主要针对对价格较为敏感、注重酒店性价比的中高层管理者和类似的旅客，很好地跟香港其他酒店形成了一个差异化竞争。

2. 良好的市场发展趋势

经济高速发展，市场高速增长，综合考虑这是一个高增长的行业。社会发展前景较为广阔，市场对酒店的需求也在不断地增加，酒店行业未来发展空间巨大 。

3. 对其他酒店详细评估与调查

用五星级的建筑、四星级的价格吸引了大量的旅客，走差异化竞争路线，根据自己的客户群，针对性地推出与其他酒店不同的硬件设备和个性化服务，树立了自己独特的竞争力。

资料来源：钟志平，谌文．酒店管理案例研究［M］．重庆：重庆大学出版社，2015.

四、酒店目标市场进入模式

一般来讲，酒店企业最终要进入的目标市场，是那些对于酒店来说最具有价值的细分市场。目标市场的价值在于让企业在市场中抓住机会或者摆脱威胁并获得最大的利益。在制定市场营销策略时，企业必须在纷繁复杂的市场中发现销售产品或者服务最优的地点、对象和时间。孙子兵法有云：“胜兵先胜而后求战，败兵先战而后求胜。”也就是说，企业在做出营销决策之前，要确定具体的营销目标，选定恰当的目标市场进入。处于优势地位的酒店企业在进入某个细分市场之前仍需审慎优势资源并加以合理利用，而对于处于弱势的酒店企业来讲，选择被竞争对手忽视的细分市场，取得成功的可能性才更大。

前面已经讲到，对于不同的酒店企业来说，由于自身的资源和能力的迥异以及发展目标的不同，不可能将所有的细分市场作为目标市场，因此，要对目标市场进行必要的选择，而后有计划、有目的地进入。目标市场的进入模式一般有：密集单一化进入模式、产品专门化进入模式、市场专门进入模式、选择专门化进入模式、全面进入模式。

（一）密集单一化进入模式

密集单一化进入模式最为简单，只选择一个目标市场进行集中营销。在此情况下，只是提供有限种类的产品或者服务给某一单一的客户群体。这种单一的营销方式，可以集中优势力量进行更加有效的“火力输出”，同时可以更加充分地了解这种“利基市场”的需求，形成更能满足客户需求的经营特色，并在该市场上树立良好的声誉，进而建立稳固的市场地位。

这种市场进入模式需满足以下条件：具备在该市场上从事专业化经营的能力，并能够取得优势市场地位；能够合理利用有限的资源和能力，在该细分市场展开高效的经营；目标市场上无竞争对手或者竞争对手不够强大，不足以构成威胁；市场的稳定性比较好，可以作为长远发展的基础性市场。集中营销的风险也是显而易见的，如果市场规模不够大或者发展后劲不足，就会出现严重的经营危机。出于这些原因，更多企业选择多元化的细分市场，以规避风险。

（二）产品专门化进入模式

产品专门化进入模式为集中生产一种产品，并提供给不同类型的客户。当专注于某一种或某一类产品或服务时，对于市场面的扩大非常有利，利于形成技术层面上的优势。但风险在于技术的更新或替代是非常迅速的，长期的竞争优势很难存在。

（三）市场专门进入模式

市场专门进入模式表现为满足某一类客户群体的需要，为这些客户提供所需要的各种产品和服务。如商务酒店为各种商务人士提供各类服务，而不针对一般的消费者。

采用这种方式，有助于与客户建立稳定的购买关系，从而降低交易成本，并在这类客户中树立专业化的形象；同时，由于提供的产品的类型比较丰富，可以有效地分散风险。但是，这类客户集体性购买力的丧失会带来巨大的风险。

（四）选择专门化进入模式

选择专门化进入模式在对市场进行细分的基础上，经过仔细选择，结合长处，有选择地提供几类产品或服务，或有目的地进入某几个细分市场。在此模式下，所选择的目标市场之间的关联性可能很低，但各个目标市场的盈利能力和结构吸引力均较好，并且可以最大化和合理化利用和整合企业资源。这类酒店企业可能同时经营着商务型酒店、经济型酒店、青年旅社和旅游酒店等。这种分散的经营模式可以减小由于某个细分市场盈利水平下降带来的结构性风险，各个细分市场可以实现互补，但这是以市场互补性较强并且企业具备较强的资源和营销驾驭力为前提的。

（五）全面进入模式

全面进入模式以占领所有细分市场为目标，并满足各类客户的所有需求。这个模式的实现是以“超级帝国”的企业为基础的，在现实中并不多见。

五、酒店市场的定位策略

在确定了目标市场的进入模式后，就要实施更为具体的营销策略，这主要是指在所选择目标市场范围内采取何种方式为目标客户服务。常见的有：无差异营销策略、集中性营销策略、差异性营销策略 3 种策略。

（一）无差异营销策略

无差异营销策略是指将整个市场当作一个需求类似的目标市场（完全竞争市场），只推出一种产品，使用一种营销组合方案。这种营销策略对于需求广泛、市场同质性较高，并且有能力进行大量生产、大量销售的产品是比较合适的。这种策略重视消费者需求的共同点，而忽视需求的差异性，将所有的消费者的需求看作是一样的，一般不进行市场细分。这种策略是凭借广泛地销售和大规模广告宣传，建立一个标准和统一的形象。

无差异营销策略的优点是：由于经营的产品或者服务品种少、批量大，可以节省细分费用、降低成本、提高效率。但是，这种营销策略的缺点也非常明显，一方面是引起激烈竞争，使可获利机会减少；另一方面容易忽视小的细分市场的潜在需求。

（二）集中性营销策略

集中性营销策略是指将力量集中于某一细分市场上，实行专业化生产和经营，以获取较高的市场占有率的一种策略。这种策略的优点是：一方面，可以深入了解特定细分市场的需求，提供满意度更高的产品和服务；另一方面，专业化的经营方式有利于降低成本；再者，通过资源的有效利用，集中优势力量，可以占领空隙市场和边缘市场，能够避免与实力强大的竞争对手的正面交锋。

集中性营销策略的缺点是：当将所有精力都集中在一个细分市场上时，一旦消费者的需求发生巨大变化或者面临较强的竞争对手抑或更有吸引力的替代品出现时，应变能力比较差，经营风险大，可能会陷入经营困境。

（三）差异性营销策略

差异性营销策略是指根据各个细分市场的特点，扩大产品或服务的类型或者制定不同的营销方案，以充分适应不同类型消费者的不同需求，吸引各种不同的客户，从而提高销量。在消费需求变化迅速、竞争激烈的当代，大多数酒店企业都积极推行这种策略。当然，差异性营销在创造较高的销售额的同时，也增大了成本，使产品价格升高，失去竞争优势。因此，在采用差异性营销策略时，要权衡利弊，即权衡销售额扩大带来的利益和增加的成本，以便做出最优决策。

案例 3-4

7 天酒店的市场定位目标及方式

7 天酒店的市场定位目标是提高产品在消费者心中的地位。其步骤首先是识别竞争优势，提供更低的价格和更大的价值以压倒竞争者的优势。7 天的竞争优势在于：第一，酒店文化，倡导“快乐文化”成就“快乐服务”。7 天的快乐服务无时无刻不贯穿于企业文化中，与传统酒店略显刻板的规范服务截然不同，其倡导员工实际“用心创造感动”的快乐服务。有舒畅快乐的工作氛围，才有快乐服务的员工；有快乐服务的员工，才有愉快满意的顾客；有愉快满意的顾客，才有企业的长远发展。第二，管理水平。扁平化的企业管理下，7 天开创了区域执政官和公司立法会等创新管理机制，让员工成为公司管理的参与者，采用创新的放羊式管理，投入颇大的信息系统的分支运营体系。第三，人力资源，在合适的时间找到合适的人。第四，硬件设施，保证设施的舒适。还有会员制和加盟等的竞争优势。

其次是选择竞争方式，在产品定位方面，7 天酒店推出了以满足顾客核心需要—睡眠为目标的酒店产品。7 天酒店只提供最基本的客房服务，并以明确的口号“天天睡好觉”向广大消费者宣传其产品定位。为实现这一产品定位，7 天酒店不断地进行顾客感受调查，并根据顾客的反馈意见对酒店的床及床上用品进行了持续地改进与更新。虽然 7 天对大堂、家具等辅助设施尽量压缩，极为简单甚至是简陋，但床上用品的选用始终坚持五星级酒店的标准。

在企业的定位与竞争定位方面，7 天酒店根据其刚刚创立、综合实力相对弱小且管理经验与行业经验缺乏的现实情况，将自己定位于行业的新人与追随者，并将 7 天定位于华南地区甚至广、深地区的区域性品牌。不仅为其明确了企业的发展方向与营销着力点，更有效避免了很多行业新进入者所遭遇到的行业先行者的阻击，使 7 天连锁酒店集团在经济型酒店竞争的红海中觅得了一片蓝海，为 7 天的成长与壮大争取了时间与市场，为其稳步发展及后继巨额融资奠定了良好的基础。

资料来源：王大悟，刘耿大．酒店管理 180 个案例品析［M］．北京：中国旅游出版社，2007.

评估练习

（1）酒店目标市场定位的概念是什么？

（2）酒店市场定位的步骤是什么？

（3）酒店目标市场的定位依据有哪些？

（4）简述酒店市场的定位策略。

第四章

酒店产品策略

引导案例

希尔顿的酒店产品

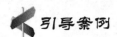

希尔顿国际酒店集团（HI），为总部设于英国的希尔顿集团公司旗下分支，拥有除美国外全球范围内“希尔顿”商标的使用权。希尔顿国际酒店集团经营管理着403间酒店，包括261间希尔顿酒店、142间面向中端市场的斯堪的克酒店以及与总部设在北美的希尔顿酒店管理公司合资经营的、分布在12个国家中的18间康拉德（称港丽）酒店。它与希尔顿酒店管理公司组合的全球营销联盟，令世界范围内双方旗下酒店总数超过了2700间，其中500多间酒店共同使用希尔顿的品牌。希尔顿国际酒店集团在全球80个国家内有着逾71000名员工。

“一个尺码难以适合所有的人。”希尔顿在对顾客做了细致分类的基础上，利用各种不同的饭店提供不同档次的服务以满足不同的顾客需求，希尔顿集团的饭店主要分以下7类。

（1）机场饭店：自从1959年旧金山希尔顿机场饭店建立以来，公司已经在美国主要空港建立了40余家机场酒店，它们普遍坐落在离机场跑道只有几分钟车程的地方。

（2）商务酒店：位于理想的地理位置，拥有高质量服务以及特设娱乐消遣项目的商务酒店是希尔顿旗下的主要产品。

（3）会议酒店：希尔顿的会议酒店包括60家酒店，30680间客房，承办各种规格的会议、会晤及展览、论坛等。

（4）全套间酒店：适合长住型客人，每一套间有两间房，并有大屏幕电视、收音机、微波炉、冰箱等。起居室有沙发床，卧室附带宽敞的卫生间，每天早上供应早餐，晚上供应饮料，还为商务客人免费提供商务中心。虽然一个套间有两房间，但是收费却相当于一间房间的价格。

（5）度假区饭店：当一个人选择了希尔顿度假区饭店的同时，他也选择了方便快捷的预订、顶尖的住宿、出色的会议设施及具有当地风味特色的食品和饮料。人们在这里放松、休养、调整，同时也可以享受到这里的各种娱乐设施。商务及会议等服务也同样令人满意。

（6）希尔顿假日俱乐部：为其会员提供多种便利及服务。

（7）希尔顿花园酒店：希尔顿花园酒店包括38家酒店、5270间客房，是近几年来希尔顿公司大力推行的项目。1998年就新开业了8家希尔顿花园酒店。他的目标市场是最近异军突起的中产阶级游客，市场定位是“四星的酒店，三星的价格”。希尔顿花园酒店价位适中、环境优美，深得全家旅游或长住商务客人的喜欢。

资料来源：新浪时尚．希尔顿酒店集团旗下品牌大全［OL］．http://fashion.sina.com.cn/l/ds/2014-09-26/1011/doc-ianfzhni9820840-p2.shtml，2014-09-26.

辩证性思考：

（1）希尔顿的酒店产品有哪些？

（2）什么是酒店产品？如何开发与设计酒店产品？

酒店的市场营销活动以满足消费者的需求为中心，而消费者需求的满足只能围绕酒店所提供的产品和服务来实现。因此，产品是酒店一切经营活动的主体、酒店市场营销组合的重要性因素。产品策略将直接影响着酒店对其他市场营销因素的管理，对酒店市场营销的成败起着至关重要的作用。在旅游业迅猛发展的今天，每一家酒店都在提升产品的质量和内涵，以便更好地满足消费者和市场的需求。

第一节　认识酒店产品

教学目标：

（1）掌握酒店产品的概念。

（2）了解酒店产品的构成。

（3）理解酒店产品组合的概念。

一、酒店产品的概念

作为旅游业发展的重要基础性个体，酒店产品与一般产品不尽相同，是一种特殊的产品。从供给角度看，酒店产品是指酒店出售的能满足消费者各种需要的有形物品、无形服务的总和。从需求角度看，酒店产品是指消费者在酒店消费的一种体验经历的组合。

从产品的整体观念来看，酒店产品由以下 5 个层面组成，如图 4-1 所示。

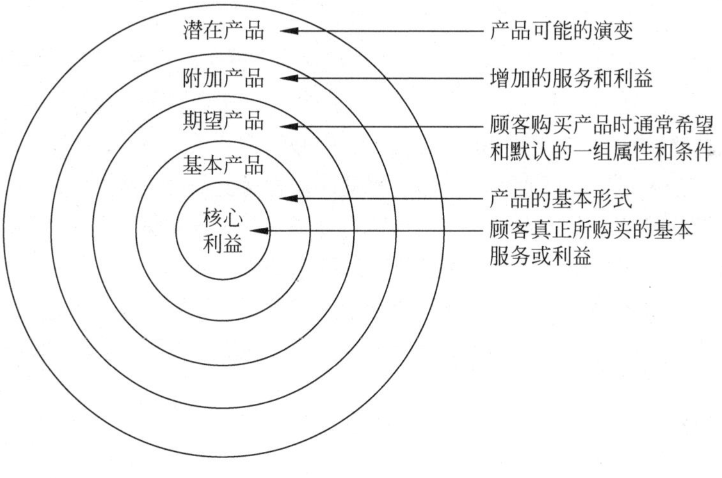

图 4-1　酒店产品的层次

（一）核心利益

酒店核心利益是消费者入住酒店所需要的最基本的利益，是无差别的消费者真正所购买的服务和利益，即住宿或餐饮的需要得到满足。值得注意的是，酒店产品是以满足消费者的需要为中心的，因此酒店的核心利益和价值是由消费者决定的，而非酒店自身决定的，酒店要成功地吸引消费者，必须认清消费者所追求的核心利益。

（二）基本产品

基本产品也称为有形产品，是指能够从物质上展现酒店产品核心价值的多种因素。它是酒店产品的核心价值利益的有形表现，包括了酒店的设计风格、服务项目、服务水平等。

（三）期望产品

期望产品也称为核心产品，是酒店产品体系中最主要、最基本的部分，也是最吸引消费者的核心部分。它主要指消费者从酒店提供的产品与服务中得到的根本利益和服务，是消费者各种需要的满足。

（四）延伸产品

延伸产品也称为附加产品，主要是指酒店在核心利益之外所追加的服务和利益，是酒店为了更好地满足消费者特殊需要而增加的服务项目，如酒店提供的房内送餐服务、商务中心服务、洗衣服务等。附加产品可以凸显酒店特色、突出酒店服务、注重“人”的因素。

（五）潜在产品

潜在产品是酒店可能会实现的新产品，它在一定程度上可以反映酒店的发展前景。

通过上述分析，可以得出以下结论。

基本产品＋期望产品＝质量保证＝消费者满意

延伸产品＋潜在产品＝灵活性＝附加价值

基本产品＋期望产品＋延伸产品＋潜在产品＝质量保证＋灵活性＝竞争优势

酒店提供基本产品和期望产品之后，产品和服务的质量可以得到保证，消费者就会表示满意。消费者已经表示满意，虽说已经达到了优质服务的要求，但是还不够，因为其他酒店也能做到这一切，即提供基本产品和期望产品使质量有保证、使消费者满意。只有在这一基础上进一步提供延伸产品和潜在产品，才能拥有竞争优势。这就是产品整体观念所给我们的启示，这就是健康的竞争，这才是酒店营销的成功之道。

此外，从产品的整体概念来说，“基本产品加期望产品”实际上可以涵盖酒店产品和服务的标准化和规范化的全部内容；“延伸产品加潜在产品”则体现了酒店产品和服务的个性化。

知识拓展4-1

核心产品的设计应考虑个性化

酒店客房的设计除根据前期市场定位以及客源结构要求设置单人房、标准房、大床房、套房外，从个性化需求角度可分设豪华房、商务房、观景房、家庭房、安静房、女士房、儿童房、主题房、民族特色房、无烟房、残疾人房等；楼层可设置商务楼层、豪华楼层、女士楼层、无烟楼层、主题楼层等。分设个性化产品的目的是为酒店在未来经营中将这些个性化产品出售给有个性化需求并愿意以更高价格购买这些产品的客人，从而提高盈利能力。

资料来源：蔡万坤．现代酒店市场营销管理［M］．广州：广东旅游出版社，2012.

二、酒店产品的特点

（一）酒店产品的复杂性

由于消费者前往酒店的消费需求一般比较复杂，涉及住宿、饮食、交通、购物、娱乐、商务等诸多方面。因此，与普通的有形产品不同，酒店产品包括的构件非常复杂，需要能够满足消费者的各种生理和精神需求。从性质上分类，酒店产品大体上包括硬件产品与软件产品两部分：硬件产品指酒店拥有的各类住宿、餐饮、娱乐、交通、会议及商务等接待设施；软件产品即是依托上述设施向消费者提供的各类服务项目。两者的累加构成了酒店向消费者提供的产品，缺少其中任何一个方面，酒店产品都是不完整的。

（二）酒店硬件产品的所有权不得转让

酒店的产品是有形设施和无形服务的综合体，有形设施主要是为无形服务顺利开展提供相应的物质保障。某酒店在经营过程中，转让的仅仅是产品在一定时间内的使用权，而不是向其他企业销售一般消费品那样同时转让所有权，消费者在购买这种使用权的同时，不仅不能将产品的主体部分硬件设施带走，而且要承诺在店使用这些产品期间保持其物质构成的完好无损。

（三）酒店服务产品的无形性

酒店产品的主要成分之一是向消费者提供的服务，这一服务劳动过程不以有形的产出为结果，它创造出的成果更多的是消费者直接的心理和生理感受，消费者通过消费主要获得的是入住酒店期间的消费体验和经历。当然，服务结果的无形性并不意味着服务过程和内容的无形性，酒店必须依赖有形的硬件设施才能为消费者带来较好的体验和感觉。由于消费者的期望值有较大的差异，同样的酒店服务产品会给人以不同的感受，这也是酒店产品无形性的体现之一。

（四）酒店服务产品的生产和消费不可分割

酒店服务产品的生产、经营和消费常常发生在同一个时空背景条件下，密不可分，它们是一个过程的两个方面。服务人员在向消费者提供服务的同时，消费也即刻启动，消费者开始享受酒店提供的服务产品，待消费者结束消费并离店时，生产不再进行，服务人员也停止了向消费者提供服务的行为。酒店服务产品的这一典型特点不仅为酒店的营销带来一些特殊的要求，同时也为酒店产品带来一些其他的特殊性。由此，可见酒店服务产品的生产与消费是不可分割的整体。

知识拓展4-2

服务是酒店的主要产品

服务是酒店的主要产品，酒店通过销售服务、设施而赢利。宾客与酒店的关系是买和卖的关系，也是被服务与服务的关系。到店宾客以双方商定的价格来购买特定的服务产品，从而满足自身在物质上和精神上的需要。当宾客认为所付出的费用与得到的服务产品质量不成正比，即认为所购买的酒店产品物非所值时，就会产生投诉。

资料来源：刘慧明，杨卫．酒店营销一本通［M］．广州：广东旅游出版社，2014.

（五）酒店产品的经济价值不可储藏

由于酒店的硬件产品所有权不能转移，且其服务产品又具有生产消费不可分割的特征，因此，酒店产品的经济价值具有不可储藏性。有形产品一日未售出去，还可以期待明天去卖，如果这一产品在第二日涨价了，销售者还会庆幸前一天没有卖出这件产品。但这种现象在酒店行业不可能出现，酒店的主体产品不存在存货一说，如果酒店产品不能及时地销售出去，那么产品当时的价值将永久地丧失而无法弥补。比如酒店客房，如果今天不能够卖出去，它今天的价值就损失掉了，明天不管以多高的价格卖出，该客房今天的价值也就损失掉了，也正是由于酒店产品的这一特点，才更加体现出酒店营销工作的重要性。所以，业界普遍认为酒店业的产品是寿命最短的一种商品。

（六）酒店产品不可运输

酒店产品具有空间上的不可位移性。一般工厂是把产品运到消费者所在地进行销售，而酒店产品无法运输至消费者面前，无论是硬件产品还是软件产品都必须依附于酒店的生产环境，它们不可能脱离该环境单独存在。酒店要想销售自己的这些产品，必须将客人吸引到酒店所在地，而不能向工厂那样，把产品运到消费者所在地。

（七）酒店产品的需求在淡旺季具有明显差异

受消费者工作及休闲度假时间的限制、旅游景点在不同季节中的吸引力不同、国家节假日等因素影响，大多酒店的客源需求在时间分布上不均匀，呈现时淡时旺的状况，导致酒店经营淡旺季差异性的特征。

（八）酒店产品与其他旅游产品高度关联

酒店产品被视为旅游产品的一种，酒店业也被视为构成旅游业的核心部门之一。在旅游者全部需求结构中，酒店业担负着解决旅游者食、宿、娱等方面的任务。所以，酒店通常也被组合到整个旅游产品当中去，成为其他旅游产品的互补品，因而酒店产品与其他旅游产品具有较强的关联性，这种关联性从需求一直延伸到价格，如果其他产品的价格上涨，酒店产品的需求就会下降；如果其他产品的价格下降，酒店产品的需求就会增加。在这种情况下，酒店产品的营销策略必须与旅游产品的相关营销策略结合起来使用，这样才能帮助酒店扩大产品的销售。

三、酒店产品的组合

大多数消费者进酒店不是消费分类产品的，而是分类产品的组合。所谓产品组合又称为产品搭配，是指酒店销售的产品线及产品项目的组合。虽说整体产品代表了酒店的整体功能，但消费者往往只是根据自己的需要选择其中若干项的组合。因此对酒店来说，要考虑产品的有效组合。

产品组合有酒店产品的广度、长度、深度和一致性所决定。酒店产品组合的广度是指酒店拥有几条不同的产品线；酒店产品组合的长度是指酒店产品组合里产品项目的总数；酒店产品组合的深度是指酒店产品线上的每个产品项目可供消费者选择的种类；酒店产品组合的一致性是指不同产品的功能、生产方法、销售渠道或其他方面相似的程度。

从管理经济学的角度来说，广度、长度和深度的内容越多，组合出来的局部产品就越多。但这些产品不一定是经济的、有效的。产品越多，成本越高，投入的人员越多，其服务质量也很难得到保证，所以酒店一定要视实际可能来确定组合规模。现在许多的酒店在基础条件不足、财力拮据、服务质量低下的情况下，盲目地去攀星升级，不断增加新的设施项目。消费者的需求是无限的、不断变化的，但是酒店的能力永远是有限的，如何在这“无限”与“有限”之间找到一个最佳的结合点，这是当下酒店营销者不可忽视的任务。

酒店产品组合的 4 个层次在营销策略上都有意义。酒店业可以利用这 4 种方式来增加酒店的产品销售。

（1）增加产品线（也即增加产品组合的广度），把市场上的良好声誉用于新增的产品。

（2）增加现有产品线的长度，而成为拥有全线产品的酒店。

（3）增加各产品的种类，以加深其产品组合。

（4）加强产品组合的一致性，在特定的消费群体中赢得好声誉，或者减少产品组合的一致性以进入不同的消费群体。

案例 4-1

节日酒店产品

有人说春节前的一两个月是销售的黄金时期，就连萝卜白菜都销量猛增，这是不争的事实。但对于酒店企业的节日营销来说，实现节日营销丰收的关键还是营销策略组合，制定好恰当的营销策略组合不但可以增加销量还可以适当地改善销售毛利率。

绝大多数企业的产品线比较多，于是就一股脑地把所有的产品拿出来做节日营销，不但目标性不强，还大量地占用营销资源和摊薄营销毛利率，最后极有可能导致销量没有取得可喜的增长，同时还没有获得足额的销售毛利。

在节日营销策划实践当中，酒店企业需要制定详细的营销策略组合，在产品、价格、渠道和促销的选择上达到科学有序，而不是摆摊儿式的一窝蜂。

比如，在产品线的选择上，要明晰哪些产品是节日营销的核心产品、哪些产品是节日营销的重点产品、哪些产品是节日营销的辅助产品，甚至还有一些产品根本就不会做特别的营销推进。这样，企业就可以在终端资源、促销力度、人员安排、产品供应等方面做到合理地配置，保证节日营销的平稳进行。

资料来源：贺学良，王华．酒店营销原理与实务［M］．北京：中国旅游出版社，2012.

案例 4-2

沙漠度假酒店卖什么

位于智利北部的阿塔卡马沙漠，有一个高档度假酒店。酒店只有52间客房，平均收费659美元/每人/每夜，由“探险”酒店管理经营策略集团经营管理。酒店的卖点在于探险，它的目标市场是探险旅游者。酒店在旅游地为顾客组织了35个探险活动，这些活动包括：步行、远足、骑马、登山、攀岩、驾车探险远征等。根据探险游客的平均逗留时间，酒店推出了4天游2636美元的包价项目。该包价包括4个晚上的住宿、4天的所有饮食及探险旅游活动费用，酒类另外收费。为了安全和管理，每项探险活动最多10人参加。每天在晚餐前，有顾客选择决定第二天的活动内容，酒店相应配上导游兼安全员。

在这遥远的沙漠里经营度假酒店，营造一种探险旅游的气氛是非常重要的。针对探险旅游度假者喜欢放松自己、享受宁静的特点，酒店客房内没有配备电视机和影碟播放机，只有卫星天线连接的电话。在阿塔卡马沙漠酒店听到的声音只有鸟鸣和夏天房间内天花板上老式风扇的呼呼声。

厨师长为探险游客准备了清淡、新鲜而可口的菜肴。新鲜的素菜、水果都是随着每天的航班运来的，当然这些成本都计算在昂贵的房价内。

这家只有52间客房的度假酒店，虽然地理位置远在沙漠边缘，日常供应有着诸多不便，但它们的产品、服务和设计的节目，完全符合其目标市场即探险旅游者的需求。所以，他们经营得很成功，业绩十分理想。

资料来源：马开良．酒店营销实务［M］．北京：清华大学出版社，2015.

评估练习

（1）简述酒店产品的概念与层次。

（2）酒店产品具有哪些特点？

（3）举例说明酒店产品组合的概念。

（4）结合酒店整体产品的概念，小组讨论“酒店谢绝消费者自带酒水问题”。

第二节　酒店产品的开发与设计

教学目标：

(1) 理解酒店产品开发设计的原则。

(2) 掌握酒店产品开发设计的流程。

案例4-3

酒店服务产品创新

根据一份酒店行业的调查报告显示，如果一家五星级酒店配有独家水疗中心（SPA）设施，会延长客人的住店停留时间多达32%，这种现象在度假酒店更明显。因此，全球酒店集团都在开发水疗。几年前中国的商务酒店基本仅配备健身房，而现在不少酒店将自有SPA品牌本地化，成为酒店的经营特色。可以说，水疗产品从无到有、从配套到品牌是酒店服务产品创新的成果。

酒店经营管理的本质就是出售服务产品，就是向顾客提供各种利益。因此酒店业市场竞争的焦点不仅仅是经营的创新、管理的创新、文化的创新，更是服务产品的创新。如果没有服务产品的创新，就没有酒店服务质量的提升，酒店的发展也会停滞不前。为了降低风险、提高酒店入住率、获得更大的利润，酒店需要时刻创新服务和产品，才能稳定地发展。

事实上，不管是主动还是被动，酒店的服务产品一直处于推陈出新中。几年前，酒店房间配备电脑上网为顾客带了极大的便利，而现在顾客优先选择入住那些提供免费wifi的酒店。随着时代的发展和社会的进步，市场潮流和顾客需求处于不断的变化中，酒店需要做的，就是让酒店的创新以服务产品为载体在顾客面前得到展示，让顾客感受到酒店为他们花费的心思。因此，酒店在日常经营中要树立创新理念，主动地进行服务产品创新，以适应市场的变化和提高经营利润。

资料来源：田彩云．酒店管理概论［M］．北京：机械工业出版社，2016.

一、酒店产品开发设计的原则

好的酒店产品设计会给消费者一种新鲜的、恰如心境的时代感。酒店产品设计首先是市场导向的，应能充分体现经营者对客源分布的合理把握，有针对性地激发消费者的消费欲，为消费者营造一种与时代、个性、思想相结合的氛围，并能不断满足新生代消费者的需求。风格独特、格调时尚又不失温馨和亲切是酒店产品设计的关键词，这通常取决于投资者的眼光、经营者的能力和设计师的天赋。

知识拓展4-3

酒店期望产品的设计与开发

社会文明发展到今天，消费者在满足了物质需求的同时，已逐步将注意力转向精神层面的需求，这就使得酒店期望产品的价值比重逐年增高，客人对酒店期望产品需求和渴望的满足程度也将成为衡量酒店产品质量的主要标准。例如，现今客人在下榻酒店期间对产品质量的要求已不仅仅满足于服务员职业化的微笑和问候，而更加重视饭店良好的企业文化氛围、环境是否舒适和安全、受到他人尊重的程度、是否感受到体贴与关怀等。这些期望产品开发的好坏或质量的高低都将对酒店收益产生重大的影响。

资料来源：朱承强，杨瑜．酒店管理概论［M］．北京：中国人民大学出版社，2014.

（一）坚持简约实用

很长一段时间内，在传统“面子”观念的影响下，在经济快速增长和投资热潮的双重刺激下，我国的酒店设计呈现出明显的豪华倾向。很多人片面地把豪华理解为风格，并认为这样才能凸显酒店的档次。事实上，真正豪华的酒店，并不一味追求设施的奢华，更多的是对酒店的文化、风格、品位的整体丰富，其精心营造出的温暖、和谐、松弛、舒适的氛围，让消费者在步入大门时就能力刻感受到。

在具体的酒店产品设计中，简约实用、注重功能性较豪华装饰更为重要。谁也不愿意在经过了一天紧张的商务谈判后，还要为了解酒店的设施设备而仔细阅读各种指南；同时，从酒店经营的角度来看，简约实用的设计不仅为酒店节约了部分建筑成本，还有利于节约人力和能源，并起到方便维护、提高运行效率的作用；此外，从可持续发展的角度来看，简约实用的设计也是酒店注重环境保护的一种表现。

当然，简约实用并不等于简陋朴实，而是指要避免过多烦琐、复杂的装饰和不必要的奢华，免得消费者进入富丽堂皇的酒店却找不到“宾至如归”的感觉。如果是实用的、使消费者更为舒适的，有时昂贵的投入也很必要。例如，宽敞的房间能使人心胸开阔、呼吸舒畅，酒店在布局时，不如缩小过大的公共空间的设计，扩大客房（尤其是卫生间）面积，抬高客房层高，给予消费者足够的空间感，提升舒适度。

（二）力求人性化

人性化设计，简单地说就是以人为本，立足于对人的关怀，以消费者为中心，对人、空间环境、设施设备和员工的服务进行科学化、艺术化和最适化的协调设计，使其和谐统一。当消费者到达酒店时，即使没有人为他服务，也能使他有一种放松、温暖的感觉。

人性化的设计，可以体现在以下几个方面。

1. 自然舒适

自然舒适即让消费者感到环境舒适宜人、设施方便好用、服务贴切到位。

2. 人文关怀

酒店不仅要满足消费者的物质需求，还要满足消费者的精神需求。从心理学角度看，人通常同时有两种相对的心理，一是求安全；二是求新奇。人住酒店时也如此，既希望尝试新奇的事物，又寻求一种安全感，无非是哪一方需求稍占上风的问题。因此，酒店设计时必须研究目标客源的日常生活状态及他们对酒店生活的期待，达到平稳与变化的统一，使消费者获得愉悦的经历。

3. 关注细节

无论是商务消费者还是休闲消费者，无不希望酒店给予他们“家外之家”的感觉。因此，酒店在产品设计时，要力求每一个细节的到位，消除消费者的任何不方便。

（三）强调整体和谐

酒店产品设计是从立项规划、建筑设计到室内设计，再到服务项目设计的一个完整的、专业化的系统和流程，贯穿于酒店从立项、建成到开业的始终。在这个过程中，酒店业主和专业设计公司、酒店管理公司充分沟通，进行详尽的市场分析和准确的定位。然后，设计师在此基础上进行酒店的设计。为了使产品设计达到整体和谐，应该注意以下几个问题。

首先，在酒店规划时要有前瞻性。现代酒店的经营与酒店建筑设计的联系日趋紧密，消费者对酒店的风格品味的要求变得越来越挑剔，酒店必须通过翔实、深入的调查分析，了解目标客源市场的需求，并大胆预见在其后若干年的发展趋势，以使酒店的整体设计和风格能与消费者的需求合拍，与时代发展相辉映。

其次，建筑设计应与室内设计和谐统一。很多酒店的建筑设计和室内设计是两项分离的工作，这导致了很多不和谐因素的产生。酒店经营者、建筑设计师、室内设计师必须充分沟通，了解各方意图，使得酒店既注重外表设计又注重酒店内部功能的衔接，并保证日后使用的便利性。

最后，要注意硬件档次与软件质量的匹配。一些酒店曾做过看似很吸引人的广告，如“四星级的硬件、五星级的服务、三星级的价格”，实际上，这只不过是商家的噱头，真正四星级的硬件，无法用三星级的价格来支撑，更无法给消费者以五星级的体验。

（四）突出酒店的个性与文化

当今世界是个时尚多元化的世界，那些不仅能满足消费者的使用之需，还有独特文化氛围、充满个性的酒店将备受青睐。本来，每个酒店因为所处的城市、地区以及相邻建筑、当地人文及生态环境的不同，投资者、经营管理者的不同，市场定位的不同，自然会有一种不同的气质和特色。在此基础上，酒店还应善于挖掘、巧妙构思。

酒店经营者要认真研究酒店所在地的文化，包括地域文化、民族文化、历史文迹，确定酒店准备塑造的文化个性，然后在酒店建造或重新改建的方案设计过程中及时与专业设计师沟通。现在很多酒店有意识地将各种文化元素进行融合，以使酒店更有文化包容性。不过，虽然多元文化的结合成了必然的趋势，但是切不可盲目追求两全文化，毕竟在地域文化背景上会有本质的区别，大多数时候，突出本地特色文化更为实际。

产品设计时，不必面面俱到地满足所有市场的需求，重点是迎合主流受众面的个性需求，尽力打造适合这些消费者的产品特色。针对有特殊需求的消费者，还可以凭借先进的技术支持，为消费者提供“量体裁衣”的定制式服务。

（五）营造良好的生态环境

由于全球生态环境的日益恶化，保护环境、保障人类健康日益受到人们的关注。不管是舆论指向，还是酒店本身具有的社会责任感，都推动着酒店在环保、节能的宗旨下设计和改造产品。绿色酒店产品的共同特征，可以从以下 3 方面来看。

（1）从节约角度出发，改进设备和管理，降低能源和易耗品的消耗。

（2）从人的健康角度出发，设计绿色客房，推出绿色餐饮，保持清新的室内空气。

（3）从环境保护角度出发，改进设备和管理程序，严格控制空气质量和排出的污染物。

营造良好的生态环境，需要酒店关注从选址、设计、建造到装潢的每一步，杜绝非保护材料和设备的使用，减少不必要的浪费。以此为指导，体现在每一个细节上。

（六）保证酒店的经营效益

酒店业是一个资本密集型产业，资本的先期投入量比较大，后期经营和运行成本较高，加之酒店资产专业性较强，退出酒店行业会面临较高的沉没成本。因此酒店开发设计产品时不能盲目行事，应以市场为导向，考虑投资效果，追求综合效益。比如，根据目标市场的消费习惯，决定健全服务型酒店还是有限服务型酒店；在酒店的空间布局上，注重多功能设计，充分发挥空间效益；通过结构布局的合理安排、劳动工具等的合理使用，尽可能减少能源的消耗，减轻员工的劳动强度等。

知识拓展4-4

酒店产品设计与酒店盈利

无论是昂贵的五星级酒店还是廉价的经济型酒店，都应招徕不同层次的客人来酒店消费。酒店产品的设计应满足整体市场中多个细分市场的需求，而不应只是满足于塔尖的少数客源；实现产品档次多样化，既能满足有高消费意愿客人的需求，又能吸引大众客源市场的基本消费，特别是为酒店在经营中实行升降档销售提供了条件。例如：酒店在设有普通大床间的同时，如果还设有豪华大床间，便为升档销售提供了条件。一般豪华大床间与普通大床间的建筑面积相同，并没有多占用土地资源，只是房间位置或设施相对较好，但价格差异较大，如果二者数量的比例设定是符合客源市场需求的，那么通过实行升档销售就可为酒店赢得更多的收入。

资料来源：蔡万坤．现代酒店市场营销管理［M］．广州：广东旅游出版社，2012.

二、酒店产品开发设计的流程

从广义的角度来讲，酒店产品的开发设计从酒店的筹建期就开始了，历经前期调研、文化定位、建筑设计和功能规划、装饰设计和服务项目设计等多个阶段。

（一）前期调研

酒店产品首先实质上是价值满足的综合体，消费者希望通过它获得满意的消费体验，酒店经营者则希望借此实现利益最大化的目标，这里，消费者满意在先，酒店获利在后。因此，酒店产品开发设计前的调研，核心因素是目标客源市场的需求调查，充分了解消费者的消费意愿。研究供给市场的整体状况，尤其要重点分析竞争对手状况，以便决定本酒店如何适应市场发展潮流，面对竞争从容应对。再次，酒店的经营与管理除受社会政治和经济形势、市场状况等外部因素和酒店所有权及经营权属性等内部因素的影响外，还与酒店所处的地域环境、文化氛围等多种因素相关，因此，这些都是需要认真调研以便进一步分析的因素。

（二）文化定位

酒店文化是酒店企业根据自身需要确立的经营宗旨、价值观念和道德行为准则的综合体现，常常需要通过酒店的建筑特色、空间布局、照明设计、装饰处理等物质载体来表达。酒店文化定位是酒店产品开发与设计的前奏，关系到日后酒店精神文化和经营管理理念的确立，因此应认真研究。通常，文化定位应该符合时代发展的潮流，正视民族文化、地域文化、历史文脉的影响，并结合酒店的经营目标来综合考虑。

（三）建筑设计和功能规划

功能规划着眼于消费者物质需求的满足，对酒店功能性设施的类型与结构比例进行合理配置；建筑设计则在功能布局之外，还要更多地考虑彰显文化特色和营造环境氛围。因此，这两个环节不能割裂，应该同时展开，并且需要在酒店投资者、经营者和建设设计师之间进行不断沟通和反复推敲。例如，酒店确立了目标市场后，先根据消费者的喜好和消费习惯来决定各类客房的配置比例，规划恰当的餐饮类型和娱乐项目，建筑设计时必须考虑这些因素。反过来，功能规划方面也需要考虑建筑物的特点和局限性，有时设计师因地制宜的设计方案也常常能给功能布局方面带来很多灵感。很多酒店在还未形成明确的经营目标时就盲目上马建设，结果建成后既不受消费者欢迎，也不便于经营者管理，重新改造又得不偿失，给投资者造成了巨大损失。

（四）装饰设计

通过对空间、色彩、照明、绿化、音乐、饰品等元素的巧妙运用，装饰设计能令酒店更具特色，让消费者备感舒适。由于建筑物在很长一段时间内将保持固有的形态，在时尚潮流不断变化的当今，软性装饰的地位日益提升，除了酒店建造时所做的装饰处理，开业后，酒店也可以根据消费者需求的改变和意见反馈以及酒店经营方针的变化来不断进行更新。

（五）服务项目设计

和前面几个阶段不同，这主要是软件方面的设计。酒店应该深入了解消费者需求，开发有针对性的产品。曾有营销专家说过，产品的针对性能有效维护消费者对品牌的忠诚度，他们会像选择朋友那样选择品牌，产生“产品是专为我设计的”这样的感觉。当然，服务项目的设计和提供还要考虑酒店档次和自身的特色定位，以及该服务项目对员工素质的要求，使其更具有可操作性。

在具体运作中，以上这几个环节会出现某种交叉和反馈，这时，应进行适当的调整和修改，反复推敲直至完善。

案例4-4

W酒店经典设计

W酒店是喜达屋旗下的全球现代奢华时尚生活品牌，其官方的定位是“Lifestye”品牌，业内普遍将其归类为大型的Boutique Hotel路线。激发灵感、创造潮流、大胆创新的W酒店在业界影响深远，为宾客提供终极的入住体验。

W酒店的目标宾客很明确，是那些时尚潮流的创造者。他们的年龄在30～35岁，受过良好的教育，一般没有孩子，对最新、最酷、最时尚的东西感兴趣。他们了解时尚，很关注时尚，并且也希望自己能被时尚界所融合，喜欢去时尚酒吧、参加电影首映或是钟情某种时尚音乐或音乐元素，并且他们还对设计有着独到的见解，这些见解可以源源不断地激发设计师们的灵感。

作为一个年轻的酒店品牌，W酒店在扩张这条路上也是蛮拼的。从1998年第一家W酒店——纽约时代广场W Hotel到即将开业的北京长安街W酒店，在短短16年中，W酒店版图已横跨东西半球。

资料来源：张萍，王蕾蕾．酒店营销实务［M］．福州：福建人民出版社，2014.

评估练习

（1）简述酒店产品开发设计的原则。

（2）简述说明酒店产品开发设计的流程。

（3）什么是文化定位?

（4）举例说明酒店如何进行建筑设计及规划设计。

第三节　酒店产品生命周期策略

教学目标：

（1）掌握产品生命周期理论的内容。

（2）理解酒店产品生命周期不同阶段的营销策略。

知识拓展4-5

主题酒店产品生命周期各阶段的特点

主题酒店产品符合产品生命周期的一般规律，但主题酒店产品属于服务类的产品，而且具有主题性、差异性等特征，这都使其在产品生命周期的不同阶段表现出自身的特点。

1. 导入期

主题酒店产品刚刚出现，尚未被消费者了解和接受，因而销售量较小且增长缓慢；主题酒店产品设计尚未定型，质量尚不稳定；对外宣传广告费用较高，酒店利润率较低，甚至处于亏损状态；竞争者较少。

2. 成长期

主题酒店产品逐渐定型并形成一定特色，日渐被消费者所接受，拥有一定的知名度，产品销售量迅速提高，广告费用降低，销售成本大幅度下降，利润飙升。其他酒店企业看到有利可图，纷纷模仿该主题产品，市场上竞争者增多。

3. 成熟期

成熟期是主题酒店产品的销售高峰期。主题酒店产品的品牌形成，但仿制品、替代品不断出现，酒店销售增长率趋减。类似的主题酒店市场已趋饱和，企业竞争日趋激烈。

4. 衰退期

衰退期是主题酒店产品老化、逐渐被市场淘汰的阶段。一方面，新的主题酒店产品出现，旅游消费者兴趣转移，销售出现大滑坡；另一方面，促销费用增加，成本上升，因而利润下降。同时，许多类似的主题酒店在市场竞争中被淘汰而退出市场，竞争淡化。

资料来源：孙九霞，陈钢华．旅游消费者行为学［M］．大连：东北财经大学出版社，2015.

一、产品生命周期理论的概述

（一）产品生命周期的概念

产品从投入市场到最终退出市场的全过程称为产品的生命周期，该过程一般经历产品的导入期、成长期、成熟期和衰退期4个阶段。产品生命周期显现了产品销售历史中的不同阶段，与各个阶段相对应的是与营销策略和预利润潜量有关的不同的机会和问题。酒店可通过确定其产品所处的阶段或将要进入的阶段，制订更好的市场营销计划。

产品生命周期理论包括下列主要内容。

（1）产品的生命有限。

（2）产品销售经过不同阶段，每一阶段对销售者提出不同的挑战。

（3）在产品生命周期的不同阶段，利润有升有降。

（4）在产品生命周期的不同阶段，产品需要不同的市场营销策略。

（5）有关产品生命周期的论述大都认为一般产品的销售历史表现为一条 S 形曲线。典型的这种曲线分为 4 个阶段，即导入期、成长期、成熟期和衰退期，如图 4-2 所示。

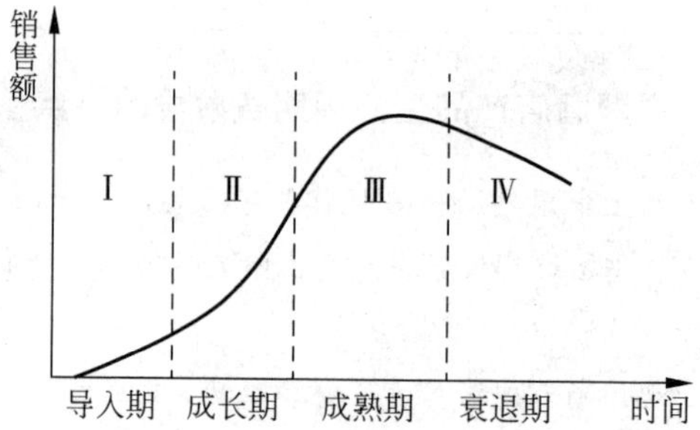

图 4-2　产品生命周期理论

导入期：又称介绍期，是指产品引入市场、销售缓慢成长的时期。在这一阶段因为产品引入市场所支付的巨额费用，致使利润几乎不存在。

成长期：产品被该市场迅速接受和利润大量增加的时期。

成熟期：因为产品被大多数的潜在购买者所接受而造成的销售成长减慢的时期。为了对抗竞争，维持产品的地位，营销费用日益增加，利润稳定或下降。

衰退期：销售下降的趋势增强和利润不断下降的时期。

（二）产品生命周期的理想形态及其持续时间

古德曼和穆勒对影响某产品生命功能周期形态的要素提出了一些看法。首先考虑理想产品生命周期的形态。

产品开发期短，因此产品开发成本低、导入期和成长期短，销量很快达到最高，这就意味着较早获得最大收益。成熟期持续时间长，意味着盈利时间长。衰退期非常缓慢，意味着利润是逐渐降低的。

酒店推出新产品时，应根据影响每个阶段时间长短的因素，预测该产品生命周期的形态。

（1）常规产品比高技术产品的开发时间短，成本低。

（2）在下列条件下，导入期和成长期的时间短：该产品无须进行新的分销渠道、服务或沟通的投入；经销商乐于接受并促销这种新产品；消费者对这种产品感兴趣，会尽快采用，并愿意宣传其好处。

（3）只要消费者的需求和产品质量相对稳定，酒店仍保持市场领导地位，则成熟期的持续时间很长。在较长的成熟期里，酒店可获取大量利润。如果成熟期短，酒店可能收不回全部投资。

（4）如果消费者需求和产品质量缓慢改变，则衰退期长。消费者的品牌忠诚度越高，衰退速度越慢。推出障碍越低，有些酒店退出得就越快，这会减缓留下来酒店的衰退速度。

有 3 个特殊种类的产品与其他种类的产品区别开来，即风格、时尚和热潮的产品。

风格是人们创造的在某一领域里出现的一种基本的和独特的形式。例如，在住宅中出现的风格（殖民地式、大牧场式、哥特式）；艺术（现实的、超现实的、抽象的）。一种风格一旦形成以后，它会维持许多年，在此期间时而风行、时而衰落，形成一个个人们重新感兴趣的周而复始的周期。

时尚是在某一领域里当前被接受或流行的一种风格。时尚经历 4 个阶段：第一阶段是区分阶段，有些消费者为了从其他消费者中分离出来，自成体系，而对某些新产品感兴趣。第二阶段是模仿阶段，其他消费者以超乎寻常的兴趣仿效时尚领袖。第三阶段是大量流行阶段，这种时尚非常风行，企业加快了大量生产的步伐。第四阶段是衰退阶段，消费者向吸引他们的另一些时尚转移。因为时尚趋向于缓慢地成长，保持一段流行，并缓慢地衰退，故而时尚的周期长度很难预料。

热潮是迅速引起公众注意的时尚，它们被狂热地采用，很快地达到高峰，然后迅速衰退。它们的接受期短，却趋向于只吸引有限的追随者。它们经常表现为新奇或善变。热潮是短命的。我们很难预料某种东西是否能算是热潮，即使是也难以预料它将持续多久。新闻媒介对它的注意力和其他因素对它的持续期都有影响。

（三）产品生命周期原理

创新的扩散和采用理论提供了产品生命周期的基本原理。当一种新产品推出时，酒店必须刺激知觉、兴趣、使用和购买。这都需要时间，而且在产品导入阶段，只有少数人（创新者）购买它。如果该产品使消费者满意，更多的购买者（早期采用者）会被吸引过来。接着，经过日益增长的市场知觉和价格下降，竞争者加入市场，加快了采用过程。随着产品正规化，更多购买者（早期大众）加入了市场。当潜在的新购买者人数趋向零时，成长率下降，销售量稳定在重复购买率上。最后，由于新产品种类、形式和品牌的出现，购买者对现行产品的兴趣转移了，该产品销售下降。

二、酒店产品生命周期不同阶段的营销策略

（一）导入期

当新产品推出时，导入阶段便开始了。沟通销售渠道和在几个市场中推广是要花费时间的，因此销售成长趋于缓慢发展。在这一阶段，由于销售量少和促销费用高，酒店新产品是亏本的或利润很低，它们需要大量经费以吸引分销商。促销指出占销售额的比率最高，因为它需要高水平的促销努力，以达到以下目的。

（1）告诉潜在的消费者新的和他们不知道的产品。

（2）使产品通过分销渠道分销。

此时只有少数几个竞争者在生产该产品。酒店销售的目标是那些最迫切的购买者，通常为高收入阶层。其价格偏高，原因有以下 3 个方面。

（1）产量比较低，导致成本提高。

（2）生产技术可能还未全部掌握。

（3）需要高的毛利以支持销售成长所必需的巨额促销费用。

在推出一种新产品时，营销管理者能为各个营销变量，诸如价格、促销、分销和产品质量分别设立高或低两种水平。当只考虑价格和促销时，酒店可在以下战略中择一而行。

1．快速撇脂战略

快速撇脂战略即以高价格和高促销的方式推出新产品。酒店采用高价格是为了在每单位销售中尽可能获取更多的毛利。同时，酒店花费巨额促销费用向市场上说明虽然该产品定价水平高，但是物有所值，高水平的促销活动加快了市场渗透率。采用这一战略的假设条件是：①大多数的市场已知晓这种产品；②购买者愿意出高价；③不存在潜在竞争。

2．快速渗透战略

快速渗透战略即以低价格和高促销的方式推出新产品。这一战略期望能给酒店带来最快速的市 场渗透和最高的市场份额。采用这一战略的条件是：①市场规模很大；②市场对该产品不知晓；③大多数购买者对价格敏感；④潜在竞争很强烈；⑤随着生产规模的扩大和制造经验的积累，酒店的单位生产成本下降。

3．缓慢渗透战略

缓慢渗透战略即以低价格和低促销的方式推出新产品。酒店可降低其促销成本以实现较多的净 利润。酒店确信市场需求对价格弹性很高，而且对促销弹性很小。采用这一战略的假设条件是：①市场规模大；②市场上该产品的知名度较高；③购买者对价格相当敏感；④有一些潜在的竞争者。

（二）成长期

成长阶段的标志是销售迅速增长。早期采用者喜欢该产品，中间多数消费者开始追随消费领导者。由于大规模的生产和利润的吸引，新的竞争者进入市场。它们引入新的产品特点，导致分销网点数目的增加。在需求迅速增长的同时，产品价格维持不变或略有下降。酒店维持同等的促销费用或把水平稍微提高，以应付竞争和继续培育市场。销售的快速上升使促销费用对销售额的比率不断下降。

在这一阶段内，随着促销成本被大量的销售额所分摊，利润增加。同时，由于“经验曲线”的影响，产品单位生产成本比价格下降得快。

在成长阶段，酒店为了尽可能长时间地持续市场成长而采取下列6个战略。

（1）酒店改进产品质量和增加新产品的特色和式样。

（2）酒店增加新样式和侧翼产品。

（3）酒店进入新的细分市场。

（4）酒店扩大分销覆盖面并进入新的分销渠道。

（5）酒店从产品知觉广告转向产品偏好广告。

（6）酒店降低价格，以吸引对价格敏感的消费者。

酒店推行这些市场扩展战略将会大大加强其竞争地位。但是，这样的改进措施会增加成本。酒店在成长阶段要决定究竟选择高市场占有份额，还是选择当前高利润。如果把大量的钱用在产品改进、促销和分销上，它能获得一定的优势地位，但要放弃获得最大的当前利润，对此，酒店又希望在下一阶段得到补偿。

（三）成熟期

产品销售达到某一点后将放慢步伐，并进入相对成熟阶段。这个阶段的持续期一般长于前两个阶段，并给酒店营销管理部门带来最难对付的挑战。大多数产品都处于生命周期的成熟阶段，因此，大部分的营销管理部门处理的正是这些成熟产品。

成熟阶段仍可分成3个时期：第一个时期是成长中的成熟。此时由于受分销的影响，未来的销售依赖于人口增长和更新需求；第二个时期是成熟中的成熟期。此时利润最高，各酒店为了获取更多的利润，展开更加激烈的竞争；第三个时期是衰退中的成熟。此时销售的绝对水平开始下降，消费者也开始转向其他产品和替代产品。

在成熟阶段，酒店营销人员应该系统地考虑市场、产品和营销组合，来改进这些战略。

1. 市场改进

酒店可用组成销售的两个因素，为它的成熟品牌扩大市场。

销售量＝酒店消费者数量×每位消费者的使用率

酒店能够通过下列3种方法来增加酒店消费者的数量。

（1）转变非消费者。酒店能努力吸引非消费者转变为消费者。

（2）进入新的细分市场。比如酒店可以争取那些经常下榻酒店但不是本酒店的消费者。

（3）争取竞争对手的消费者。酒店可以吸引竞争对手的消费者试用或采用它的品牌。

可以设法让当前品牌使用者增加他们的年使用率来提高产品数量。下面是实现此目的的3种策略。

（1）提高使用频率。酒店可以努力使消费者更频繁地使用该产品。

（2）增加每个产品的使用量。酒店可以努力使用户在每次消费时增加该产品的用量。

（3）新的和更加广泛的用途。酒店应努力发现该产品的各种新用途，并且要说服人们尝试更多的用途。

2. 产品改进

酒店市场营销人员还应努力改进酒店产品的特性，使其能吸引新用户和增加现行用户的使用，量，以改善销售。产品改进可采用以下几种形式。

（1）质量改进战略，目的是注重增加产品的功能特性。

（2）特色改进战略，目的是增加产品的新特色，扩大产品的多功能性、安全性或便利性。

（3）式样改进战略，目的在于增加对产品的美学诉求。

案例 4-5

酒店新产品的设计、构思、设想开发程序

1. 构想

对未来新产品的一些初步设计、构思、设想，通过书面的形式描绘出来，包括对新产品将开展的酒店市场营销活动的计划。

2. 筛选

构想只是一个初步的设想，可以有很多，但很多构想是不能付诸行动的。酒店可以根据自身的条件，包括人员素质、原有产品基础、现有资金、管理制度等；也包括酒店所处的

市场外部环境，包括市场需求、市场供应商、市场竞争等方面。要综合衡量，逐个筛选，慎重做出决定。

3. 形成产品概念

将新产品概念化，就是要把对新产品的构想具体化，用文字、图形、模型、试验品将产品表现出来。新产品具体化后就可以进行测试，测试新产品对酒店内部条件和外部环境的适应性以及目标顾客对新产品的反应。通过测试在最初筛选的几个构想中确定一个最佳产品概念。

4. 制定营销策略

在选定最佳产品概念后，酒店营销人员就要针对新产品制定相应的营销策略，包括分析目标市场规模、市场结构、产品的市场定位、消费者行为特点、预计销售量和市场占有率等。还应制定新产品的价格，选择分销渠道、促销手段，并做好营销预算。

5. 商业分析

商业分析是对新产品在市场中的适应性和发展能力的预测。预测的内容包括产品的销售量、成本、利润和收益率。这些不仅需要描述，更需要精确的数字计算和市场调查，得出确切的结果。这项工作需要科学的开发技术和市场研究，并结合新产品上市后实际情况进行分析。经过商业分析，确定该新产品有开发价值，就可以进入正式的实际开发阶段。

6. 产品分析

新产品要严格按照产品概念描述的去开发，并严格控制开发成本，按照商业分析出来的数据去实施，否则前边制定的营销策略和商业分析不能起到指导性作用。酒店产品作为服务性产品，开发时不仅要注意产品实体的效果，更要注意服务在实际运转中与各部门各方面的协调，确保酒店新产品的运转顺利。

7. 市场试销

新的酒店产品是否能被顾客接受，产品的生产运转是否顺利有序都需要在小范围内试销。产品试销一方面可以观察顾客对新产品的接受程度，从顾客那里得到对产品的评价，对不足的地方进行修改和提高；另一方面对自身提供产品的能力也可以进行测试，酒店自身的内外部条件是否适应新产品的供给要求，哪些方面还需要协调。再者可以对商业分析的内容进行核对，看商业分析的结果是否符合实际经营状况，是否需要调整。

8. 正式上市

新产品在试销中取得顾客良好的评价和反应，并且潜在的顾客群比较庞大时，则可以决定上市。上市要取得成功，首先要选好上市的时机。上市时营销策略的选择和实施要针对最佳的目标顾客群，以竞争到最有影响力的顾客。

资料来源：杜炜．旅游消费行为学［M］．天津：南开大学出版社，2009.

3. 营销组合改进

降低产品价格吸引更多底层次消费者，除直接降低价格外，还可以实行特价、早期购买折扣、放宽信贷条件等间接降价方式来吸引消费者。为产品开辟更多的新分销渠道，并在原有的分销渠道中增加更多的销售网点。采用多种促销手段。如增强广告频率，延长广告时间，开展赠奖、竞赛、折让等促销活动，加强人员推销工作等。

更新换代策略是一种蛇蜕型策略，置身于激烈的市场竞争环境中，酒店根据主客观条件，在分析产品前景不利的情况下，干脆提前淘汰老产品，积极地开发新产品，开辟新市场。使产品不断更新换代是酒店在市场竞争中立于不败之地的最根本措施。更新换代时要注意有计划、有步骤地使新旧产品在市场上衔接。

营销组合改进的主要问题是它们更容易被竞争者模仿，尤其是减价、附加服务和大量分销渗透等方法。因此，酒店不大可能获得预期的利润。事实上，所有酒店都在市场营销中不断地互相攻击，它们可能都经历过利润受侵蚀的过程。

（四）衰退期

大多数的产品形式和品牌销售最终都会衰退。这种销售衰退也许是缓慢的，也许是迅速的。销售可能会下降到零，或者也可能在一个低水平上持续多年。销售衰退的原因很多，其中包括技术进步、消费者需求的改变、国内外竞争的加剧等。所有这些都会导致生产能力过剩、削价竞争加剧和利润被侵蚀。当销售和利润衰退时，有些酒店退出了市场。留下来的酒店可能会减少产品供应量，它们也可能从较小的细分市场中退出，也可能削减促销预算和进一步降低价格。

酒店在处理它的老化产品中面临许多任务和决策。

1．识别疲软产品

第一任务是建立识别疲软产品的制度。酒店可任命一个由营销、研究与开发、生产和财务代表参加的产品审查委员会。这个委员会拟定一套识别疲软产品的制度，由审计办公室提供每种产品的资料，包括产品的市场规模、市场份额、价格、成本和利润方面的动向。让这些信息经电子计算机程序分析，确定出可疑产品。其标准包括销售疲软的年数、市场份额的趋势、毛利和投资报酬。把列在可疑表上的产品向负责经理们报告，由这些经理填写评估表，说明在营销战略不修改和修改后的情况下销售和利润的前景。产品审查委员会进行审核并对每一可疑产品提出建议——继续保留该产品、修改它的营销战略或放弃它。研究证据显示，与没有产品程序的酒店相比，那些有正式程序的酒店放弃产品的速度更快。这就使得管理工作更有效率。

2．确定营销战略

有些酒店将比其他酒店率先放弃衰退的市场。这在很大程度上取决于退出障碍的水平，退出障碍越低，酒店就越容易脱离该产品，同时对留下来的其他酒店就更具有诱惑力，他们可以去吸引退出酒店所拥有的消费者。留下来的酒店将会增加销售和利润。因此，一个酒店必须对是否要在市场上坚持到底做出决定。

在衰退期，酒店可以采取如下营销战略。

（1）增加酒店的投资（使自己处于支配地位或得到有利的竞争地位）。

（2）保持酒店原有的投资水平。

（3）酒店有选择地降低投资水平，放弃无前景的消费者群，同时加强对有利可图的消费者需求领域的投资。

（4）尽可能用有利的方式处理资产，以便迅速放弃该业务。

衰退战略取决于行业的相对吸引力和酒店在该行业中的竞争实力。例如，一家酒店发现自己处在一个不吸引人的行业当中但还有竞争实力，则它应该考虑有选择地收缩自己的投资；而当它发现自己处在吸引人的行业中并有竞争实力时，则它应该考虑增加或维持其投资水平。

3. 放弃决策

当酒店决定放弃一个产品时，它面临着进一步的决策。如果产品有很强的分销能力并有较好的声誉，酒店也可将它卖给一个小酒店。如果酒店找不到买主，就必须决定是迅速还是缓慢结束这个品牌。它还必须决定保留多少服务项目为老顾客服务。

许多的酒店营销人员使用产品生命周期理论来解释产品和市场的动态。作为一个计划工具，产品生命周期理论刻画出产品各个阶段主要营销挑战控制工具，产品生命周期理论使酒店能在产品性能上与过去类似产品作一个对比；作为一个预测工具，因为销售时存在着各种不同的形式，以及产品各个阶段的持续期也各不相同，所以产品生命周期理论的用处较少。

知识拓展4-6

酒店产品生命周期的注意事项

酒店产品的生命周期，较之其他产品来说，其变化要缓慢一些。但酒店市场营销和经营管理人员仍然需要不断研究其产品的生命周期，其目的在于使自己的产品尽快、尽早地被市场所接受，缩短产品在市场中的投入期，尽可能保持和延长产品的成熟阶段，使产品的生命周期延长，推迟酒店产品衰退期的到来。针对市场需求及时更新换代，尽量做到人无我有、人有我特、人特我多、人多我好、人好我转，在市场竞争中处于有利地位。研究每一产品的需求情况，使产品适销对路。酒店通过研究产品的生命周期，采取相应的营销策略，以促使企业达到利润最大化的经营目标。

资料来源：孙九霞，陈钢华．旅游消费者行为学［M］．大连：东北财经大学出版社，2015.

案例4-6

酒店的生命周期取决于你希望它生存多久

酒店（集团）有限公司集团总裁在第七届亚洲酒店论坛（AHF）国际酒店投资峰会上接受新浪商业地产采访时表示："酒店的生命周期较之其他产品来说，其变化要缓慢一些，甚至可以说完全取决于你希望它生存多久。当然，如果你只是一味地吸取利润而不是持续性地投入，那么这个项目也许很快就会丧失竞争力。"他举例说明："在伦敦有一家酒店已有100多年的经营历史，始终客流不断，近期该酒店决定闭店整修，在关闭了一年半的时间进行软硬件的升级改造之后，酒店重新营业，整个项目焕然一新，完全看不出百年的沧桑。”他认为酒店保持生命力的最佳办法是随时检修，一部分一部分地施工，既不影响经营，又能让酒店青春永驻。

资料来源：成荣芬．酒店市场营销［M］．北京：中国人民大学出版社，2013.

评估练习

（1）简述产品生命周期理论的内容。

（2）简述产品生命周期各阶段的特点。

（3）举例说明什么是高速撇脂策略。

（4）简述酒店产品生命周期不同阶段的营销策略。

第四节　酒店产品的品牌价值

教学目标：

（1）掌握酒店品牌价值的内涵。

（2）了解酒店品牌价值的构成。

（3）掌握提升酒店品牌价值的途径。

一、酒店品牌价值内涵

从广义上说，酒店品牌价值包括两个方面，即品牌的价值内涵和价值外延。价值内涵是指产品的外在消费价值。价值外延是顾客精神上的需要，包括知名度以及美誉度。

从狭义上说，酒店品牌价值包括：酒店品牌所体现的质量，酒店品牌认知和身份的自我归属，酒店品牌的品牌联想，酒店品牌知名度、美誉度和传播性以及品牌忠诚度。

案例 4-7

酒店产品品牌策略

昆仑饭店和长城饭店共同去争取一个国际会议。中方的组织者到两个饭店考察了一下，他们认为，从服务到硬件水平昆仑强一点，而且昆仑的价格也比长城便宜，每间房低了10美元，这是很大的差价了。他们就订了昆仑饭店，并汇报到美国去。美国的组织者却说，两家饭店我们还是订长城吧！中方组织者就问他为什么订长城，并强调这是他们实地考察后做出的判断。美方组织者答复：“我相信你的考察，但是我如何对我的客人解释呢？我是会议组织者，我跟客人解释住昆仑，他们会问昆仑是个什么酒店呢？我跟我的客人说喜来登（长城饭店由美国喜来登公司经营管理，故又称北京喜来登长城饭店），人家马上就有感念了，我们这一次是住喜来登！”

> 显然酒店品牌的作用是一般酒店无法比拟的，国有的酒店、民族的酒店、本土的酒店，如果没有一个好的品牌，竞争力会大打折扣。
>
> 资料来源：郑向敏．酒店管理［M］．3版．北京：清华大学出版社，2014.

品牌价值是一种超越企业实体和产品以外的，能给企业和消费者带来效用的价值。品牌的价值首先是客户满足价值，有客户满足价值才有企业、品牌、业务的价值。客户在实现服务的过程中，除了业务本身必须满足自身的需求外，更在意整体的品牌服务满足和人性、人本的张扬，以及经亲身体验、认知的显现与潜在的价值。

据统计：100个满意的品牌客户会带来25个新客户；每一个满意品牌客户会与3～8人分享愉快经历；每收到一次品牌客户投诉就意味着有20名同感客户；96%的客户不打算投诉，这些不投诉的客户会把不满告诉8～10人；获得一个新品牌客户的成本是保持一个满意品牌客户之成本的5倍；向非品牌客户推广新业务的成功率为15%，而向现有品牌客户推广新业务成功率为50%，向非品牌客户推广的花费是现有品牌客户推广花费的6倍。

对于酒店产品而言，名牌产品的“示范效应”使新产品一上市便提供了消费者认识该产品的捷径。众多的新产品品牌成功地聚集到核心产品品牌下，它们不必从零开始建立品牌知名度，而是搭乘了核心名牌产品的“便车”，形成了“品牌伞”效应。这种大伞效应可以减少新品牌的营销费用，降低投资成本，以无形资产的品牌经营实现低成本高效率扩张。假日国际集团的产品品牌战略是以中档市场的假日饭店品牌为核心，发展了经济型和豪华型的假日花园、皇冠广场等成功的品牌。对于酒店集团而言，集团化、网络化经营应以一个市场商誉高、经济规模大、管理水平高的饭店为核心，以资本为纽带，将其他中小成员饭店吸附在集团内，形成紧密层和半紧密层的组织网络。

知识拓展4-7

> **酒店与品牌文化**
>
> 品牌文化蕴藏着产品的价值，如果酒店使用的是某家酒店集团的知名品牌，在产品设计时应充分融入该品牌的文化理念，推出差异化产品，而不仅仅是从营销的角度去打概念，要让客人能真正感受到知名品牌的价值所在。这样，即使是同样的产品，用差异化的价格出售也能够被消费者所接受，这便是我们常说的品牌的力量，它能为酒店提高盈利能力。
>
> 资料来源：陈雪钧，马勇，李莉．酒店品牌建设与管理［M］．重庆：重庆大学出版社，2015.

二、酒店品牌价值构成

从酒店企业来分析，其品牌价值可以分解为基本价值和附加价值。

1．基本价值

酒店基本活动所构成的价值，包括采购、生产服务所构成的服务产品价值。

2. 附加价值

贯穿在酒店企业整体经营活动中，包括市场价值（即市场营销行为体现的酒店市场价值）；酒店建筑及布局、装修风格、基础设施等提供的物业价值；人力资本价值；酒店文化价值等。

三、酒店提升品牌价值的途径

提升酒店品牌价值需从酒店服务产品、市场营销、物业、人力资源管理、酒店文化等各方面进行创新活动，确保酒店创新活动的系统性与连续性，保证酒店品牌战略的实施，推动酒店的品牌价值提升。

（一）创新酒店服务产品，提升服务产品价值

面对顾客日益增长与多样化的需要，酒店需要树立创新服务的理念，以顾客的需求为服务出发点，对酒店现有服务进行改进创新，推出更多可供选择的服务产品，提高服务质量，以提升酒店产品的附加价值。酒店服务产品的创新，包括酒店客房、餐饮、娱乐、装修与布草等方面的创新。

1. 客房

客房服务的创新首先体现在客房种类的创新。酒店通过将客房的设计与顾客的需求、酒店的风格相结合，设计出特色客房。例如推出具有特色的主题客房、绿色客房等。同时，配合酒店自身经营特色及主题风格，创新服务项目、房间布局和装饰艺术。另外，客房的创新体现在服务细节的创新。鼓励员工不仅要注重标准化的服务，同时还要注重细节服务、个性化服务。另外，客房的创新还体现在客房管理层面，应加强酒店客房现代化与信息化管理，提高工作效率。

2. 餐饮

酒店餐饮产品的创新包括烹饪方式、手法的更新。表现为传统菜品的推陈出新，各大菜系、中西菜点的融会贯通；推出顾客参与式服务产品同时提供送餐上门服务；推出不同档次、不同风格的餐厅，实施餐厅差异化、品牌化战略等。

3. 娱乐

酒店要进行娱乐服务的创新，应从现实的娱乐需求及趋势出发，考虑到顾客工作与健康的因素，结合酒店所处地理及人文环境特点，提供多种健康而又能使客户真正放松的娱乐项目，引进多种娱乐方式，满足不同年龄客户的需要，如滑雪、垂钓、潜水、爬山、采风、体验、购物等多种方式和内容的娱乐活动。

4. 装修与布草

装修与布草与酒店客房、餐饮、娱乐等服务产品密不可分，是酒店产品的重要组成部分。高品位的装修环境使人们在享受高端优质服务的同时，又能感受到酒店环境所诠释的企业文化与酒店特色。酒店的装修布局需要不断创新，给忠实顾客以惊喜，给新顾客以新鲜感受。酒店布草用品与顾客的健康、舒适度与满意度息息相关。酒店布草除了满足客房餐厅整洁、舒适的基本功能外，还应考虑和酒店设施、装修风格及其他装饰相配套，根据客房的不同风格设计布草，使得房间呈现个性化、时尚化。同时还要从不同顾客的实际需求出发，使

酒店布草更具人性化和功能化。对酒店布草的管理，要落实到各楼层服务人员或布草管理人员，做到爱护使用，保证布草合理地循环利用，并有计划地安排布草的更新和补充，保证准备充分、随时满足顾客的多样化和差异化需求。

（二）创新酒店营销模式，提升市场价值

在服务产品创新的基础上，酒店应利用市场营销和服务行业营销的相关知识，通过以下方面的服务营销创新，提升酒店在行业市场中的地位和价值。

1. 创新营销策略，实行差异化营销策略

随着顾客需求的同质性趋于减少、弱化，而异质性不断增强、扩大，酒店应随之采取差异化营销策略。注重消费群体间的差异化，可以按性别、年龄、地域、收入等作为划分标准，并根据目标市场的差异，推出有针对性的服务产品，赋予其鲜明的形象和内涵，凸显出本酒店的个性特征，从而持久地影响顾客的态度与选择，为酒店开辟稳定的市场，提升品牌影响力与感召力。

2. 运用多种营销方式

随着社会的进步，酒店一方面应在传统的市场营销方法的基础上，创新营销方式。通过市场营销人员拓展酒店营销网络，将各营销分支机构覆盖重点营销区域，联合成一个整体的营销网络，更加准确与快捷地向顾客传递酒店信息，促进酒店的市场推广。另一方面通过建设酒店网站开通预订服务，或者通过专业销售网站代理客房预订等，不断创新“网络营销”方式，使得传统营销方式与现代信息科技相融合，提高酒店的营销水平。

（三）创新物业增值模式，提升物业价值

物业是指已建成并具有使用功能的各类供居住和非居住的屋宇，以及相应配套设施和周边场地等。酒店物业属于物业的一种，包括了具有价值和使用价值的酒店建筑及附属设施，以及酒店周边的场地、庭院等。

酒店物业的升值受多方面因素的影响，包括酒店选择的经营类型；酒店的建筑及布局、装修风格、基础设施；酒店周边商业氛围、所处地段、交通情况等。酒店物业价值会随着这些影响因素的变化而变化。

1. 选择不同的酒店经营类型

酒店建筑规模和酒店等级不同，酒店物业的价值和增值会有所区别。另外，酒店经营特色的不同，如商务型、度假型、长住型、会议型、观光型等，酒店物业价值及增值情况也会有较大区别。

2. 酒店设施的改进引起的增值

设施增值是指由于酒店硬件设施、建筑装修的更新升级带来的物业价值的提升。酒店应当善于利用酒店设施、设备，形成酒店的物业增值。

3. 酒店周边的地段增值

酒店物业不仅仅包括酒店建筑，还包括周边的地段环境，比如交通环境、人口聚集状况、商业氛围等。地段是酒店物业增值的主要影响要素之一，如果酒店所处的地段不好，就会造成客源不足，影响酒店利润率和竞争力。如果酒店选址选在交通便利的商业繁华地段，

酒店就能够充分利用繁华地段所带来的人流、资金流和信息流等优势，实现酒店物业升值。所以酒店在进行物业选址时，要审慎进行，通过科学的市场调研准确选择。例如，某些地段目前并不是商业聚集区，但受到政府政策导向的影响，将来可能会设立经济开发区或者旅游开发区等，具有巨大的升值潜力，在这些地方选择设立酒店，未来将会带来酒店的物业增值，进而形成利润。

（四）创新酒店人力资源管理，提升人力资本价值

酒店的人力资本价值是酒店品牌价值的重要组成部分之一，酒店员工的自身素质、工作技能、工作满意度决定了其对顾客服务的质量，影响顾客对酒店的感知价值。酒店人力资源创新要注重员工培训工作，培养员工对本酒店的认同和忠诚，提升酒店人力资本价值。

1. 注重员工个人素质与工作技能的培训

员工培训工作对酒店是不能忽视的。除了定期培训外，可以推出针对个人素质、应变能力等在内的一系列培训，提高员工个人素质，为顾客提供更高质量的服务。或者尝试工作岗位轮换，培养员工多岗位技能，为顾客提供更全面的服务。在提高员工个人素质与工作技能的同时，让员工在培训中找到认同感和归属感，提高员工满意度和忠诚度，提高工作热情和工作技能，提升顾客感知价值。

2. 建立员工自我评估机制

酒店考核公平与否关系到员工对酒店的满意度与工作积极性。在众多考核办法的基础上，酒店可以考虑让员工进行自我评估。通过提供测评软件、及时的反馈工作等方式，让员工正确评估自己。员工自我评估的结果可以反映出员工工作的态度、遇到的困难及工作期望，为酒店考核提供参考信息，有利于酒店创建公平的考核体系、营造有序的良性竞争环境、激发员工的工作热情、提升服务质量、提高顾客满意度。

3. 做好酒店人才储备

酒店行业的人员流动较为频繁，经常出现岗位空缺，影响酒店的日常运转。通过建立酒店人才资源库，做好人才储备。如果酒店岗位空缺，可以立即招聘到合适人员，缩短招聘时间，确保能够迅速地提供顾客所需服务。同时，做好酒店内部的人才储备。对于酒店重要岗位，应加强对内部后备人员的培训，如果出现岗位空缺，可以通过内部调动，补充人员到岗，保证酒店的日常运转。

（五）创新酒店文化，提升文化价值

酒店文化是指酒店以特色经营为基础，以组织精神和经营理念为核心，以标记性的文化载体和超越性的服务产品为形式，在对员工、客人及社区公众的人文关怀中所形成的共同的价值观念、行为准则和思维模式的总和。酒店文化是酒店竞争力的最高层次，在市场中具备长久的生命力和竞争力的酒店通常拥有独特的酒店文化。通过酒店文化的培养和不断创新，来管理和影响员工。为顾客提供具有独特酒店文化价值的服务产品，是提升酒店品牌价值、提高顾客满意度和忠诚度的重要手段。

第一，酒店实施文化创新，需要对员工的服务意识加强培养，转换员工的服务观念，鼓励员工把服务作为一种艺术、一种终生职业，培养整个酒店的服务文化，提高顾客满意度和

忠诚度，提升酒店文化感召力。

第二，酒店通过开发有文化内涵的、独具特色的经营项目，丰富和突出酒店产品个性，既可以增加酒店收益，也彰显了酒店的文化特征。当前，“主题饭店”在国内外的流行，就是酒店文化创新的具体表现。

第三，酒店还需要从酒店文化的表层——物质文化开始，即做好酒店设施建设，创造良好的物质文化氛围，包括酒店的建筑风格、装潢设计、设施设备、基本用品等，给顾客以温馨舒适的第一感觉。在酒店物质文化与产品文化定位的基础上，将所有员工的价值观、工作方式及个人特色融合在一起，形成一种文化精神，并将其传达给顾客，使顾客对酒店文化达到一致认同，形成一种文化氛围。独特的文化氛围是形成酒店顾客忠诚的重要因素，也正是品牌的文化价值所在。

酒店服务业品牌价值提升是一个多因素的复杂系统。酒店服务产品价值、市场价值、物业价值、人力资本价值、文化价值等都是酒店品牌价值不可或缺的组成部分，必须将其看作一个整体，系统规划各方面创新活动。酒店产品的设计规划问题是解决品牌价值提升的前提和重点，其决定之后的酒店市场定位和子系统的定位及风格等。

案例 4-8

温德姆酒店集团未来的六大市场战略布局

温德姆酒店集团于2015年3月底于美国拉斯维加斯召开了为期3天的全球大会，吸引了6000多名来自全球各地的业主和商业伙伴出席，分别代表温德姆旗下遍布70个国家的逾7600家酒店。与会者就温德姆如何积极地推进市场营销战略展开讨论，包括即将颠覆业界的奖赏计划升级、技术改良以及针对质量与品牌做出的革新等。

温德姆酒店集团总裁兼首席执行官 Geoff Ballotti 先生称：“对于温德姆的酒店业主而言，集团及品牌的强大及兑现承诺显得尤为重要，与此同时，我们会环观市场、逐步满足当今旅行者不断变化的需求。”谈及此次全球会议的重要议题时，Ballotti 先生补充道：“集团发展的主要方针是将能力与资源聚焦于提升产品质量、科技的运用、创新的市场营销计划；此外，集团也进行调整重组，旨在为旗下酒店提供最高质量与标准的服务。作为全球最大的酒店集团，这仅仅是我们新发展的开始，而在本次会议中商讨及规划的战略布局，则为集团日后的发展制定了明确的策略方向，更为我们在全球成功运营的特许经营模式奠定了坚实的基础。”

此次温德姆全球大会中规划商讨的市场战略布局包括以下6点。

1. 温德姆奖赏计划

一改业界过于复杂的忠诚度计划，全面升级后温德姆奖赏计划旨在成为酒店行业中操作最为简单的常客奖励计划，可以说是业内一大革新。其中一项“免费住”令会员轻松兑换免费住宿——仅需15000点积分就能兑换7500家参与温德姆奖赏计划酒店的任意一晚免费住宿。

2. 专注品牌质量及运营支持

温德姆酒店集团全新的组织架构以及为旗下每个品牌所配备的专业团队，将专注于运营及保持品牌统一性、确保品牌旗下酒店的质量。

3. 与尖端技术供应商合作推出一流的业务营销与收益管理系统

温德姆酒店集团与 Sabre 公司签署战略合作协议，将全新推出尖端的、由云技术支持的 Sabre SynXis 业务运营系统，及由 Infor's EZ Lite 支持的全自动收益管理系统。

4. 集团全新跨品牌广告宣传活动

在此次全球会议中，与会者有幸一睹由影星克里斯托弗·海维尤出演的集团最新广告宣传片。宣传片计划于 2015 年 5 月登陆美国本土电视荧屏，其首次联合了温德姆旗下 15 个酒店品牌、7600 家酒店，还有全新升级的住宿奖赏计划，规模空前，并以更加有趣及难忘的形式呈现给大众。

5. 推进数字化内容的升级

为了积极推进数字化内容的升级、完善中央预订系统，集团宣布将在营销基金中拨款，为全球超过 5000 家单体酒店进行拍摄。温德姆酒店集团将成为率先推出用户原创内容的领导先锋之一，同时也将优化用户的线上体验。

6. 品牌重塑策略

除了专注提升酒店及品牌质量，集团还宣布与全球享有盛誉的品牌战略公司——思睿高（Siegel & Gale）合作，旨在为集团旗下各品牌的定位及其核心价值理念提出更为清晰及明确的建议。

资料来源：田彩云．酒店管理概论［M］．北京：机械工业出版社，2016.

四、酒店品牌管理

（一）酒店品牌意识管理

当今，品牌已成为酒店和酒店集团参与市场竞争的核心竞争力，品牌管理已成为酒店提升核心竞争力和进行规模扩张的关键。未来酒店业的竞争将更多地表现为品牌的竞争，品牌战略是酒店竞争的必然选择。但由于酒店在品牌建设上起步晚、经验少，与国际品牌相比存在很大的差距，为此在酒店品牌建设中需要借鉴国际品牌提供的成功经验，结合自身实际深入地研究探讨，采取切实有效的措施，加快品牌建设的进程。

不过，打造品牌是一项繁重而艰巨的任务，要发动全体员工齐心协力，既能对大事辨方向、抓纲要，又能脚踏实地地处理好具体的事。

（二）酒店品牌定位管理

在品牌建设过程中，品牌定位是前提。能否正确根据市场需求定位品牌、能否挖掘品牌深层内涵及认清其价值诉求，是品牌建设成功与否的关键。建设品牌首先要定位品牌的价值，必须先把这种价值界定清楚，弄清酒店品牌的关键价值指标是什么，这是以品牌为核心的管理模式中最重要的一环。先做好品牌定位，再根据具体定位确定品牌服务战略并进行相关的投资。

（三）酒店品牌推广管理

要树立品牌意识，只有全员参与，才能做好服务，实现品牌推广系统工程的全面实施。要把形象展示给市场，展示给客人，让他们去识别，去记住酒店，记住酒店的人和事。品牌的推广管理，需要在满足消费者的同时，努力满足社会各方面的需要。例如生态环境和精神文明的需要。绿色酒店、绿色营销就是满足这方面的需要，使酒店在满足这些需要的同时把酒店品牌推广出去。

（四）酒店品牌维护管理

酒店品牌一旦树立，必须懂得呵护，会珍惜、会爱护，同时还要懂得如何继续拓展。针对酒店市场上出现的商机，不断设计新的产品（服务），实现服务品牌的不断更新和拓展，留住客户，吸引客户。

（五）酒店品牌文化管理

酒店品牌是文化的载体，文化是酒店品牌的灵魂，是凝结在品牌上的酒店精神。酒店品牌是物质和精神、生理和心理、实体和符号、品质和文化高度融合的产物，即品牌文化的最终结果。而文化则是酒店品牌的生命、产品的精髓、酒店形象的本质、产品品质的基础。

（六）酒店品牌质量管理

酒店的产品就是服务，酒店服务质量的控制永远是品牌的可靠保障，没有服务就没有酒店品牌的生存价值。酒店品牌的质量管理，既包括管理酒店的核心产品，又包括酒店的服务，当然也包括品牌的附加价值。

（七）酒店连锁管理

连锁店管理，宜稳扎稳打，切实了解连锁行业的特性和市场特点，做到开一个店成功一个店，积蓄经验和人才。连锁酒店在初创期同样要把路踩扎实了，然后再策划大的发展。连锁酒店切不可盲目自大、疯狂扩张。比如，郑州亚细亚集团成名后急于扩散的“亚细亚效应”就是一个很好的说明。

知识拓展4-8

酒店品牌危机产生的原因

1. 品牌个性淡化，模糊品牌形象

酒店品牌的个性特色是品牌建设成功的关键要素，品牌定位是在市场细分的基础上进行的，由于需求的复杂性和多样性，导致不同顾客群之间的需求差异性，因此，酒店必须对市场进行明确的细分。然而，如果酒店在品牌扩张中将不同特色、性能各异的酒店产品使用同一品牌的话，则会模糊消费者对原有品牌的形象，造成品牌个性的稀释、淡化，弱化品牌认知，这样不仅不会促使新的酒店产品取得成功，而且会损害原有品牌的价值，从而形成品牌危机。

2. 品牌忠诚滥用，忽视产品质量

品牌忠诚建立在酒店对其服务质量、产品功能、顾客利益、企业信誉等方面的承诺的基础上，能够满足消费者的综合价值诉求，例如产品价值、形象价值、情感价值等。正是基于以上条件，消费者才会形成对酒店的品牌忠诚。但是酒店如果过分地滥用品牌忠诚，只是一味地利用消费者的品牌忠诚来推出新产品、扩张市场，而忽视提高酒店产品的品质，缺乏创新，对顾客的承诺满足不够等，其结果很可能是忠诚顾客流失，降低酒店品牌的影响力。

3. 品牌盲目扩张，造成资源分散

国内很多酒店在品牌扩张过程中容易陷入盲目扩张的误区，没有正确评估自己的经营优势、企业实力以及品牌影响力，为了扩张而扩张，将战线拉得过长过宽，使集团的经营资源过于分散，在品牌扩张过程中，酒店产品的质量难以得到保证，这样容易使企业的优势弱化、品牌价值贬值，造成资源短缺的经营风险。当前国内经济型酒店的快速发展和扩张就必须注意这方面的问题，虽然我国经济型酒店市场发展态势良好，但是其品牌的扩张必须谨慎。

资料来源：陆慧．现代酒店管理概论［M］．2 版．北京：科学出版社，2013.

评估练习

（1）简述酒店品牌价值的内涵。

（2）简述酒店品牌价值的构成。

（3）简述如何提升酒店品牌价值。

（4）简述酒店品牌管理的内容。

第五章

酒店产品的价格策略

引导案例

高房价高入住率的背后

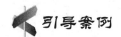

世界上有这样一种酒店：他们避开热闹的著名景点，选择偏僻而纯净的自然环境，客人需要跋山涉水才能找到；他们客房规模不大，设计装修并不奢华，却能卖到五六千人民币一晚的天价；他们在全球拥有上万名养生旅行者。美国前总统克林顿、比尔·盖茨、欧普拉、DKNY 创始人 Donna Karen 等众多名人都是他们的忠实粉丝。他们拥有唤活身心和疗愈的氛围，提供专业的健康生活咨询、各种疗法、课程和活动，让客人在放松享受的同时，获得持续健康的生活方式。

这些酒店有一个共同的名称：HHOW 养生酒店。

HHOW 全称是 Healing Hotels of the World（世界养生酒店联盟），是全球顶级的养生酒店品牌，总部位于德国，目前旗下有 102 家酒店成员。无论是位于西班牙瓦伦西亚小镇里的 SHA，泰国华欣的 Chivasom，还是美国亚利桑那的 Miraval……要去到酒店都必须经过长途飞机再转几小时车程的跋涉，周边也无"著名景点"，但都保持着每晚 5000 元以上的房价，以及极高的出租率。

如此高的房价并不是偶然。"在这个物质化的世界里，没有什么比身体心灵全方位健康来得更重要了。"HHOW 创始人说，"大多数人在生活中面临着各种压力和健康问题，大家希望通过旅行获得更加平衡和幸福的生活状态，这对很多人来说是无价的。"

高房价高入住率的背后，是重塑人们生活习惯的一系列养生项目，是酒店本身纯粹、宁静和治愈的能量，也是 HHOW 品牌对于高端养生旅游市场的影响力。

为了满足养生旅行者的需求，HHOW 在挑选项目的时候遵循严格的标准，并且很多项目从规划设计阶段就开始介入，帮助业主从概念、设计、运营、营销、养生内容等多个方面达到养生酒店的标准。"我们有一套严格的设计和运营标准，而这个标准的最终目的，是让酒店满足养生客人的真正需求，从而酒店也获得更高的收益。"如今这些成功的养生酒店，忠诚客户比例都在 50% 以上。

资料来源：钟志平，谌文．酒店管理案例研究［M］．重庆：重庆大学出版社，2015.

辩证性思考：

(1) HHOW 养生酒店高房价高入住率的原因是什么？

(2) 什么是酒店产品价格策略？具体都有哪些策略？

酒店产品的价格是酒店产品营销因素组合中最活跃的因素，它具有数量化特性，容易识别，易于比较。定价是否适当往往决定酒店的产品能否被市场所接受，并直接影响酒店在市场上的竞争地位与占有率，它是酒店重要的竞争手段。价格是影响酒店消费者购买决策的主要因素，也最容易引起各方面的注意。它在酒店营销活动中占有举足轻重的位置。因此，必须用科学的态度、正确的策略、合理的目标与方法来制定酒店产品的价格。

第一节 酒店产品价格概述

教学目标：

（1）掌握酒店产品价格概念。

（2）了解酒店产品价格及其策略的意义。

一、酒店产品价格的概念

市场学家尔·勒托克先生认为：“产品就是物质性或非物质性物品的总称，其中包括服务、象征、招牌等，它为的是满足人们付出一定的价钱之后买到物品，而生产者从中得到他应得的效益。”产品是指能用于市场交换、并能满足人们某种需要和欲望的劳动成果。它包括实物、服务、场所、设施、思想和计策等。

知识拓展5-1

迎暑期，香港高星级酒店价格不升反降

进入2015年7月后，香港酒店的预订逐渐热门，但香港酒店价格并未明显上升，除了经济型酒店平均预订价格上涨约5个百分点外，高星级酒店价格反而有所下调，部分酒店价格环比下降30%以上。其中，四星级酒店由6月2700元/间夜的均价降至1600元/间夜左右。据悉，香港旅游发展局联合多家商户在暑假期间举办“香港FUN享夏日礼”推广活动，赴港游客可享受多重住宿优惠。

资料来源：伍剑琴．酒店营销与策划［M］．2版．北京：中国轻工业出版社，2016.

酒店产品（见表5-1）是由若干个不同部门产品组成的总体，是指宾客在酒店期间，酒店向消费者出售或出租的能满足宾客需求的有形的或可计量的商品和无形的不便计量的服务的使用价值的总和。酒店产品价格即酒店消费者购买酒店产品所支付的货币量。从酒店角度来看，酒店产品价格为酒店经营成本、税费和利润的总和。

表5-1 酒店产品

具体的产品（可接触到的）	服务（不直接接触到的）
消费性产品、物资消耗 能源（煤气、电力、油料） 食品、饮料（消费）、陈设 各种针织品、洗涤用品（作用）	人力消耗（能力、知识、实际知识、技能技巧、管理） 接待、信息 秘书处、电话、电传、电报、美食周、气氛 组织娱乐活动、体育活动、各种福利设施（安全、保卫）

由于酒店的产品是酒店若干个不同部分组成的总体，又是通过对消费者进行连续性、多向性、直接或间接服务完成的，所以酒店的总价值应是由各个部门单独创造的价值的总和。

酒店经营中直接获得流动资金的最终决策就是价格，因为它直接影响到酒店的营业额及酒店各部门的经济效益。如果价格这个杠杆运用得好，就可以在不影响客流量的前提下，获得最理想的经济效益和社会效益。

二、酒店产品价格的分类

由于酒店产品价格受到诸多因素影响，并随游客量的增减同旅游业一样呈现明显的淡季、旺季，因此具有综合性和波动性的特点。一般来讲，价格分为基本价格、优惠价格和合同价格 3 种。

（1）基本价格：价目表列出的要求支付的价格。

（2）优惠价格：对基本价格做折扣的价格。

（3）合同价格：酒店给予中间商的价格。

三、酒店产品的定价原则

酒店产品的定价原则包括以下 5 点。

（1）酒店产品的价格必须依据酒店产品的真实价值来制定。

（2）酒店产品的定价必须适应市场供求关系的变化。当酒店产品的市场供求关系变化时，酒店产品的价格就要围绕其价值做相应的调整。

（3）酒店产品的价格应保持相对的稳定。因为酒店价格在一定程度上代表了酒店在市场中的形象设计，价格变化频繁会给消费者带来酒店经营不稳定的印象，使消费者丧失对酒店的信心。一般在变动之前应提前较长一段时间给出。变动幅度不应太大，一般不超过 15% 。

（4）酒店产品的价格也应有一定的灵活性。虽然酒店产品的价格要保持稳定，但也不是永远不变、一点不变的。

① 旅游市场本身就有很强的季节性波动，酒店产品的价格应该有淡季和旺季的区分。

② 对于散客和团队客人也应该采取不同的价格。

（5）酒店产品的价格要接受国家政策的调整。旅游产品的价格首先要符合国家旅游行政主管部门和行业协会的规定。在特殊时期比如黄金周等重大节庆期间，相关部门还会对酒店产品实施限价管理，酒店在调整价格时要充分考虑到这些因素。

案例 5-1

杀价竞争结苦果

由于市场竞争激烈，某著名旅游城市的各家饭店为了抢客源开始推进一系列的竞争手段。某四星级酒店率先推出了“淡季五折酬宾”活动，同时又通过降低团队价的方式进一步将价格下拉，由此掀开了该市饭店行业价格大战的序幕。在不到半年的时间里，该市酒店业的价格水平下降了 2/3。由于价格下滑，导致成本率上扬，各家酒店纷纷采取措施降低成本，其中包括大量使用临时工，降低顾客用品和食品原材料质量，导致客人投诉激增，致使旅行社不得不在设计其旅游行程中放弃该市而选择其他城市。由于团队客源不足，该酒店便在散客上做文章，他们向出租汽车司机推出“拉客费”，这笔费用由最初每位20元攀升到客房价格的一半，致使酒店苦不堪言，同时，也导致其他饭店叫苦不迭。

资料来源：张萍，王蕾蕾．酒店营销实务［M］．福州：福建人民出版社，2014.

四、酒店产品价格策略的意义

价格是酒店营销组合的一个重要组成部分，它有着若干独特而鲜明的特征。在营销组合各因素中，价格是作用最直接、见效最快的一个变量，也是唯一的一个与酒店可能获取的收入大小直接相关的营销手段。价格策略运用的效果如何，在很大程度上取决于价格策略的质量，包括价格的定位是否适当、是否能处理好各种有关的价格关系、是否能有效地组织其他资源为价格策略的实施创造条件等。价格决策的重要性在于价格手段，它对酒店经营的成败有着决定性的影响。大量酒店营销的实践表明，价格直接关系到酒店所能获得的销售收益的大小，而且也是决定酒店经营活动的市场效果的重要因素。酒店市场占有率的高低、市场接受新产品的快慢、酒店及其产品在市场上的形象等都与价格有着密切的关系。

酒店产品的定价策略是酒店市场营销组合策略的重要组成部分，作为供求双方利益的调节者，酒店价格对供求双方都是最客观的数量指标。酒店产品价格制定是否合理及其策略运用得恰当与否，直接关系到酒店企业市场营销组合的科学性、合理性，进而影响到酒店加盟企业市场营销的成败，酒店产品定价策略在酒店市场营销组合策略中占有重要的地位。

知识拓展5-2

酒店经营过程中酒店产品价格实行

酒店在制定产品价格后，应该在经营过程中坚持有效的实行。价格实行主要要做好销售客房时的限制房价和对团队房价的限制。

1. 限制房价

如果酒店预测未来一段时间内，将会出现较高的客房入住率，则会限制用低房价或优惠房价出租客房，具体的做法可以使前台决不打折扣，只接待住一天的客人等。

2. 团队房价限制

团队在平时是客房出租率的有效保证，但团队房价比普通房价低很多，如果在客房供不应求的情况下，仍接受大量的团队客人，占用客房资源，酒店就不能接待普通散客以获得更高的客房收入。所以酒店销售人员要充分预测未来时间内的客流情况，平衡好团队客人和普通客人的接待，尽量最大限度地利用现有客房资源，获得最高的收入。

资料来源：成荣芬．酒店市场营销［M］．北京：中国人民大学出版社，2013.

案例 5-2

三亚高星级酒店暑期独辟蹊径逆市上扬

2015 年 8 月，在三亚，新五星级酒店最扎堆的就是国家海岸——海棠湾区域。今年暑期，高大上的五星级酒店纷纷通过降价、打折、推新品等手段招揽顾客，就连看起来和五星级酒店不太沾边的团购网站上，也出现了越来越多像喜来登、希尔顿、洲际这些熟悉的高傲的名字。

尽管入住率与往年基本持平，但价格却下降了。目前三亚酒店主要的卖点在亚龙湾、海棠湾和三亚湾，基本是结合五星级酒店售卖旅游产品，包括团队和自由行。以往暑期旅游市场价格过千元一夜的五星级酒店，给到旅行社的价格基本在 700 ~ 800 元一夜，而今年他们给出的价格却只有 600 多元一夜。今年暑期大多数五星级酒店的客房起始价位在千元以内，甚至几百元就能入住。

在三亚海棠湾万达希尔顿逸林度假酒店官网上可以看到，该酒店官方价仅为 700 多元，远远低于同类酒店的平均价。价格同样在 700 ~ 1000 元内的并不只此一家，而在某旅游网站上，有的五星级酒店预订价更是低至 600 多元一晚。

餐饮方面，诸多五星级酒店在重视菜品设计的同时，今年暑期餐饮价格相比往年都有一定的优惠幅度，500 ~ 1500 元的餐饮设计有效满足不同需求层次旅游消费者的需要。

资料来源：钟志平，谌文．酒店管理案例研究［M］．重庆：重庆大学出版社，2015.

评估练习

（1）酒店产品价格的概念是什么？

（2）酒店产品价格的分类是什么？

（3）酒店产品的定价原则是什么？

（4）酒店产品价格策略的意义是什么？

第二节　制定酒店产品价格的影响因素

教学目标：

了解影响制定酒店产品价格的因素。

一、酒店产品成本

酒店产品成本是由酒店产品的生产过程和流通过程所花费的物质消耗和支付的劳动报酬所形成的，它是构成酒店产品价值和价格的主要组成部分。酒店企业在确定酒店产品的价格时，要使总成本得到补偿并获取利润，酒店产品的价格就要超过酒店产品的成本。酒店产品的成本是影响酒店产品价格最直接、最基本的因素。酒店产品成本主要指酒店单位成本，酒店产品的成本投入通常是一次性巨额投资，酒店产品定价时必须考虑单位成本。酒店产品成本费用分为3种：固定成本、变动成本和准变动成本。

固定成本是指不随产出而变化的成本，在一定时期内表现为固定的量，如建筑物、酒店设施等。固定成本费用是无论如何都要发生的费用，因此酒店固定成本的分摊对酒店意义不大。由于服务易逝性与不可储存性的存在，在有一定的业务来分担固定成本后，就可以按追加的成本（单位追加的成本称为边际成本）来决定价格。

变动成本是随着酒店产出的变化而变化的成本，如员工工资、电费、水费等，属于不提供该服务就可以避免的成本。

准变动成本是介于固定成本和变动成本之间的成本，它与消费者数量和产品数量密切相关。准变动成本费用虽然不能直接计入某一服务成本，它也有一个发生的固定最低额，但是上限可控，这种控制以酒店业务发生的必要要求为基准；另外，其最低固定额也可以运用一定的方法来降低，如酒店服务流程再造就是其中的一种。

知识拓展5-3

酒店产品的成本构成

酒店产品的成本是酒店指定其产品价格的基础。价格就是酒店产品的成本加上酒店当期的盈利部分。因此，科学地分析酒店产品的成本，是制定酒店产品价格的必需程序。

酒店产品成本包括生产酒店产品时所需的建筑物、设施设备等物品，以及酒店的劳务人员的劳动补偿部分。以客房成本为例。客房成本是客房的总使用面积和分摊公用面积的建筑、设施折旧以及本期服务过程中所消耗的社会劳动价值的货币表现，它分为可变成本与固定成本。

1. 可变成本

可变成本是指客房的直接服务费用，比如说洗涤费、服务用品费、卫生清洁费、洗浴所用的冷热水费等。可变成本不包括服务劳动费用和员工工资的部分，它与客房的面积无关，并随着客房的出租而被消费。

2. 固定成本

固定成本包括设备设施的折旧费用、低值易耗品的摊销、员工的工资以及能源燃料等费用。这种成本的特点是它的全年的总量基本是不变的，不易受到客房出售高低的因素影响或是影响比较少。但是，每间客房按照使用面积分摊的成本，则与客房出租率的升降成反比。

资料来源：王起静．现代酒店成本控制［M］．广州：广东旅游出版社，2009.

二、酒店营销总目标

酒店企业在市场营销中总是根据不断变化的酒店市场需求和自身实力状况，并出于短期或长期的发展考虑，确定酒店企业的营销目标和酒店产品的价格。酒店定价总目标与酒店产品的定价直接相关，为酒店定价指明方向。根据酒店定价目标的不同，酒店产品的定价随之也发生改变。如酒店产品过剩，面临激烈竞争，则采取低价格以提高客源数量。如果连锁酒店希望在短时间内回收投资，则根据酒店产品成本定高价以实现利润最大化。

三、酒店产品供求关系

酒店产品与旅游活动密切相关，游客量变化直接影响酒店产品的供求关系。当酒店产品的供求关系发生变化时，酒店产品的价格也要发生变化。就一般意义上的旅游活动而言，在旅游旺季时，在卖方市场占主导的情况下，酒店产品供不应求，其价格呈现上涨趋势；而旅游淡季游客量急剧下降，酒店产品供过于求，转为买方市场，价格呈现下降趋势。

案例 5-3

供需失衡，五星级酒店破产

2014 年，位于浙江宁波的雷迪森广场酒店破产重组。这是在酒店业业绩大幅下滑、星级酒店主动要求摘星、高星级酒店出现资产转让潮之后，中国内地五星级酒店首现破产案例。业者坦言是反腐产生的效应，但有分析认为，中央厉行节约的措施挤破了酒店业“虚假繁荣的泡沫”。

酒店业遭遇“寒冬”，表象是因为反腐，但究其根源是供需失衡。雷迪森广场酒店破产的更关键原因是当地酒店业市场投资过剩以及资金结构失衡。

资料来源：钟志平，谌文．酒店管理案例研究［M］．重庆：重庆大学出版社，2015.

四、酒店市场需求状况

市场需求对酒店定价有着重要影响，而需求又受价格和收入变动的影响。因价格或收入等因素而引起的需求的相应的变动率，就叫作需求弹性。如图 5-1 所示，需求的价格弹性反应需求量对价格的敏感程度。在以下条件下，需求可能缺乏弹性：市场上没有替代品或者没有竞争者；购买者对较高价格不在意；购买者改变购买习惯较慢，也不积极寻找较便宜的东西；购买者认为产品质量有所提高，或者认为存在通货膨胀等，价格较高是应该的。

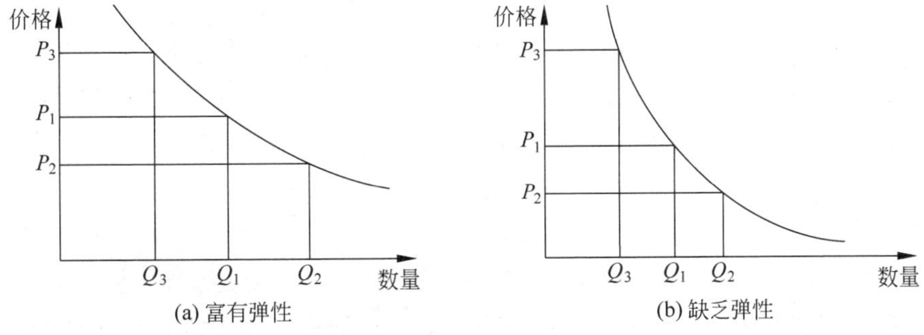

图 5-1　需求的价格弹性

酒店市场需求与酒店产品价格的关系主要是通过酒店产品的需求弹性来反映。不同类型酒店产品的需求弹性也是不同的。一般来说，高档酒店产品的需求弹性相对较高，酒店企业可用降价来刺激消费者的需求，扩大销售；而经济型酒店和餐饮的需求弹性相对较低，价格的变动对消费者的需求变化无太大影响。

五、酒店市场竞争状况

酒店市场竞争状况是影响酒店产品定价的重要因素。酒店市场的竞争越激烈，对酒店产品定价的影响就越大。在完全竞争的市场中，酒店企业没有定价的主动权，只能被动地接受市场竞争中形成的价格，酒店企业依靠提高管理水平与服务质量去扩大市场占有率；在完全垄断的市场中，某种酒店产品只是独家经营，没有竞争对手，所以就完全控制了市场价格。

知识拓展5-4

传统中档酒店的现状

就目前的酒店市场而言，高星级酒店已经在放低身段大幅降价；大举蚕食中档酒店的客源市场趋势非常明显。简单地说，以往一直住四星级酒店的您，现在拿着四星级酒店价格可以去五星级酒店享受了，大多数二、三线城市酒店市场均如此。面对高星级酒店的咄咄逼人，老派中档酒店只能失守价格战阵地、继续降价。中档酒店的降价是有底线的，这个底线就是，数量庞大的经济型连锁酒店虎视眈眈，这就是市场的现状。作为中档酒店、金字塔的中层，是剑走偏锋、还是殊死一搏？中层酒店压力巨大。目前市场上做得比较好的中端酒店基本上都是有理念、有想法的Boss或职业经理人投资并运营的年轻酒店。这些酒店因为年轻，可以在设计上加上目前的业内流行元素。但对中国市场上超过5年以上、70%的传统三星、四星酒店而言，它们路在何方？能够得到改造是幸运的，如若不能，生存环境仍相当恶劣。

资料来源：王孟津，谢敏．酒店企业管理［M］．上海：华东师范大学出版社，2008.

六、汇率变动

汇率变动是指国际货币比价的变动状况。入境旅游是海外消费者在旅游目的地消费酒店产品的“出口贸易”，而汇率变动对酒店产品价格的变动有着明显的影响。汇率变动的影响主要通过酒店产品的报价形式反映出来。若外国货币升值对海外消费者有利，进而有利于促进海外消费者人数的增加；若旅游目的地国家的货币升值，就有可能造成入境消费者减少。

七、通货膨胀

通货膨胀是指流通领域中的货币供应量超过了货币需求量引起的货币贬值、物价上涨等现象。旅游目的地的通货膨胀会造成单位货币的购买力下降，使酒店企业产品的生产成本、经营费用增加，从而迫使酒店企业提高酒店产品的价格，并使价格的提升幅度大于通货膨胀率，这样才能保证酒店业不致亏损。由于通货膨胀导致某些地区酒店产品的价格大幅度上升，客观上会破坏旅游目的地的形象，损害消费者的利益，使消费者人数减少、旅游收入下降。

八、政府宏观管理

政府对酒店产品价格的宏观管理，主要通过行政、法律手段来进行调节。为维护市场秩序、规范市场行为，限制酒店企业不正当竞争或牟取暴利，政府以行政、法律手段制定酒店产品的最高和最低限价，维护酒店企业和消费者的利益。例如，政府对娱乐业乱收费的整治以及对酒店产品的税收政策，都属于政府宏观管理范畴。

案例 5-4

三亚 2014 年国庆期间实行酒店政府指导价

三亚对 2014 年国庆期间旅游酒店客房价格实行政府指导价管理。2014 年 10 月 1 日至 7 日，三亚旅游酒店各类客房销售价格原则上按照 2013 年国庆期间客房核准备案价格执行，管理时限结束，政府指导价格管理自行终止。

三亚在国庆节前及期间组织对重点区域的旅游酒店进行监督检查，对不执行价格备案、政府指导价及价格公示等行为，依照《海南经济特区旅游价格管理规定》《价格违法行为行政处罚规定》和《关于商品和服务实行明码标价的规定》等相关法规进行查处。

资料来源：伍剑琴．酒店营销与策划［M］．2 版．北京：中国轻工业出版社，2016.

评估练习

（1）制定酒店产品价格的影响因素有哪些？

（2）客房成本的构成是什么？

（3）请举例说明酒店市场需求状况对酒店产品价格的影响。

（4）请举例说明政府宏观管理对酒店产品价格的影响。

第三节　酒店产品价格制定的目标及步骤

教学目标：

（1）掌握酒店产品价格制定的目标。

（2）理解制定酒店产品价格的步骤。

一、酒店产品价格制定的目标

常见酒店产品价格制定目标包括以下几种。

（一）利润目标

利润目标是建立在财务分析基础上所确定的定价目标，这种目标在实践中有不同的表现形式。

1. 最大利润目标

最大利润目标是指酒店以获取最大限度利润为目标。为达到这一目标，酒店将采取高价政策。其重点在于短期内的最大利润，仅仅适合于酒店产品在市场上处于绝对有利地位的情况。

2. 满意利润目标

满意利润目标是指酒店在所能掌握的市场信息和需求预测的基础上，按照已达到的成本水平所能得到的最大利润。这种最大利润是相对于企业所具有的条件而言的，因此，满意利润也就是酒店的目标利润。

知识拓展5-5

酒店菜单利润目标定价法

酒店菜单利润目标定价法首先要保证把要获得的利润和非食品成本作为酒店菜单设计策略的因素。即从预计餐饮收入中减去非食品费用和要获得的利润，求出年餐饮允许达到的成本（限制食品成本）。计算公式如下。

限制食品成本＝预测收入－非食品费用－目标利润

计算预算成本率。计算公式如下。

预算餐饮成本率＝限制食品成本÷预测餐饮收入

计算每种菜肴的价格。计算公式如下。

售价＝菜肴标准成本÷预算成本率

以需求为中心的酒店菜单利润目标定价方法是根据市场需求来制定的价格。如果说以成本为中心的菜单定价方法决定了餐厅产品的最低价格，则以需求为中心的定价方法决定了酒店餐厅产品的最高价格。在实务中，根据市场情况，可分别采取以高质量高价格取胜的高价策略，也可采取以薄利多销来扩大市场，增加市场占有率为目标的低价策略，以及采用灵活的优惠价格策略，给客人以一定的优惠，来争取较高的销售额和宣传推销本餐厅产品的效果。

资料来源：周妙林．菜单与宴席设计［M］.3版．北京：旅游教育出版社，2014.

（二）销售目标

销售目标是将扩大销售量作为价格策略的实现目标，其可以达到增加市场份额、通过增加顾客而奠定经营的基础、提高客房出租率和餐厅翻台率、增加边际贡献等目的。销售目标往往采取以下两种具体形式。

1．市场占有率目标

市场占有率是酒店经营状况和产品竞争力状况的综合反映。较高的市场占有率可以保证酒店的客源、巩固酒店的市场地位、提高酒店的市场占有率，既可以排除竞争，又可以提高利润率。

2．销售增长率目标

销售增长率目标是以酒店产品的销售额增长速度为衡量标准的一种定价目标，当酒店以销售增长率为定价目标时，往往会采用产品薄利多销的定价策略。

案例 5-5

中国酒店业 2014 年净利润率、资本化率排行榜

2014 年，全国 11180 家星级酒店净利润率为 –2.75%、资本化率是 –1.18%。

全国平均值：

全国 11180 家星级酒店占 94.02%，净利润率 –2.75%、资本化率 –1.18%。

全国 745 家五星级净利润率 0.74%、资本化率 0.30%。

全国 2373 家四星级净利润率 –5.73%、资本化率 –2.34%。

全国 5406 家三星级净利润率 –4.61%、资本化率 –2.24%。

全国 2557 家二星级净利润率 2.07%、资本化率 1.17%。

全国 99 家一星级净利润率 5.38%、资本化率 2.08%。

资料来源：田彩云．酒店管理概论［M］．北京：机械工业出版社，2016.

（三）竞争目标

价格竞争是指与竞争对手在价格上进行斗智，但是，现代企业的经营实践给很多企业家都上了价格上的严肃一课：通过价格进行竞争，如果实力相当的话，最终只能是两败俱伤。很明显，价格竞争是最下策的竞争方式，因为酒店的固定成本和沉没成本很高，价格竞争必然导致收益流失；酒店所依赖的顾客来自其他地区，客源的多少受宏观因素影响很大。所以，同城内的酒店彼此采取价格竞争策略等于自杀。

（四）顾客目标

顾客目标是指强调从顾客需求出发的定价原则。由于价格是组合因素当中最直观的因素，因此，有很多方式可以使价格起到如下作用。

（1）通过稳定价格而培养顾客的信心。按照酒店产品具有不可存储性和季节波动的特点，酒店通常采取淡旺季差异性定价策略，但这有时会对市场形成不好的效果，影响产品质量，打击回头客。

（2）诱导购买。其中流行的优惠券就是出自这种目的而设计的，还有招徕定价法（有些产品的价格低于成本，期望以此招引顾客，而在别的项目上赚钱）诱导顾客购买。这种定价

目标的要害在于切实地给顾客以价格上的实惠。

（3）顾客对价格变得不敏感，在具体技巧上也称捆绑定价。

（4）提供良好的价格/价值关系。

（5）差异性定价。

（6）增加服务或设施。

（五）企业形象目标

酒店形象是酒店的无形资产，它直接代表了酒店提供服务的质量及在顾客心中的价值定位，一个具有良好企业形象的酒店往往能在竞争中处于优势地位，因而很多酒店把维护企业形象作为定价目标。酒店不因具体的淡旺季和偶然的拨动而轻易改变其定价策略，其具体表现是：充分考虑产品价格水平是否能为顾客接受，是否与他们的期望水平接近；酒店定价要顾及协作企业的利益，依靠它们的合作寻求生存与发展；酒店定价要遵守国家相关法律、法规和职业道德规范，不能侵害消费者权益。

二、酒店产品价格制定的步骤

酒店经营管理者在制订酒店市场营销计划中的产品价格体系及政策时，必须考虑许多因素，制定价格需要遵循一定的工作步骤，运用尽可能科学的方法。制定酒店产品价格的一般步骤如图 5-2 所示。下面就前 3 个步骤进行详细讲解。

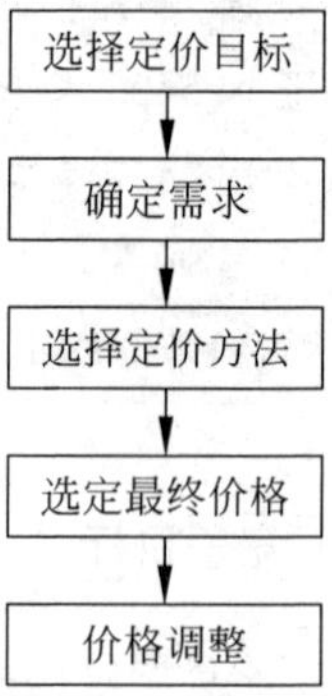

图 5-2　制定酒店产品价格的步骤

（一）选择定价目标

酒店价格定位的 3 个导向是：利润导向、需求导向和竞争导向。

1. 利润导向

一些酒店经营管理者想制订出一个能够使酒店获得最大当期利润的价格。将追求最大当期利润作为定价目标的酒店实际上是想在现有的或是即将改进的成本控制水平基础上，通过价格使酒店利润最大化，或者，通过这个价格产生最大的当期现金流量或投资回报率。通常酒店的经营管理者通过细分市场，选择适合本酒店的目标市场，在此基础上，调查和预测目标市场和需求总量以及酒店为了满足这些需求所必须付出的成本，最后根据这些数据选择出一个价格，并希望这个价格能够为酒店带来最大的当期利润。

表面看起来，这样的定价思路是合理的，在这个思路指导下所制订出来的价格应当能够实现酒店经营管理者的定价目标，即争取当期利润的最大化。但是，这里面存在几个关键的问题，而这些问题往往又是酒店的经营管理者很难甚至是无法解释的。比如如何确定酒店当前利润的上限，如何使酒店的当前利润与长期效益相统一，如何抵御竞争对手的侵蚀等。

2. 需求导向

对酒店行业而言，需求能力、需求时间和需求空间的不同意味着产品服务价格的不同。在考虑产品服务价格定位的需求导向时，必须综合考虑需求能力、需求时间和需求空间 3 个因素。

（1）需求能力因素。对于发达国家而言，旅游业已成为大众化的产业，宾馆酒店的产品服务成为人们日常生活不可缺少的部分，属于基本消费品；对于发展中国家而言，宾馆酒店的产品服务对广大居民来说还是一种奢侈品。从经济学角度分析，由于基本生活消费品的需求价格弹性较小，一般小于1；而奢侈品或高档消费品的需求价格弹性较大，一般大于1。对于旅游需求价格弹性系数小于1的产品来说，不宜贸然降价，而应采用其他措施刺激需求量的增加；对于需求价格弹性系数大于1的产品服务来说，适宜采用降价及薄利多销的形式刺激需求量的增加。据此，我们对酒店的客房、餐厅等一些产品服务采取适当的降价方式，做到抓“大”而不放“小”：在适当降低会议、团体等“大”客户的客房价格、用餐开支和其他服务费用的同时，也对散客等“小”客户采取适当降价提供产品服务，成效明显。

（2）需求时空因素。即需求的时间因素和需求的空间因素。一方面，宾馆酒店产品服务的需求具有时效性，在时间的分布上不均衡。由于这一特点，导致同一产品服务在不同时间的价格不同。从会计成本角度来分析，在旅游旺季时，由于客房餐饮利用率高，单位产品服务分担的成本费用低，其价格也应较低；在淡季则相反。但在实际经营管理工作中，在旅游旺季，产品服务供不应求，很多宾馆酒店一般倾向于提高价格，以弥补淡季收入；在旅游淡季的时候，产品服务供大于求，尽管此时产品服务成本比较高，但为了争取更多的客源，还是必须适当降低产品服务的价格，以保持较低的赢利水平，维持宾馆酒店的正常运转。一样的道理，对于同一天内同一产品服务在不同时段的价格也不相同。另一方面，宾馆酒店的产品服务需求具有地域性，它不可移动、不可储存。在特定的时间、特定的区域，产品服务的需求和供给是刚性的。这是宾馆酒店行业与其他行业不同的地方。因此，在制定产品服务价格时，既要合法、合理，又要灵活多变。

3. 竞争导向

在宾馆酒店行业逐步告别短缺经济的今天，它的产品服务基本处于供大于求的状况。因此，确定产品服务价格不仅包括成本费用、市场消费因素，还要考虑行业竞争态势和单个企业产品服务品牌价值因素。

（1）竞争态势。竞争态势简单地说就是市场竞争的激烈程度。不同的竞争态势决定企业必须采取不同的价格定位。当企业在市场上处于垄断地位时，它为了更快地收回投资成本或取得超额利润，总是尽可能地提高产品服务价格；当市场供需基本平衡时，产品服务的价格只能由供需双方来决定；当市场供大于求时，产品服务的价格主要由消费者来决定。

当然，实际上作为竞争比较充分的市场，销售同类产品的各个宾馆酒店在定价时并没有多大的选择余地，不可能无限地降价。它既要考虑生产成本，又要考虑同行价格。如果某个宾馆酒店把价格定得高于时价，产品服务就会卖不出去；反之，如果把价格定得低于时价，也会遭到其他企业的降价竞争，形成恶性降价，最终企业得不到好处。因此，产品服务的价格不能定得太高，也不能定得太低，一般只能参照行业的现行价格来定价。

（2）品牌价值。品牌是产品服务的标志、特色和名称。好的品牌代表过硬的产品质量、优质的服务态度、可靠的卫生保证和较高的经济效益。市场竞争有两个层次：一是价格竞争；二是品牌竞争。随着经济发展、人民生活水平的提高，对宾馆酒店产品服务的需求将稳步扩大，行业竞争的重点也逐渐由价格竞争转到品牌竞争。现在的宾馆酒店行业竞争正是属于这种情况。

（二）确定需求

1. 估计需求函数

为了更加清晰地反映出市场对酒店产品的需求状况，酒店的经营管理者都会尝试通过制作需求曲线模型来表述需求与价格的关系。确定这样一个数学模型一般是采用统计方法分析酒店过去的产品价格、产品销量以及一些其他影响因素的数据来估算它们之间的关系。但是，要想建立一种合理的线性函数关系，必须先找到合适的统计技术和分析模型来处理各种数据。完成这些工作需要相当高的专业技能，这对任何一个人来说都不是一件容易的事。

另外还有一种估算办法，即消费者调查法。酒店的经营管理者可以通过向消费者询问：在不同的价格水平，他们会购买多少酒店产品。这种方法简单易行，而且直接与市场接触；但是这种方法也存在一些较难解决的问题，如消费者的回答是否真实、准确，酒店设计的询问方式和实施方式是否妥当等，这些问题是影响估计需求与价格函数准确性的关键。

2. 需求的价格弹性

对于酒店产品而言，尤其是硬件产品，需求的价格弹性是相当大的，这主要是因为酒店数量众多而且每年都在继续增长；行业标准被广泛接受和使用，使得酒店硬件产品的相互差异逐步减少；市场的总体价格敏感程度较高等。

需求弹性较大时，酒店的经营管理者就应该考虑降低酒店产品的价格。一个比较低的价格往往会为酒店带来比较高的总收入。但是在降低产品售价的时候必须关注生产与销售成本的增长比例关系，只要生产和销售的成本是成比例地增长，这种做法就是可以采用的。

价格弹性取决于拟定的价格变动的大小和方向，微小的价格变动可以忽略不计，但是大幅度的价格变化却是相当重要的。需求弹性从长期角度分析比从短期角度分析更有意义，例如当酒店提高客房价格后，消费者可能马上转向购买其他酒店的客房产品，但是没过多久就又重新回来，这是因为替代产品并不能够满足消费者的价值需求。当然也有可能出现与之相反的情况。无论是哪种情况，酒店的经营管理者如果仅仅根据短时间内的需求变化来判断价格对需求的影响，就极有可能做出与事实不相符的决策，这将直接危害到酒店未来的经营。

（三）选择定价方法

定价方法是酒店在特定的价格目标指导下，依据对成本、需求及竞争等状况的研究，运用价格决策理论，对产品价格进行计算的具体方法。定价方法土要包括成本导向定价法、需求导向定价法和竞争导向定价法 3 种类型。

知识拓展5-6

酒店在不同生命周期的产品成本和销售利润

在导入期，由于生产的批量小，酒店产品的固定成本和销售费用比较大，因此产品的总成本较高。

当酒店产品进入增长期和成熟期后，由于销售量增加，技术进一步成熟，产品的固定成本不断减少。另外，随着产品VI设计市场知名度的提高，销售费用也相应减少。在成熟期，产品成本为整个生命周期中的最低点。到了衰退期，由于销售量下降，产品的单位成本必然会有所增加。同时，企业为了推销产品，会大量支出销售费用。这些都增加了衰退期的产品成本。

在导入期，产品的生产成本和销售费用比较高，因而此时成本常高于售价，发生亏损。当产品进入增长期后，由于销售量不断上升，成本不断下降，价格开始高于成本，从而产生盈利。当产品进入成熟期后，利润往往达到最高点。随着产品衰退期的到来，又会出现价格不断下跌、成本不断上升的情况，到了一定的点就可能发生亏损，使利润出现负数。

价格是酒店营销组合的第二个组成因素，也是影响顾客选择酒店的主要因素之一。价格是酒店营销组合中十分敏感的因素，价格制定得是否合理，直接关系到需求量的多少和酒店利润的高低，并且影响酒店营销组合的其他因素。

资料来源：钱炜，李伟，谷慧敏，等．饭店营销学［M］．4版．北京：旅游教育出版社，2013.

1．成本导向定价法

成本是酒店产品价格的构成部分，是酒店生产经营过程中所发生的实际耗费，客观上要求通过酒店产品的销售而得到补偿，并且要获得大于其支出的收入，超出的部分表现为酒店利润，以产品单位成本为基础依据，再加上预期利润来确定价格的成本导向定价法，是中外酒店最常用、最基本的定价方法。成本导向定价法又衍生出了总成本加成定价法、目标收益定价法、边际成本定价法、收支平衡定价法、赫伯特定价法等。

（1）总成本加成定价法。总成本加成定价法是一种常规的定价方法，通常的做法是以产品的单位成本加上一个以固定的百分比表示的加成率（或预期利润率）来确定价格。其计算公式如下。

单位产品成本 = 单位成本 ×（1 + 加成率）或单位成本 ×（1 + 预期利润率）

例如，某酒店餐厅一道菜肴的成本为30元，加成率确定为1.5，则该菜肴的价格即为 $P = 30 \times (1 + 1.5) = 75$（元）。

总成本加成定价法的优点在于简便、易行，企业如果采用此方法定价则不必根据市场形势及需求的变化频繁调整产品的价格。如果行业内的企业都采取这种定价方法，市场上同种产品的价格不会相差太大，可以避免诸如价格战之类恶性竞争局面的出现。另外，总成本加成定价法对买卖双方都相对公平，即使市场上出现了供不应求的状况，酒店也不会利用这种供求形势去牟取暴利，而是获得相对公平的利润。

但这种定价方法的缺点也显而易见。它只考虑了成本，而忽视了市场需求、竞争状况和消费者心理等因素，是典型的生产导向型观念的产物，在市场环境和生产成本变动较为剧烈的情况下不能使企业获得最佳的经济效益，因而在现实中人们发现很少有酒店完全按照这种定价方法来为自己的产品制定价格。但因为它的简便易行，在通货膨胀率较高时会得到普遍应用，另外，它在酒店餐饮部门的应用也比较广泛。

（2）目标收益定价法。目标收益定价法又称投资收益率定价法，是根据酒店的投资总额、预期销售量和投资回收期等确定价格。目标收益定价法确定价格的基本步骤如下。

① 确定目标收益率。

目标收益率可表现为投资收益率、成本利润率、销售利润率、资金利润率多种不同方式。

② 确定单位产品目标利润率。

单位产品目标利润率 = 总投资额 × 目标收益率/预期销售量

③ 计算单位产品价格。

单位产品价格 = 酒店固定成本/预期销售量 + 单位变动成本 + 单位产品目标利润额

目标收益定价法的优点是有预期利润目标，属于政策定价，缺点是必须首先假设某一个销售量，然后由销售量导出销售价格，忽略了价格本身也是影响销售量的函数。

（3）边际成本定价法。边际成本是每增加或减少单位产品所吸引的总成本的变化量。由于边际成本与变动成本比较相近，而变动成本的计算更容易一些，所以在定价中多用变动成本代替边际成本，而将边际定价法称为变动成本定价法。

采用边际成本定价法时，单位产品变动成本是作为定价依据和可接受价格的最低界限。在价格高于变动成本的情况下，酒店出售产品的收入除完全补偿变动成本外，尚可用来补偿一部分固定成本，甚至可能提供利润。

边际成本定价法改变了售价低于总成本便拒绝交易的传统做法，在竞争激烈的市场条件下具有极大的定价灵活性，对于有效地对付竞争对手、开拓新市场、调节需求的季节差异、形成最优产品组合可以发展巨大的作用。但是，过低的成本有可能被指控为从事不正当竞争，并招致竞争者的报复。

（4）收支平衡定价法。收支平衡定价法是用盈亏平衡点的原理，以产品保本点为定价依据的定价方法。在酒店投资总成本不变的情况下，产品销售收入的大小取决于产品销售的多少和价格的高低。而销售量和价格是变动的，这就需要通过调整价格或销售量来求得总投资成本与销售收入的平衡。以酒店客房价格为例，计算公式为

每间客房的价格 = 每间客房的年度固定成本/客房总数 × 保本点 × 客房利用率 × 365
+ 每间客房的变动成本

保本点是酒店的营业收入总额与费用总额相等时的销售量。

保本点销售量 = 年度固定成本/单元边际贡献

单位边际贡献 = 单位售价 − 单位变动成本

如某合资酒店拥有300间客房，每间客房平均年度固定成本为10000美元，变动成本为10美元，则房价为90美元时，保本销售量要达到200间；房价为50美元时，保本销售量为290间，保本点客房利用率分别为66.7%和83.3%，显然后一价格就偏低了。

反之，可以利用此公式来推算某一客房利用率下的保本价格。这种定价方法的关键在于正确地预测市场在不同价格下的需求量。

（5）赫伯特定价法。赫伯特定价法是美国酒店业协会提出的一种类似于目标收益定价法的定价方法，主要被用来指定酒店的客房价格。它的特点是结合了酒店业的具体情况，计算价格时考虑了酒店的各种税费开支，其公式如下。

客房平均价格 = 客房所得收入/（可供出租的房间数 × 365 × 年均客房出租率）

公式中客房所得收入是由酒店客房销售的目标利润和客房部的各种经营成本费用汇总而得的，这些成本费用包括折旧、税金、保险费、管理费用、水电能源费用、维修保养费用等。通过这个方法算出的只是平均的房价，而且还没有将酒店支付给中间商的佣金（如果酒店利用中间商进行销售）以及给予不同消费者的优惠包括进去。在实际操作中，酒店管理层在确定最终房价时应将这两项费用考虑进去，对不同种类的客房（如标准间、套房等）制定不同的价格，并且还要针对不同的目标市场制定不同的价格（如常驻消费者、公司客户等需要视情况给予相应的优惠）。

2. 需求导向定价法

（1）理解价值定价法。所谓“理解价值”，也称“感受价值”或“认知价值”，是指消费者对酒店价值的主观评判。理解价值定价法是指酒店以消费者对酒店价值的理解度为定价依据，运用各种营销策略和手段，影响消费者对酒店价值的认知，形成对酒店有利的价值观念，再根据酒店在消费者心目中的价值来制定价格。

理解价值定价法的关键和难点在于获得消费者对有关酒店价值的理解的准确资料。酒店如果过高估计消费者的理解价值，其定价就可能低于应有水平，使酒店收入减少。因此，酒店必须通过广泛的市场调研，了解消费者的需求偏好，根据产品的性能、用途、质量、品牌、服务等要素，判定消费者对酒店的理解价值，制定酒店的初始价格。然后，在初始价格的条件下，预期可能的销售量，分析目标成本和销售收入，在比较成本与收入、销售量与价格的基础上，确定该定价方案的可行性，并制定最终价格。

（2）需求差别定价法。需求差别定价法的基本理论就是将同一产品或服务，定出两种或多种价格，运用在各种需求强度不同的细分市场上。在有竞争的情况下，有些酒店运用差别定价方法，把最低等级价格定得低于竞争对手的价格，这样既能在竞争中处于较有利的地位，又能获得较高的经济利益。

采用需求差别定价法应当注意以下几点。

① 等级差价是按质论价原则的具体运用。酒店客房的接待对象、面积、位置、朝向、结构、设备、装潢布置等的不同应该反映在价格的级差上。因此价格分等应体现客房的等级，要使消费者相信房价的差别是合理的。

② 等级差价的差价大小要适宜。有些酒店用固定差价法确定不同等级的房价，如三种等级的房价分别为 30 美元、40 美元和 50 美元，相邻等级固定差价为 10 美元。还有些酒店采用百分比差价法，如五种等级的单人房房价分别为 50 美元、60 美元、72 美元、86 美元、104 美元，相邻等级差价为 20%。这样，较低几种房价间差额较小，欲选择 50 美元级客房者在不能满足时亦可能接受 60 美元的房价；面对选择高房价房客来说，又不会过于计较差价。显然后一种定价方式更富于竞争性。

③ 酒店房价差别定价法要与市场细分相联系。比如商务客对价格挑剔较少，散客房价比团体房价要高 10% ~20%，因此旅游酒店、商务酒店应根据各自的接待对象定出切合实际的差价。

（3）反向定价法。所谓反向定价法，是指企业依据消费者能够接受的最终销售价格，计算自己从事经营的成本和利润后，逆向推算出产品的批发价和零售价。这种定价方法不以实际成本为主要依据，而是以市场需求为定价出发点，力求使价格为消费者所接受。分销渠道中的批发商和零售商多采取这种定价方法。

3. 竞争导向定价法

在竞争十分激烈的市场上，酒店通过研究竞争对手的生产条件、服务状况、价格水平等因素，依据自身的竞争实力、参考成本和供求状况来确定的产品价格。这种方法就是通常所说的竞争导向定价法，主要包括随行就市定价法和产品差别定价法。

（1）随行就市定价法。在酒店市场上，一些有名望、市场份额占有率高的酒店往往左右着酒店价格水平的波动，在一些存在着酒店集团多少有点垄断性的市场上，它们的价格决策往往影响更大。精明的酒店营销人员在激烈的竞争中眼睛时时盯着别人，特别是竞争对手以及对市场价格起主导作用的酒店动向。

竞争导向定价采用最普遍的是随行就市定价法。之所以普遍，主要是因为许多酒店对于消费者和竞争者的反映难以做出准确的估计，自己也难于制定出合理的价格。于是追随竞争者的价格，你升我也升，你降我也降。在高度竞争的同一产品市场上，消费者特别是大客户旅行社对酒店的行情了如指掌，价格稍有出入，消费者就会涌向价廉的酒店。因此一家酒店跌价，其他酒店也随其跌价，否则便要失去一定的市场份额。对于一个产品（客房）不能存储的行业来说，竞争者之间的相互制约关系表现得特别突出。相反，竞争对手提高价格，也会促使酒店做出涨价的决策，以获得较高的经济利益。

（2）产品差别定价法。从根本上来说，随行就市定价法是一种防御性的定价方法，它在避免价格竞争的同时，也抛弃了价格这一竞争的“利器”。产品差别定价法则反其道而行之，它是指酒店通过不同的市场营销努力，使同种同质的产品在消费者心目中树立起不同的产品形象，进而根据自身特点，选取低于或高于竞争者的产品定价作为本酒店的产品价格。因此，产品差别定价法是一种进攻性的定价方法。

产品差别定价法的运用，首先，要求酒店必须具备一定的实力，在行业或某一区域市场占有较大的市场份额，消费者能够将酒店产品与酒店本身联系起来。其次，在质量大体相同的条件下实行差别定价是有限的，尤其对于定价为“质优价高”形象的酒店来说，必须支付较大的广告、包装和售后服务方面的费用。因此，从长远来看，酒店只有通过提高产品质量，才能真正赢得消费者的信任，才能在竞争中立于不败之地。

案例 5-6

经济型酒店客房净利润

尽管经济型酒店进入薄利期已成行业共识，且有声音认为经济型酒店每间客房每天仅有5元的极低利润，难以为企业带来大收益。

事实上，如家酒店集团运营负责人接受《北京商报》记者采访时表示，“每间夜客房的利润并不止5元。”如家CEO孙坚曾公开表示，该算法只根据财报数据，简单地用净利润除以门店数量，再除去时间，最后除以客房数量计算而来。但近几年，经济型酒店新开门店数量逐季度扩大，该算法中并未将新开店、次新店仍处于培养期间，并非是一个正常的盈利状态考虑在内，新开店摊薄了整体赢利水平。

上述如家酒店集团运营负责人表示，行业中通常将经营超过18个月的门店归为成熟门店，虽然经济型酒店每间客房的纯利润并不高，但庞大的体量以及成熟门店近90%的入住率，使得盈利状况依旧相当可观。

有业内人士计算，即使按照单房单晚5元左右的极低利润计算，有成熟门店庞大体量和高入住率的双重保证，利润依然相当可观。如家2014年三季度财报显示，其入住率高达86.7%，通常情况下一间经济型酒店有150间客房，如果每间客房每天赚5元，则每个店面每天可赚750元，以86.7%的入住率来算，则每个店面每天可赚650.25元。截至三季度，如家酒店品牌共有703家直营店，排除体量庞大的加盟店，仅如家直营店三季度即可净赚约4000万元的利润。此外，如家86.7%的入住率中实际上包含了时租房，而时租房的利润还要高于正常出租。

资料来源：刘慧明，杨卫．酒店营销一本通［M］．广州：广东旅游出版社，2014.

评估练习

（1）简述酒店产品价格的制定目标。

（2）简述酒店产品价格制定步骤。

（3）简述酒店产品价格的3个导向。

（4）简述酒店产品的定价方法。

第四节　酒店产品价格制定的策略

教学目标：

（1）理解新产品的定价策略。

（2）理解促销定价策略。

（3）理解心理定价策略。

一、新产品定价策略

新产品关系着企业的前途和发展方向，它的定价策略对于新产品能否及时打开销路、占领市场、最终获取目标利润有很大的关系。新产品的定价策略一般有以下两种。

（一）撇脂定价策略

撇脂定价策略是指在新产品上市之初，将价格定得很高，尽可能在短期内赚取高额利润。这种策略如同从鲜奶中撇取奶油一样，所以叫撇脂定价策略。这是一种短期内追求最大利润的高价策略，运用它时必须具备以下条件：产品的质量、形象必须与高价相符，且有足够的消费者能接受这种高价并愿意购买；产品必须有特色，竞争者在短期内不易打入市场。

采用这种定价策略的优点是：高价格高利润，能迅速补偿研究与开发费用，便于企业筹集资金并掌握调价主动权。缺点是：定价较高会限制需求，销路不易扩大；高价原则会诱发竞争，企业压力大；企业新产品的高价高利时期也较短。撇脂定价策略一般适用于仿制可能性较小、生命周期较短且高价仍有需求的产品。

（二）渗透定价策略

渗透定价策略是一种低价策略，新产品上市之初，将价格定得较低，利用价廉物美迅速占领市场，取得较高市场占有率，以获得较大利润。

渗透定价策略的适用条件是：潜在市场较大，需求弹性较大，低价可增加销售。企业新产品的生产和销售成本随销量的增加而减少。

这种定价策略的优点是低价能迅速打开新产品的销路，便于企业提高市场占有率。低价获利可阻止竞争者进入，便于企业长期占领市场。缺点是投资的回收期长，价格变动余地小，难以应付在短期内突发的竞争或需求的较大变化。

二、促销定价策略

促销定价策略是指企业根据产品的销售对象、成交数量、交货时间、付款条件等因素的不同，给予不同价格折扣的一种定价决策。其实质是减价策略，这是一种舍少得多，鼓励消费者购买，提高市场占有率的有效手段。其主要策略有以下 6 种。

（一）现金折扣

现金折扣是指对按约定日期付款的消费者给予一定比例的折扣。典型的例子是“2/10，*n*/30”，即 10 天内付款的消费者可享受 2% 的优惠，30 天内付款的消费者全价照付。其折扣率的高低，一般由买方付款期间利率的多少、付款期限的长短和经营风险的大小来决定。这一折扣率必须提供给所有符合规定条件的消费者。此法在许多行业已成习惯，其目的是鼓励消费者提前偿还欠款、加速资金周转、减少坏账损失。

案例 5-7

某酒店的价格优惠

对于住房的客人在酒店的中西餐厅就餐时可以给予 9 折优惠，餐饮的利率大概在 15% ~20%。当给予客人 10% 的优惠时，酒店还能盈余 5% ~10% 的利润。虽然客房客人消费的餐饮产品利润降低了，但是却能提高客房的开房率和餐厅的上座率，使酒店的资源得到了有效的利用。

资料来源：王大悟，刘耿大．酒店管理 180 个案例品析［M］．北京：中国旅游出版社，2007.

（二）数量折扣

数量折扣是指根据购买数量的多少，分别给予不同的折扣。购买数量越多，折扣越大。典型的例子是“购货 100 个单位以下的单价是 10 元，100 个单位以上 9 元”。这种折扣必须提供给所有消费者，但不能超过销售商大批量销售所节省的成本。数量折扣的实质是将大量购买时所节约费用的一部分返还给购买者，其关键在于合理确定给予折扣的起点、档次及每个档次的折扣率。它一般分为累计折扣和非累计折扣。数量折扣的目的是鼓励消费者大量购买或集中购买企业产品，以期与本企业建立长期商业关系。

（三）交易折扣

交易折扣是指企业根据交易对象在产品流通中的不同地位、功能和承担的职责给予不同的价格折扣。交易折扣的多少，随行业与产品的不同而有所区别；同一行业和同种商品，则要依据中间商在工作中承担风险的大小而定。通常的做法是，先定好零售价，然后再按一定的倒扣率依次制定各种批发价及出厂价。在实际工作中，也可逆向操作。

（四）季节折扣

季节折扣是指经营季节性商品的企业，对销售淡季来采购的买主，给予折扣优惠。实行季节折扣有利于鼓励消费者提前购买，减轻企业仓储压力，调整淡旺季间的销售不均衡。它主要适用于具有明显淡旺季的行业和商品。

（五）复合折扣

企业在市场销售中，因竞争加剧而采用多种折扣并行的方法。如在销售淡季可同时使用现金折扣、交易折扣，以较低价格鼓励消费者购买。

（六）价格折让

价格折让是指从目录表价格降价的一种策略。它主要有以下两种形式：促销折让，是指生产企业为了鼓励中间商开展各种促销活动而给予某种程度的价格减让，如刊登地方性广告、布置专门的橱窗等；以旧换新折让，是指消费者购买新货时将旧货交回企业，企业给予一定价格优惠的方法。

知识拓展5-7

餐饮酒店营销价格与产品

随着市场经济的深入发展和经济体制改革的深化，餐饮和酒店业已进入一个顾客决定一切、营销决定一切的崭新时代，昔日以集团消费为主导的市场，如今已转变成个人消费为主导的更为成熟、更为务实的市场。

在市场经济中，价格竞争是不可避免的，但若无与众不同的特色产品为后盾，就会陷入不复之劫。从整体水准看，高星酒店餐饮的基本功已练就，基本套路已掌握，现在是到了修内功、练专门拳路和兵器的时刻。有了“看者攻心”的过硬本领，不愁没有市场。

但是，要真正赢得人心，并不是一件轻而易举的事情。它要求餐饮和酒店经营者在每一个环节上都要为消费者着想：在经营上做到价廉物美；在产品的开发与改进上，尽量地贴近消费者，最大可能地满足消费者的需求，让消费者买得起；在服务上讲优质讲高效，只有环环服务到家，才会赢得人心、赢得市场。

资料来源：成荣芬．酒店市场营销［M］．北京：中国人民大学出版社，2013.

三、心理定价策略

心理定价策略是指企业根据消费者的心理特点，迎合消费者的某些心理需求而采取的一种定价策略。具体来讲有以下几种形式。

（一）尾数定价策略

尾数定价策略是指在商品定价时，取尾数而不取整数的定价策略。一般来说，价格较低的产品采取零头结尾，常用的尾数为9和8，给消费者以便宜感，同时因标价精确给人以信赖感而易于扩大销售。此策略适用于日常消费品等价格低廉的商品，如一家餐厅将它的汉堡类食品统一标价为9.8元，这比标价10元要受欢迎。消费者心里会认为9.8元只是几元钱，比整数10元要便宜许多。

（二）整数定价策略

整数定价策略与尾数定价策略相反，企业有意将产品价格定为整数，以显示产品具有一定质量。这种方法易使消费者产生“一分钱一分货”“高价是好货”的感觉，从而提升商品形象。它一般多用于价格较贵的耐用品或礼品，以及消费者不太了解的产品。

（三）声望定价策略

声望定价策略是指利用消费者仰慕名牌商品或名店的声望所产生的某种心理来制定商品的价格。一般把价格定成高价，因为消费者往往以价格判断质量，认为价高质必优。像一些质量不易鉴别的商品，如首饰、化妆品等，宜采用此法。

（四）招徕定价策略

招徕定价策略是指企业利用部分顾客求廉的心理，特意将某几种产品的价格定得较低，以吸引顾客、扩大销售。虽然几种低价品不赚钱，但由于低价品带动了其他产品的销售，使得企业的整体效益得以提升，如某酒店推出的每日一个“特价菜”。

（五）分档定价策略

分档定价策略是指在定价时，把同类商品比较简单地分为几档，每档定一个价格，以简化交易手续，节省消费者时间。这种定价法适用于纺织业、水果业、蔬菜业等行业。采用这种定价法，档次划分要适度，级差不可太大也不可太小，否则起不到应有的分档效果。

（六）习惯定价策略

习惯定价策略是指按照消费者的需求习惯和价格习惯定价的技巧。一些消费者经常购买、使用的日用品，已在消费者心中形成一种习惯性的价格标准，这类商品价格不易轻易变动，以免引起消费者不满。在必须变价时，宁可调整商品的内容、包装、容量，也尽可能不要采用直接调高价格的办法。日常消费品一般都适用这种定价策略。

案例 5-8

万豪国际酒店集团客房定价策略

由表 5-2、表 5-3 可以看出万豪的价格高于华侨豪生和索菲特酒店，接近于香格里拉酒店，一方面是由于万豪的地理位置优越于华侨豪生与索菲特，品牌影响力大。华侨豪生采取价格差异化策略，所以它取得了价格优势。从另一方面来说，万豪失去价格上的优势，因此通过需求定价法万豪可以制定一些针对不同客户群的客房定价策略，来取得万豪酒店在产品价格上的优势，以赢得更多客人的青睐。

表 5-2 万豪酒店的客房与竞争对手价格比较表（门市价）

单位：元/间夜

酒店 \ 房间规格	普通套房	标准套房	商务套房	豪华套房
万豪酒店	1988	1988	2288	2588
华侨豪生	1588	1588	1688	2088
香格里拉	2171	2171	2386	2680

表 5-3 万豪酒店的客房与竞争对手价格比较表（促销价）

单位：元/间夜

酒店 \ 房间规格	普通套房	标准套房	商务套房	豪华套房
万豪酒店	1028	1028	1218	1280
华侨豪生	698	698	798	828
香格里拉	1056	1171	1271	1286
索菲特	788	788	986	1294

资料来源：陈伟丽，魏新民．酒店市场营销［M］．2 版．北京：北京大学出版社，2014.

知识拓展5-8

酒店业的非价格竞争策略

价格竞争并非是酒店间竞争的唯一手段，也不是最好的竞争手段，价格竞争往往会使酒店行业陷入恶性循环的不良竞争漩涡中。通常采取的价格竞争手段有以下4种。

1. 开发差异性产品

酒店市场上，客人的需求是多样化的。差异性策略就是做到人无我有、人有我优，满足客人在其他酒店得不到满足的需求，从而获得顾客的认可，提高自己的市场竞争力。

2. 服务个性化

每个客人的个性都是不同的，如果能针对不同个性的客人，提供最适合他们的服务，顾客必然对酒店产生忠诚感。

3. 品牌

品牌对酒店来说是一笔宝贵的资源，尤其对于服务产品，因为客人在消费之前不能客观地看到产品质量的好坏，只有听从他人的意见，即酒店在社会公众中的口碑。创口碑即创品牌，客人在选择酒店产品时，良好品牌设计的吸引力比任何宣传、任何降价措施都强有力。

4. 促销宣传

促销能向顾客传递商品信息，对于酒店这样不可移动的产品，积极有效的对外宣传措施对促进产品销售是有很大帮助的。同时与旅行社、航空公司、会议会展组织等机构保持良好的关系，也是拓宽酒店产品销售渠道的有利条件。

资料来源：陈学清. 酒店市场营销［M］. 北京：清华大学出版社，2014.

评估练习

（1）简述新产品的定价策略。

（2）简述促销定价策略。

（3）简述心理定价策略。

（4）请举例说明心理定价的一种形式。

第五节　酒店产品的报价技巧

教学目标：

(1) 掌握酒店产品的完整报价。

(2) 掌握酒店产品的基本报价原则。

(3) 理解酒店产品的报价技巧。

一、酒店产品的完整报价

酒店产品价格的基本要素包括币种、金额、报价单位和价格术语。一次完整的报价，应该包括品名、规格、数量、价格、付款方式和报价有效期。

1．品名

酒店产品或商品的名称。

2．规格

规格常指酒店生产的成品或所使用的原材料等规定的质量标准。

3．数量

数量是对酒店产品量的抽象。

4．价格

价格是酒店商品的交换价值在流通过程中所取得的转化形式。

5．付款方式

付款方式是指付款人即酒店消费者为履行票据债务而采取的具体做法。

6．报价有效期

报价有效期是指酒店产品价格能够不变动的期限。

案例 5-9

表 5-4 所示为×××酒店的报价单。

表 5-4 ×××酒店报价单

名　称	规　格	单　位	单价/元
散客订房单	大度 32 开（一联）	本	3.5
房价更改单	正度 64 开（两联）	本	2
楼层查房表	大度 16 开（一联）	本	5.5
客房控制表	大度 16 开（一联）	本	5.5
宾客交款收据	正度 32 开（三联）	本	3.4
国内入住单	正度 32 开（两联）	本	3.2
酒吧单	大度 48 开（三联）	本	2.6
存酒单	正度 64 开（两联）	本	2
收银日报表	大度 32 开（两联）	本	3.5
客房每天工作报表	大度 16 开（一联）	本	5.5
对账单	大度 17 开（一联）	本	5.5
大便条	大度 16 开（一联）	本	5.5
小便条	正度 32 开（一联）70g 双胶	本	3.8

续表

名　称	规　格	单　位	单价/元
境外住宿登记表	正度 32 开（两联）	本	3.2
赔偿单	大度 48 开（三联）	本	2.8
申购单	正度 32 开（两联）	本	3.3
工程单	正度 32 开（两联）	本	3.3
信封	12 号信封	个	0.3
报销单	正度 32 开（一联）	本	3.5
卫生检查表	大度 16 开（一联）70g 双胶	本	5.5
营业登记表	大度 16 开（一联）70g 双胶	本	5.5
客户跟踪卡	正度 28 开（一联）160g 双胶	本	0.18
消费卡	大度 20 开 160g 双胶（压三线）	本	0.28
咨客登记卡	正度 32 开（一联）160g 双胶	本	0.16
入职申请表	大度 16 开（一联）70g 双胶	本	5.5
考勤表、辞职表	大度 16 开（一联）70g 双胶	本	5.5
饭卡		张	0.1
调拨单	正度 48 开（一联）55g	本	2.4
请假单	正度 48 开（一联）55g	本	2.4
过失和奖励通知书	正度 32 开（二联）	本	3.2

注：此报价不含税；可预付也可现付；现金、刷卡均可；该价格有效期从 2015 年 6 月 1 日—2015 年 9 月 25 日。数量多可以商谈！如有问题请致电 × × × ×，谢谢!!

资料来源：蔡万坤．现代酒店市场营销管理［M］．广州：广东旅游出版社，2012.

二、酒店产品报价的基本原则

酒店希望卖出的产品价格越高越好，消费者则希望买进的产品价格越低越好。但是，酒店的报价只有在被消费者接受的情况下才可能产生预期的结果，才可能使买卖成交。这就是说，价格水平的高低并不是由任何一方随心所欲地决定的，它要受到供求和竞争以及谈判对手状况等多方面因素的制约。因此，酒店向消费者报价时，不能信口开河，而是要经过仔细分析、精心梳理，不仅要考虑该报价所获利益，还要考虑该报价能否被对方接受，即报价能够成功的概率。

所以说酒店报价的基本原则应该是：通过反复比较和权衡，设法找出价格与其所带来的利益及被接受的成功率之间的最佳结合点。

具体来说，酒店报价应遵守以下几项原则。

（1）对酒店来讲，报价必须是“最高的”；相应地，对消费者来讲，报价必须是“最低的”，这是报价的首要原则。

酒店报价起点要高，即“开最高的价”；消费者报价起点要低，即“出最低的价”。从心理学的角度看，消费者都有一种要求得到比他们预期更多的心理倾向。实践证明，若酒店开价较高，则双方往往能在较高的价位成交；若消费者出价较低，则双方可能在较低的价位成交。

（2）报价必须合乎情理。报价要报得高一些，但绝不能漫天要价、毫无控制，它同时必须合乎情理，要能够讲得通。如果报价过高，又讲不出道理，对方必然会认为酒店缺少诚意或者以其人之道还治其人之身，相对地来个“漫开杀价”；或者一一提出质问，而酒店方无言可答，从而使自身丢脸，丧失信誉，并且会很快被迫让步。在这种情况下，有时即使酒店已将交易条件降到比较公平合理的水平上，对方仍会认为尚有“水分”可挤而穷追不舍。

（3）报价应该坚定、明确、完整。报价要非常明确清楚，以便消费者准确地了解期望，含混不清易使消费者产生误解。报价时不要对所报价格做过多的解释、说明和辩解，没有必要为那些合乎情理的事情进行解释和说明，因为对方肯定会对有关问题提出质询的。

知识拓展5-9

销售给客人的是酒店产品，而不是价格

我们经常会有这样的情况发生，一个前台员工正在热火朝天地和客人讨价还价，结果却忽略了谈客房，这是特别需要注意的地方。所以在推销时，我们一定要对客房进行适当的描述，减轻客人对房价上的敏感度，根据客人的特点突出酒店的功能优势来吸收客人。

以卖菜为例，每次观察买菜的王阿姨卖菜时，发现她总是在报价给客人的同时，根据客人的衣着打扮、举止行为等来判断客人的需求，告知客人菜品带给客人的好处，从而快速地将菜卖完。例如：有虫眼的青菜是有机无功害对健康有好处的；无虫眼且带有泥巴是新鲜价格又低的。又如：酒店小房间比较温馨，适合休闲年轻客人；大房间比较宽敞，适合商务客人；边角房、没有窗户的房间适合对价格有要求的客人。

资料来源：陈伟丽，魏新民．酒店市场营销［M］．2 版．北京：北京大学出版社，2014.

知识拓展5-10

弹 性 议 价

需要特别指出的是，此处的议价绝非酒店与顾客在互联网上进行“讨价还价”。因为笔者觉得如果同一档次甚至是同一间客房可以通过不同价格购买的话（旅游淡旺季等因素除外），不仅购买者不是特别满意（他总觉得协商的价格还可以低，只是因为自己的报价太高了）而且更为严重的是如果某一位住店顾客知道了与他住同一个档次甚至是同一次客房的

其他顾客付的钱却比他少，酒店的声誉受到的影响可想而知。所以说酒店不能在网上与预订客房的顾客“讨价还价”，酒店应该充分利用互联网具有的交互式特点和顾客一起“商议”合理的价格。酒店让顾客在预订时输入他可以接受的价格范围以及所需客房的楼层、朝向等资料，然后根据这些资料为顾客确定令其满意的客房。如果顾客需要预订的是一个价格不超过250美元、位于四楼的标准间，但酒店只能提供给顾客一间位于四楼、价格是260美元的标准间，此时酒店便可以和顾客进行协商，让其做出选择，并向顾客做出承诺，如果下次他再住本酒店，酒店会给他更优惠的价格。这样，顾客就会比较主动地做出购买决策。这比传统的服务员报价法要省去许多麻烦，也比顾客在互联网上根据价格一样一样地挑选商品要省时，要知道影响“网上漫游”的顾客是否做出购买决策的最重要因素就是时间和耐心。

资料来源：王今朝．酒店管理［M］．沈阳：东北大学出版社，2014.

三、酒店产品报价的方式

产品销售过程中总离不开报价。现在报价一般情况下是通过电话、网络和前台还有一些其他方式进行的。下面就介绍酒店产品报价的3类主要方式。

（一）电话报价

作为现代生活的基本工具之一，电话在我们的工作与生活中扮演着一个十分重要的角色。我国大多数酒店的市场营销部门都很重视电话报价。电话报价时，销售人员虽然与客人互不见面，但相互的对话是人与人之间的直接接触，也就是亲身推销的一个重要组成部分。酒店在广告、公共关系等方面为销售服务所付出的大量努力，可能就因为某员工对顾客打来的一个电话的处理不当而失去送上门的生意；而打出的报价电话也可能由于技巧的欠缺不能起到预期的效果。

（二）网络报价

酒店网络营销报价分为媒体报价、网站报价、E-mail报价、微信报价和APP报价等，是以国际互联网为基础，利用数字化信息和网络媒体的相互性来达成酒店营销目标的一种酒店新型营销方式。简单地说是以互联网平台为核心，以网络用户为中心，以市场需求认知为导向，整合各种网络资源去实现酒店营销目的的一种行为。

（三）前台报价

酒店前台报价不是与网络、第三方、酒店销售部抢客户，而是争取他们没有兼顾到的客人，在客人自愿的情况下，达成的一种共赢。前台报价的成功与否，是对服务质量的一个检验。缺少服务技巧，服务跟不上，即使报价成功，也可能招致客人投诉。

酒店报价的最终目的是让合适的客人得到适合的房型，给客人以更好的入住体验。与此同时，增加了酒店收入，而且增加前厅部的提成奖金。所以，酒店前台有责任不断提升服务技能、专业知识、沟通能力、推销技巧，从而可以有效地留住每一位上门散客。

四、酒店产品报价的技巧

（一）电话报价技巧

电话报价对酒店来说是一项很重要的直接销售渠道，因为消费者主动与酒店联系，这种情况下更容易将他们转化为预订者。因此要重视酒店的电话报价。

电话报价从模式上分为一段式与二段式，通常“一段式”的酒店销售人员所报出的价格就是酒店规定的价格，如果价格制定非常有诱惑力，那么就会直接吸引客户拨打电话前来订购。酒店电话销售人员不要将其当成一般的咨询，而是直接问客房所需产品的类型和数量。有些酒店是给予工作人员一定的权限，但万万不可没有任何的底线，任由客户降低价格。酒店电话销售人员要先问清楚客户的特殊要求，比如数量和时间，报由上级批准，然后回馈给客户最低的价格，这样效果往往比较好。在二段式电话报价中，酒店电话报价人员一定要知道：二段式电话销售的作用是挖掘和判断客户的实力和问题，而不是报价。在被问到产品的价格时，要学会把这个责任推到负责产品或解决方案的大客户或顾问销售的身上，这样才会尽可能地避免利润损失的风险。

（二）网络报价技巧

网络的普及，给酒店报价带来了很多便利。它效率更高、成本更低、信息更准确、沟通变得更互动。想通过网络报价成功，没有一定的技巧是不行的。回复客户询问的时间、回复技巧、跟进技巧等都是很重要的。一定要从顾客的角度出发，回复客户的询问一定要及时，回答问题一定要简单、干脆、明了，让客户感觉你很专业。与客户先交朋友后做生意，切忌不要黏着客户，没有几个人会喜欢上门推销的。这样只会吓跑客户，自然也会在一定程度上影响网站抑或是公司的形象。

（三）前台报价技巧

在酒店接待服务工作中，前台服务人员不只是接受客人预订或局限于为客人安排住房，还必须熟练掌握向客人报价的技巧。

1. 以礼取人法

如果对所有入住的客人都采用雷同的接待方法，势必丧失了针对性。优秀的前厅工作人员应慧眼识人，从客人步入店门的一刻起，在简单的迎宾过程中，迅速为其分级定档，并根据客人可能接受的消费水平打开突破口，因人而异，运用不同的推销策略、价格水平，尽量达到多招徕客人的效果。

2. 画蛇添足法

一般来讲，星级宾馆饭店以百分比提成的形式向客人收取服务费用，确实令部分客人望价兴叹。故而运用画蛇添足法，一方面确保客人对房价心中有数，不致开房后又产生顾虑；另一方面应坚持灵活报价的前提，机动地穿插传统的冲式报价。

3. 鱼尾式报价法

在平季或淡季时，饭店为做到薄利多销，常采用折扣方式，此时的画蛇添足法便有了另一番妙用。在报出房价的同时，竭力描述蛇尾的实惠，诸如“在此房价的基础上，我们可以给您折扣”。

4. 循循善诱法

推销客房在很多方面与推销商品一样，要生动地描绘、耐心地讲解，以达到成交的目的。

案例 5-10

一次成功的客房提价

深圳星级酒店林立，三星级的A酒店只是其中平凡的一分子，但是酒店的整体销售工作是成功的，特别是客房销售在同一档次的酒店中始终独占鳌头，令同行侧目。

A酒店长期以来高度重视销售工作，仅业务人员就达十几人之多，在深圳酒店业中可能是数一数二的。每天一上班，部门人员开始碰头进行工作分工后，各自外出开展公关销售，下午5点集中返回部门开会，汇报工作情况，解决客户提出的问题，部门布置新任务，提出新要求等。业务员大部分时间都在外面逐一拜访客户，与客户建立良好的人际关系，同时听取他们对酒店软、硬件服务的意见；适时地推销酒店的新产品和新服务；了解同行业的各种酒店市场经营和营销策略等。在巩固与老客户关系的基础上，销售部采取地毯式不断挖掘新客户。据不完全统计，各类企事业单位、政府机关等与酒店正式签订住房和餐饮消费优惠协议的就达几千家。酒店为协议单位提供住房优惠价，如标准房全价是546元，而协议价仅298元；单人房全价是418元，而协议仅288元等。由于酒店正确的市场定位和合理的客房价格，很多国外商务客人和一大批中国台湾地区客人始终青睐A酒店。他们认为A酒店的档次和服务与价位相称，而且位置理想，所以生意一直较火。

然而酒店却面临一个很棘手的问题。酒店当时单人间共有60间，其中有35间是近期装修的，其他25间是较早时期装修的，房间硬件设施设备对比反差较大，而由于历史等诸多因素，当时新旧单人间的协议价同样是228元。结果可想而知，旧单间的销售情况不错，而新单人间销售更好，特别是住过新单间的人不愿住同样价格的旧单间。鉴于上述情况，酒店领导及时召集销售部和相关部门经理协商，共同解决这个问题，会上大家畅所欲言，最后得出两种答案。一种观点认为不能提价，理由是：其一，客户长期以来已认同288元的价格，提价会导致客人不能接受或不满，可能失去部分客户，影响营业收入；其二，客户会认为酒店生意好了之后就不顾及老客户的利益，产生逆反心理，不再支持酒店等。另一种观点认为可以提价，理由有以下几点：其一，旧单间228元客人已经完全接受，新旧应有一定的差别；其二，新单间销售非常理想，调整30元幅度不算大；其三，顾客倾向认为新单间228元价格偏低；其四，酒店利润可大幅度提高，按新单间90%的住房率计算，每间提价30元，一年可多创利344925元，这是一个不小的数字。为谨慎起见，避免决策失误给酒店带来不必要的损失，酒店领导要求销售部门做好全面的市场调研工作。

经过 15 天的努力，反馈回来的各项结果如下：其一，客户对新单间提价普遍有一定的异议；其二，客户普遍认为新单间 228 元房价是偏低的；其三，客户对新单间的装修风格、档次普遍认同；其四，客户认为新旧单间档次相差太大；其五，部分客户认为新单间提一点价也是可以接受的。

基于上述调研，酒店领导几次协商，决定对新单间进行适度提价，调整到 258 元，同时赠送免费自助早茶。但具体执行须有个时间过渡，让客户有个心理调整和接受的过程，因此让销售部以书面和口头形式通知客户，两个月后开始执行新单间价格，并密切注意观察市场动态，做好相关解释工作。最后事实证明酒店的决策是正确的。

此次价格调整，说明要正确应用价格策略，一味地降价倾销不见得是一件好事。相反，合理的价格上调应用得当，可以在为企业创造更大利润的同时保持和扩大酒店原有的市场份额。

资料来源：钟志平，谌文．酒店管理案例研究［M］．重庆：重庆大学出版社，2015.

评估练习

（1）酒店产品的完整报价包括哪些项目？

（2）酒店产品报价的基本原则是什么？

（3）简述酒店产品报价的 3 种主要方式。

（4）简述酒店产品的报价技巧。

第六章

酒店营销渠道的选择与评估

引导案例

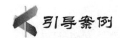

提升酒店入住率的关键是做好酒店营销渠道的选择与调整

九寨沟喜来登坐落在“童话世界”九寨沟的碧水青山之间。和传统的产品一样，再高级的酒店业也要建立自己的营销渠道和代理网络，这是提升酒店入住率的关键。九寨沟喜来登是中国风景区第一家五星级酒店，这个定位至少给了游客一个指向性的诉求导向。喜来登的总经理A说：“九寨沟喜来登在追求标准化的同时，穿插了一些当地的藏羌文化，从酒店的建筑风格到装饰风格都有着浓郁的藏羌文化色彩。”这样一来，九寨沟喜来登在集团内突出了与其他喜来登酒店的不同，而在竞争对手面前突出的则是集团的理念、系统和管理。

对于风景区的酒店来说，旅行社能否为其带来客源，至关重要。正因为九寨沟喜来登定位于风景区酒店，它就需要花费更多的时间去打开旅行社的通路。其做法是：淡旺季相结合，旅行社淡季带来多少生意，旺季就可以得到相应的配额。这既是提升淡季营业额的方法，也是取悦旅行社的手段，而且其所带来的经济效益也是显而易见的。旅行社为了调剂需求，通常会配合酒店，通过促销手段将7月、8月等销售平季变成销售旺季。“在淡季，为了节省成本，大多数四星级酒店都关门歇业了，但我们在淡季仍然坚持开业。”A经理认为，“这得益于旅行社在销售淡季对九寨沟喜来登酒店的支持。”

与竞争者相比，喜来登负有盛名的酒店品牌设计招牌让A经理倍感骄傲。要知道，喜来登所属的喜达屋集团在全球95个国家拥有850家酒店及度假村，这无形中帮助九寨沟喜来登在95个国家建立了销售渠道和宣传平台。这一金字招牌不仅能吸引众多喜来登的拥趸，更重要的是，它能通过全球喜来登酒店的网络促成销售，这与独体酒店相比显然是一大优势。喜达屋集团制订的许多计划，常常给A经理带来意想不到的惊喜，比如“喜达屋顾客优先计划”。在旺季，九寨沟的酒店人满为患，但这项计划确保喜达屋的全球会员能够顺利入住。“这个计划在全球的推广与执行，延长了九寨沟喜来登的销售旺季。”A经理说。更让人心动的是这项计划中的“积分兑奖”。据说，在全球五星级连锁酒店中，喜达屋集团推行的“积分兑奖”是唯一能做到即时兑奖的，这对许多旅客颇具诱惑力。通过积分获得度假与私人旅行的机会或直接兑换成房费，的确让人心动。但对九寨沟喜来登来说，它不仅仅是招徕新顾客和维系老顾客忠诚度的一个有效手段，而且为九寨沟喜来登的淡季销售提供了促销途径。

除旅行社之外，另一个不能忽视的顾客群是政府机关和大企业等客户。在大城市，五星级酒店通常是政府机关或大企业举行会议的首选场所，但它们并不适合所有的会议，例如政府年会、经销商会议等，这样的会议通常会选择九寨沟喜来登等风景区酒店举行。“既能度假、旅游，又能举行会议，这才是他们心目中的理想场所。”A经理说，“这样的会议一般选择在年底或者年初。”因此对九寨沟喜来登来说，会议营销成了它在最为冷淡的冬季增加营业额的重要手段。

当然，薄利多销，这个放之四海而皆准的法则通常能给酒店的淡季营销带来奇效。

供需市场的一个定律是：当供大于求时，价格就成为赢得客户的一个关键。A经理说："我们通常的做法是量、价相结合，有多少量就放多少价。"通过调剂盈余，九寨沟喜来登不仅锁住了大客户，而且为淡季销售带来了契机。

资料来源：赵嘉骏．饭店业营销与管理［M］．北京：化学工业出版社，2011.

辩证性思考：

（1）简要分析九寨沟喜来登酒店淡季高入住率的原因。

（2）什么是酒店营销渠道？该如何选择酒店营销渠道？

营销渠道是商品由生产领域向消费领域运动过程中所经历的线路和线路上一切活动的总和。酒店营销渠道是酒店把产品和服务销售给消费者的途径或者向宾客提供产品过程中经过的各个环节的形式。但是，同一般商品营销渠道相比，酒店营销渠道不仅有实体物质的分配，而且更主要的是使产品到达消费者并让他们使用的问题。营销渠道选择是酒店经营管理者所面临的重要决策之一。

第一节　酒店营销渠道概述

教学目标：

（1）了解酒店营销渠道的本质。

（2）理解酒店销售渠道的作用。

（3）掌握酒店销售渠道的职能。

（4）掌握酒店销售渠道类型。

一、酒店营销渠道的本质

营销渠道又称为"销售渠道"，也称为"分销渠道"或"交易渠道"，是营销组合的重要决策元素之一。酒店营销渠道是酒店把产品和服务销售给消费者的途径或者是在向宾客提供产品的过程中经过的各个环节的形式。

（一）酒店营销渠道概念

酒店营销渠道是把酒店服务产品交付给消费者的一整套相互依存、相互协调的有机性系统组织。在酒店营销中，为了获得竞争优势，应该寻找酒店产品分销商，扩大和方便消费者对酒店服务产品的购买。这个过程涉及参与从起点到终点流通活动的个人和机构。

酒店营销渠道按照其到消费者手中是否经过中间商，可分为直销服务渠道和经过中间商的服务渠道。

（二）酒店营销渠道模式

在产品和服务从酒店转移到消费者的过程中，任何一个对产品和服务拥有所有权（使用权）或负有推销责任的机构和个人，就叫一个渠道层次，渠道层次的构成即营销渠道模式。

酒店营销渠道模式如图 6-1 所示。

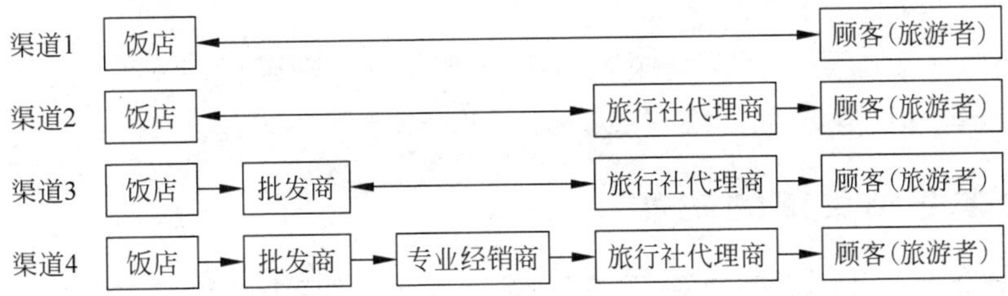

图 6-1　酒店营销渠道模式

知识拓展6-1

万豪国际酒店集团的分销渠道

万豪创始人曾提出过营销三大原则：其一，以尽可能低的代价传递信息；其二，把信息不断地传递给尽可能多的人；其三，在顾客头脑中不断留下一种突出的、不可磨灭的印象。

时至今日，这三大信息传播原则仍然为万豪所奉行。万豪发展规划部副总裁说："万豪每年都会在市场营销和广告方面投入巨资。随着业务不断扩展和酒店规模不断扩大，万豪形成了金字塔形营销体系。"

资料来源：陈学清．酒店市场营销［M］．北京：清华大学出版社，2014.

渠道 1 称为直接营销渠道，没有销售中间机构，它是指生产者直接将产品出售给消费者。例如，餐馆经营者直接从农贸市场的农民手中购买农产品。渠道 2 包括一个销售中间机构。在消费者市场，这个中间机构通常是零售商。渠道 3 包括两个中间机构，通常是一个批发商和一个零售商，较小的生产商一般使用这种渠道类型。渠道 4 包括 3 个中间机构。中间商从批发商那里采购，再将商品出售给那些大型批发商不为之服务的小型零售商。在生产者看来，销售级数越多，意味着控制越困难、事情越复杂。

酒店也经常通过中介机构来销售酒店服务产品，这些中介机构便是中间商。酒店市场中间商将酒店与酒店消费者连接起来，这也意味着他们将介入酒店的销售工作，同时很大程度上影响着酒店的产品销售。

二、酒店销售渠道的作用

由于酒店产品生产与消费同一性的特点，决定了酒店不是通过一定的营销渠道把酒店产品和服务输送给分散的消费者进行消费的，而是通过各种渠道把宾客吸引到酒店来进行消费的。该特点在整个销售、经营过程中发挥着重要作用。

（1）缩短酒店与消费者在空间上的距离，便于消费者购买。

（2）保证及时向消费者提供他们所需要的产品和服务。

（3）向消费者提供信息，使顾客了解酒店的产品和服务。

（4）寻找潜在顾客并与之沟通，扩大酒店客源市场。

（5）减少酒店与顾客之间的接洽次数，尤其是减少跨地区的接洽，节省人力、物力，降低营销成本，提高经济效益。

可以说，一家酒店占有市场份额的大小，主要取决于市场与酒店的空间距离、酒店产品、酒店规模、销售渠道等，销售渠道越多，就越能方便顾客购买。

三、酒店营销渠道的职能

（1）调查市场，收集反馈信息。与酒店生产商相比，酒店中间商拥有更好的市场调查研究的条件。因为在消费者的眼里，他既是卖方，又是消费者利益的保护者，一旦他们对产品的质量有所不满，便会向酒店中间商投诉，这就形成一个庞大的信息网。通过它，酒店中间商向生产商提出建议，使产需对路、产销合作，努力实现最佳经济效益。

（2）参与促销，扩大客源。能否不断地扩大客源是酒店成功的关键，这就需要中间商共同开发市场，参与各种促销活动，以吸引各个层次的消费者。

（3）组合酒店产品。酒店产品和旅游活动密切联系，酒店中间商同时可以向入住酒店的人提供包括食宿、交通、购物旅游产品，和酒店产品一起形成一个系列，以满足消费者的要求。

（4）调节供需。可以弥合酒店产品、服务与使用者之间的时空缺口，平衡供求关系。

（5）资金融通。本来由酒店一家进行的营销活动，渠道分担后必然也分摊了营销成本，相对减少了酒店投资。

（6）风险分散。减少了酒店独立承担营销的风险。

案例6-1

四季酒店与各大平台“发生关系”

四季酒店作为一家世界性的豪华连锁酒店集团，通过在数字渠道讲故事和利用一体化的内容策略来与用户进行交流，以使其沉浸在品牌体验当中，在社交媒体平台上也做了很多尝试和营销努力。

比如，在Twitter上推出虚拟品酒会；在Facebook上发起与粉丝的即时对话；积极参与Foursquare和Gowalla基于位置服务的App应用；在Youtube发布信息让四季酒店成为重要的搜索关键词，这都是四季酒店基于社交媒体平台所做的营销尝试。

同时，四季酒店还专注于“打造其视觉资产”，它们将其内容在新的平台（Instagram和Tumblr）上赋予了新的用途。

资料来源：王大悟，刘耿大．酒店管理180个案例品析［M］．北京：中国旅游出版社，2007.

四、酒店营销渠道的类型

酒店产品的营销渠道主要包括直接销售渠道和间接销售渠道两类。

（一）直接销售渠道

直接销售渠道又称零层次渠道，是指酒店不通过任何中间商直接向宾客销售产品，亦即宾客直接向酒店购买产品。酒店企业通常有3种直接销售渠道可供选择。

（1）酒店—客户（销售点为酒店现场），是指酒店直接向登门的宾客出售酒店产品服务，这是酒店的传统销售方式。

（2）酒店—客户（销售点为客源地、客户公司或宾客家中），是指客户通过电话、传真、因特网等途径向酒店预订产品。近年来，随着信息技术的广泛应用及电脑的普及，酒店的重要营销渠道是网络。酒店应做好主页设计、网站建设、信息更新、需求回复等方面的工作，以强化营销效果。

（3）酒店—自设销售网点—客户（销售点为网点现场），是指酒店在经营区域或目标场领域内自设销售点，如酒店在机场、本站等设立销售点，面向宾客直接销售。这一模式还包括酒店公司（集团）成员酒店之间相互代理预订，互相推荐客源。

（二）间接销售渠道

随着旅游市场进一步国际化，单靠直接营销渠道已难以有效地吸引分散在各地的宾客，直接销售渠道愈显脆弱，许多酒店开始借助批发商、零售商、代理商等销售机构和个人在销售信息上的优势开展销售活动。这个借助中间商将酒店产品转移到最终消费者手中的途径称为间接销售渠道。

根据中间商介入的数量不同，间接销售道有不同的长度和宽度。营销渠道的长度指产品从酒店转移到宾客这一过程中所涉及的中间商的数量。中间商的数量越多，销售渠道越长。所谓销售渠道的宽度，是指一个酒店在具体销售渠道中中间商以及销售网点的数目和分布格局。中间商及销售网点多的属于宽渠道；反之，则可称之为窄渠道。酒店通常有两种间接销售渠道可供选择。

（1）酒店—零售商—宾客（在零售商经营现场），酒店将产品以较低的价格出售给零售商，由零售商组织客源。

（2）酒店—批发商—零售商—宾客（在零售商经营现场），酒店在与批发商（如经营团体包价旅游的旅行社）进行价格谈判的基础上，以大幅度低于门市价的价格，将其产品批量销售或预订给批发商，批发商则委托零售商将产品出售给最终宾客。

知识拓展6-2

酒店的反向定价

酒店行业的“特价销售渠道”，最常被提起来的3个模式是：反向定价、神秘酒店和团购，但“今夜酒店特价”不同于这些模式。

反向定价指的是让酒店将可以接受的最低售价放到系统中（不展示），然后让顾客来提条件和出价，如果酒店满足顾客的条件，而且顾客出价高于酒店能接受的最低价，则促成这单交易，在交易完成前顾客都不能知道酒店的详情信息，也不能确保自己能买到想要的酒店—这样就把“不差钱”并且对酒店品牌有要求的顾客给区隔了出去，保护了酒店正常销售。

资料来源：李日欣．旅游饭店市场营销［M］．北京：中国轻工业出版社，2011.

案例 6-2

香格里拉最稳定的客源渠道

通过香格里拉酒店官网预订的客户约占 10%，和业内平均水平接近。然而最主要也是最稳定的客源，还是直接拨打各酒店电话进行预订的直客，包括与酒店有协议价的商务客人在内，这部分客人约占总量的 50%。

而 Walk in 的客人已经在递减。“因为大家都不敢冒这个险，尤其是比较火爆的时间、城市，而且 OTA 的价格战、移动应用的促销，都很容易吸引消费者上去订到房间。”不过酒店相关负责人 A 透露：“相较一线城市的门店而言，香格里拉二三线城市的酒店中，Walk in 客人的比例还是比较高，有的时候可以达到当天入住量的 5% ~8%。”

相对经济型、中档酒店，香格里拉的客源渠道对网络的依赖小很多，如前所说，有多达 50% 的客人是直接打电话预订的。由于客人构成的天然不同，那么移动端的技术和营销投入，对于香格里拉这样的豪华酒店而言，是否会性价比过低，乃至花了很大财力和很多时间，最终收效甚微、吃力不讨好？

A 不这么认为。“我们在中国的回头客占 35% ~45%，55% ~65% 是游离的客人，随着人们对各种移动设备的依赖，这已经是一个绝对不可以忽视的渠道。就算客人不是在移动端预订，但可能是通过移动端来查找信息。那 50% 的客人是打电话订的，但他们打电话之前，可能在移动端做了所有能做的调查工作。”

资料来源：赵焕焱．香格里拉传：为客人提供物有所值的特色服务［OL］．http://www.china.com.cn/travel/hotel/2015-12/14/content_ 37308732.htm，2015-12-14.

评估练习

（1）简述酒店营销渠道的本质。

（2）简述酒店营销渠道的作用。

（3）简述酒店营销渠道的职能。

（4）简述酒店营销渠道的类型。

第二节　酒店营销渠道的成员

教学目标：

了解酒店营销渠道成员的类型。

案例 6-3

桔子水晶酒店的营销渠道

国际互联网通过改变网民的期望和行为，从数量和质量上改变了企业的市场。国际互联网是一个新的分销渠道，在某些情况下，互联网取代了中介商，而在另外一些情况下，国际互联网创造了新的中介商。互动式传播能够带来最佳的适应性和量高的效率，产品传播、品牌传播能够极大地提高针对性，甚至达到个人化。桔子团队这次选择了微博和视频。微博最重要的就是信息流“短、平、快”，所有信息能很快分享出来，很快被很多人看到。尤其是最近很热的话题，会影响很多人，很快裂变，并且改变了传统的信息流向。微博让信息的发送、传播和接收更加简单易得，没有门槛和终端的限制，只要你有手机、PC、平板等，任何一个可以上网的终端都可以。终端的多样化和随时随地发送、接收信息，使微博成为病毒营销的首选。

微博还有 Youtube 的功能，短视频直接上传、发布，发一条微博相当于发一个视频。微博还有媒体门户的特征，因为微博是以媒体属性、信息流动的特征被更多的人熟悉和了解。门户产生内容，把自己的内容导入微博上。很多网络媒体、财经杂志，只要是能生产内容的媒体，都会为微博贡献有公信力的内容，所以微博作为媒体的力量非常强大。

其中的一个细节是，桔子水晶酒店的微博，其账户名字并不叫桔子水晶酒店，而是桔子水晶。一方面，字数越少的短语越容易记忆；另一方面，企业做微博都涉及与网友互动，因此要减少商业化和广告化的气息。

而视频可以承载很多想法，并且更适合讲故事，受众可以通过画面声音等多方面来判断和接受信息，更能吸引网友的注意力，也可以加深印象，进行全方位的展示。通过这一方式，可以把包括酒店的设施、不同的场景、大堂、浴缸，都装进去。桔子水晶酒店想通过人性化的方式和想住、将住、已经住过的客人进行交流，最终的目的是使品牌让更多的人知道、让不知道的人知道、让知道的人自豪。它独特的微博视频营销方式，必将其推入一个新的高度。

资料来源：马开良．酒店营销实务［M］．北京：清华大学出版社，2015.

一、旅行社

旅行社也可称为酒店零售商，是为酒店提供客源的渠道成员之一。

国外将旅行社分为：旅游代理商、旅游经销商和旅游批发商。

1．旅游代理商

旅游代理商又称为旅游零售商，它通过自己的销售网点，将整合旅游产品直接销售给旅游者。旅游代理商可以是独立经营，也可以是某个旅游批发商的属下机构，代为出售其旅游线路和旅游项目，构成酒店销售网的一环。旅游代理商受酒店委托销售，按合同规定的价格出售给旅游者，按销售额一定比例提取佣金，通常为销售额的 10% ~20%。寻求与旅行代理商合作的酒店必须为代理商的预订创造便捷的条件。为代理商提供免费预订电话是很必要的，那些从旅行代理商得到大量预订的酒店都设有一个专门为代理商服务的电话。代理商希望很快得到付款，希望与其开展业务的酒店迅速支付佣金。为代理商服务的酒店应该记住，代理商是把它们的消费者委托给了酒店，酒店必须尽力给代理商介绍来的消费者留下良好的印象，以便日后还能从该代理商那里得到业务。

2. 旅游经销商

一方面将单项旅游产品组合成旅游线路（即整合旅游产品概念）销售给旅游代理商；另一方面也有自己的销售点面向公众直接销售，兼有旅游批发商与旅游代理商的双重身份。

3. 旅游批发商

只组合旅游产品销售给旅游经营商和旅游代理商，不直接面对公众销售。旅游批发商一般是实力非常雄厚的大型旅游中间商，通过与江铜部门（航空公司、铁路及旅游车船公司等）、酒店、旅游景点以及其他餐饮娱乐设施直接谈判，将这些单项旅游产品组合成旅游线路，确定一个包价（有大包价、小包价）。当每个旅游团的活动及日程安排好后，旅游批发商向这些单位发出日程安排表并做出预定，然后交由旅游经销商或旅游代理商将包价旅游项目出售给团队或散客旅游者。其营业收入主要包括从各种交通公司的代理佣金和酒店订房差价的收益。如果包价中含餐饮，旅游批发商还可以从酒店中得到整个包价10%左右的佣金。

我国现行旅行社与酒店的取酬关系和国际通行的做法不同：旅行社能获得远低于门市价的批发价，很少采用佣金制。其实这就成为酒店与渠道之间、各渠道之间产生矛盾的一个重要原因。首先，这种方式使得酒店与旅行社利益对立，旅行社拼命压价，因为差价越大，其利润越高，酒店又极不情愿自己的利益受损。其次，酒店对各渠道成员所给的“旅行社价格”高低不一，这样也不利于渠道成员间的融洽关系，很多精力都用在跟酒店讨价还价上了。因此，在国内实行佣金制，与国际旅游运作便准接轨，已成为一种需要和趋势，这样才能促使旅行社积极开拓市场。因为在佣金制下，销售额越大，利润越高，也能使酒店与渠道成员精诚合作，共同推出具有竞争力的价格，达到“共赢”。

二、酒店代表

酒店代表在特定的地区推销酒店的客房和服务。对酒店来说，雇用销售代表往往比使用自己的销售人员更有效，当目标市场距离酒店很远或文化差异使得外界力量很难渗透该市场时，更是如此。例如，北京的一家酒店可能会发现在日本雇用一个销售代表比派驻一个销售经理效果更好。某一家酒店销售代表不可以为竞争酒店服务。它们领取佣金或工资，或两者兼得。销售代表熟悉酒店的产品并将其介绍给目标市场是需要花费时间的。选择销售代表一定要慎重，频繁更换销售代表既浪费又低效。

案例6-4

智慧酒店“酒香也怕巷子深”

众所周知，微信已经拥有近8亿用户，它已经成为人们与外界沟通交流、分享互动的首要社交平台，人们在微信朋友圈晒美食、写心情、搞活动。海量用户、实时互动，成就了自媒体时代的迅速崛起。对于高端酒店来说，自营销独具品牌优势，通过微信将获取更大的竞争优势。

2015 年 7 月，金茂北京威斯汀大饭店与红权科技（杭州）有限公司达成合作。通过最新的移动互联网技术，打造酒店专属的酒店移动端自营销云平台。

对于锁定高阶消费族群的金茂北京威斯汀大饭店来说，通过微信展开酒店自营销和品牌服务，将预定、促销和会员服务延伸至移动端。用微信和来自不同渠道的顾客直接互动，有效树立和持续传播酒店品牌形象。然而在茫茫的微信海洋中，如何能够脱颖而出，让用户第一时间记住你、喜欢你并且乐意买单，北京威斯汀有自己的“秘密武器”。

首先，通过微信社交获取口碑，积累会员。

通过二维码、朋友圈等社交化传播可以帮助酒店快速连接微信亿万级活跃用户。用户分享到好友、朋友圈、群的真实消费感受，是一股非常巨大的传播力量，除了让酒店几乎不必投入什么成本，就能获得较高的品牌曝光度，实现病毒营销，这种朋友间的强社交传播，还能快速获取新会员。

其次，微信支付，快速订房订餐。

微信用户只要关注金茂北京威斯汀大饭店官方微信公众账号（微信号：westinbjcy），然后在“我的银行卡”里点击“添加银行卡”绑定微信支付，进入公众号，动动拇指即可查看房型与优惠套餐，完成订房、订餐及支付。对于经常出差的用户来说，通过微信预定，不需要打电话，也无须使用电脑联网查询，一部手机，动动拇指，一步到位。避免了以往烦琐的刷卡、现金付账，在旅途中就能解决住宿问题，简单、轻松、便捷。用户的整体体验得到大大的提升。

再次，中英双语，服务无国界。

金茂北京威斯汀大饭店位于备受欢迎的三里屯娱乐区，距北京首都国际机场仅 25min 之遥，坐拥遍布商业大厦、大使馆、国际精品店、餐厅和俱乐部的繁华地段。具有中文和英文流利转换的酒店微官网，让国际宾客同样能够享受到新技术带来的便利服务。

微官网正式上线之日，酒店推出了优惠套餐抢购活动，用户只要关注了金茂北京威斯汀的微信服务号，进入“微官网”，选择“精彩推荐”，即可抢购。支付成功后，在“我的订单”里面便可查询订单信息和“消费码”。此次活动一经推出，100 份 1 元精选咖啡全部售罄；50 份 88 元日本料理午间商务套餐累计售出 43 份；限时以优惠价格抢购豪华客房一晚含单人自助早餐，共计成交两份。

最后，品牌提升，以期赢利。

通过使用“微酒店”系统中的自营销工具，酒店不仅可以将到店客人快速地转化为酒店会员，同时还可以通过微信、短信、电话、邮件等移动互联网化的方式面向会员进行忠诚度维护和深度营销。

资料来源：钟志平，谌文．酒店管理案例研究［M］．重庆：重庆大学出版社，2015.

三、专门的酒店预订组织

专门的酒店预订组织是一种单纯的酒店预订组织，除代理客房销售外，有些酒店订房及销售组织还通过本系统的传播媒体，如年鉴、成员酒店宣传册等为成员酒店促销。世界上较著名的有尤特尔国际有限公司、最受欢迎酒店组织、世界一流酒店组织、履打信息公司、德尔顿全球预定公司、选择酒店预订系统等。

专门的酒店预定组织中最为著名的当属尤特尔国际有限公司（Utell Intenational Ltd.）。Utell 是一家总部在英国的酒店代理公司，遍及 180 个国家与地区，代表了超过 6500 家等级各异的酒店。

四、全球分销系统

全球分销系统（GDS）是一种计算机化的预订系统，它被旅游代理商和其他酒店业产品的分销商用作产品目录。这套系统最初是航空公司为了扩大销售量而开发的。如果按收入衡量，Amadeus 是排名首位的全球分销系统，它的收入额为 24 亿美元。而且，它还是唯一一家有航空公司作为大股东的全球分销系统，它的收入额为 24 亿美元。除了 Amadeus 之外，还有 Galileo、Sabre 和 Worldspan。Amadeus 是西欧和拉丁美洲的领头羊，它连接着 155000 多家旅行社。在 GDSs 扩大网络能力的同时，旅游代理商也在向其他酒店业产品扩展。例如，Worldspan 现在为 MyGold-Time. com 提供代理，消费者可以在欧洲、北美和南美范围内预订球场的座位。通过 Worldspan 的网站“走！一起去！”（Go！Go！），代理商可以预订机票、客房、演出票和租赁汽车，而所有这些只需在一家网站即可完成。这种做法为旅游代理商创造了一个新的模式。随着航空公司的佣金不断减少，旅游代理商要想生存就必须运用 Worldspan 这样的系统让消费者预订更多的产品。新的模式在不断地发展演进，餐馆、演出场所、高尔夫球场和其他旅游企业都将使用 GDS 进行分销。

五、互联网

今天，3/10 的旅游交易是通过网络预订的，网上预订创造了 650 多亿美元的收入。大型酒店联号，如希尔顿和马里奥特，平均每年网上客房预订额达到 5 亿美元。互联网已发展成为一个重要的销售渠道，像凯悦酒店一样，有些酒店还设置了电子分销副总裁这个职位。

互联网有许多优点。例如，它可以一天 24 小时、一周 7 天营业，可以覆盖全球，也可以传送彩色图片。它的将彩色图片传送给全球数百万人的能力使互联网成为一种很有潜力的分销渠道。使用者可以通过菜单快速链接他们感兴趣的内容，获取大量的信息。网民可以复印网页上的硬拷贝。希尔顿酒店充分地利用了这一点，它为每个链接到它主页上的酒店都提供了一张互动地图，地图可以按照客户需要放大或缩小，直到提供足够详尽的信息。网络的主要优点之一就是节省劳动力。网络很好地验正了服务企业如何使消费者成为它们的员工。当消费者进行网上预订货物时，他就像一名预订代理商。马里奥特酒店的网站取代了 100 名全日制雇员、他们的办公大楼以及所需设备。

互联网正成为一种重要的分销渠道。这种分销渠道成本低，为独立的经销商进入世界市场开辟了道路。它使经营多个景点的经销商能够提供所代理景点的信息，比如彩色宣传册和有指导的景点游览展示，这项信息对于散客旅游者和旅行代理商都非常有价值。

知识拓展6-3

市场特点会影响酒店销售渠道的选择

旅游市场的容量，购买频率的高低，各细分市场的地理分布、人口分布以及不同市场对不同营销方式的反应等无一不影响着酒店销售渠道的选择。如果目标市场规模非常大，为方便客人预订，可使用较多的中间商以达到较大的市场覆盖面。如果订单常常来自小批量预定，则需较长的销售渠道。大批量的团体预定和会议预定往往通过一个中间商，或由主办单位直接与酒店策划管理人员接洽，渠道很短。

如果某酒店的主要客人集中于某些特定地区，就应考虑直接在该地设立酒店办事处，进行零层渠道直接销售。如果酒店的客人分散在世界各地，则需较多的旅游中间商代理销售。此外，客人对不同营销方式的态度也是应考虑的因素，如随着网络技术的发展，网上预定因其方便快捷深受客人欢迎，酒店也应积极使用电子预定系统。

商务酒店宜采用直接销售或较短的渠道，直接与目标市场接触；而休闲度假酒店的目标市场分散，更多会利用旅行社代理。同一家酒店，不同产品与服务的销售渠道也不尽相同：客房是酒店预订的主产品，多采用中间环节；餐饮、娱乐健身等设施则重点面向住店客人及当地居民，可采取直接销售方式。

资料来源：赵西萍．旅游市场营销学［M］．北京：高等教育出版社，2011.

六、导引人员和酒店内部营销资料

各种导引人员、门童和前台服务人员可能是为当地接待与旅游产品（如餐馆、旅游和钓鱼）带来客源的良好渠道。对于一家有独特的菜单、迷人的环境或者精美的食物的餐馆来说，各种导引人员可能会给你带来大量的客源，因为这些特点会吸引旅游者。希望与各种导引人员建立业务关系的餐馆经常会免费宴请他们，请他们亲自感受餐馆的氛围。除了导引人员之外，酒店内部推销资料的设计和摆放对于分销也起着重要的作用。

知识拓展6-4

通过酒店渠道卖酒

酒店渠道当年卖酒“叱咤风云”，后来由于厂商“玩命厮杀”，进店费、陈列费、促销费、促销员管理费、终端氛围营造费等各项收费名头被“开发”出来，致使众多小厂小商望而却步。

但随着行业的调整和企业竞争的理性化，运作成本逐渐缩减。厂商开始逐渐重视酒店渠道，理性运作酒店渠道，将其作为适合白酒市场竞争现状的营销模式重要举措之一。

酒店渠道运作是实现产品与消费者近距离密切接触的一种品牌宣传方式，通过产品展示、设点品尝、互动游戏、现场买赠、驻店促销、氛围营造等直观、生动、高效的方式实现对消费者的品牌传播和产品销售。

通过酒店渠道运作可以培养试饮人群，促进终端客户开发，带动终端动销，鼓励通路各成员的销售积极性，更重要的是可以给厂商减轻一定的销售压力，带来一定的利润。

资料来源：陈学清．酒店市场营销［M］．北京：清华大学出版社，2014.

评估练习

（1）酒店营销渠道的成员有哪些？

（2）互联网如何助理酒店营销？

（3）什么是全球分销系统？

（4）请举例介绍专业酒店预订组织。

第三节　酒店营销渠道的选择与评估

教学目标：

（1）掌握选择酒店营销渠道的因素。

（2）理解酒店营销渠道绩效评估。

知识拓展6-5

新环境下酒店如何做渠道规划与选择

4G时代的来临，微信、手机客户端（APP）、在线移动支付、O2O等商业模式的出现，不可否认地说是又一次新的互联网技术革命。就酒店业而言，移动互联网的字眼无时无刻不在触动着管理者的神经，搅动着管理者的思维。以互联网营销为主题的论坛、峰会、展会接二连三地举办；各类旅游电子分销商蜂拥而至，就连国外的分销机构也不甘寂寞，希望能分得一杯羹；淘宝、京东等网上商城专门开设了销售酒店产品的网店平台；移动、联通、电信等传统通信行业也加入了酒店订房热线的行列；搜索引擎、社会媒体也想方设法为酒店开通专门的销售通道。微营销、APP客户端、大数据、O2O模式、客户线上体验等新名词更是层出不穷，使酒店的分销渠道变得越来越复杂，边界越来越不清晰；再加上携程、去哪儿、艺龙又时常上演三国大战，荡起尘烟，酒店管理者不知不觉地开始感觉眼花缭乱，变得视觉疲劳和不知所措。

诚然，在这个移动互联网盛行的时代，新型营销模式和销售渠道的涌现，为酒店产品销售提供了更加广阔的空间，为市场营销搭建了更多的平台，不能不说是件好事，但无论如何评说，这也是市场经济发展的必然趋势。

然而，多元化的渠道在给酒店管理者带来更多选择的同时也带来了相应的挑战。无论是构建直接销售渠道还是借助间接销售渠道，酒店都是要付出成本的。在有限酒店产品资源的前提下，渠道选择不足，会限制产品的售卖；渠道选择过多，会增加成本支出；渠道选择的不当，既限制了产品的售卖，又会增加成本。

资料来源：吴联仁．酒店管理信息系统［M］．北京：旅游教育出版社，2015.

一、酒店营销渠道的选择

（一）选择酒店营销渠道的因素

1．产品因素

产品因素主要是指产品的质量和性质。质高价优的产品由于往往被少数富有的购买者重复购买，因此宜采用直接营销渠道或窄短的营销渠道。相反，大众化的产品由于购买对象众多，分布较广，宜采用宽长的营销渠道。对于新产品，由于尚欠知名度，采用间接渠道销售往往需花费较多“口舌”，不如采用直接营销渠道。

2．酒店自身因素

酒店的经济实力、营销管理能力等都是应该考虑的因素，若是实力雄厚的酒店，则完全可以自己组建销售队伍，或是用较高的佣金来组织更多、更好的中间商队伍。若酒店的营销管理能力较强，也可以利用自己熟练的营销队伍来打开市场。反之，营销必须以中间商为渠道。

3．营销对象因素

营销对象的人数、分布情况、购买习惯等都会影响酒店企业的营销渠道的选择。若酒店的营销对象数量大且分布广，酒店宜采用长宽的营销渠道，反之则直接营销较适合。

案例 6-5

酒店在线销售：需结合自身特点选择渠道

通过在线渠道销售已经成为酒店业的常态。随着互联网的发展，在线下单成了人们预订酒店的便捷方式。但是在线销售渠道也有很多，有携程、艺龙等大型 OTA，也有连锁酒店自己搭建的在线直销平台，另外，手机上还有各种酒店预定类应用。

在这种情况下，酒店需要结合自己的特点，选择适合自己的在线销售渠道。求大求全并不是性价比最高的选择，合理规划，一些特定渠道获得的客户群体可能会更精确。

当然，在利用互联网作为销售渠道的同时，酒店也可以充分利用互联网来做好客户服务，改进用户住店的体验，形成口碑传播，获得更多客户。

资料来源：吴联仁．酒店管理信息系统［M］．北京：旅游教育出版社，2015.

（二）营销渠道策略

选择高效的旅游酒店销售渠道之前，先要确定渠道计划工作的目标。目标包括预期要达到的消费者服务水平、进入市场的重点、中介机构应发挥的作用等。值得注意的是在制订渠道目标时，酒店经营者必须考虑这些问题：①酒店产品的种类、数量、质量及竞争能力；②酒店市场需求结构；③酒店中间商的营销能力；④竞争对手情况；⑤酒店市场的变化趋势；⑥政治、经济环境的影响程度。

在渠道目标确定之后，酒店就要开始选择销售渠道的策略，选择的方案有以下3个。

1．直接销售渠道和间接销售渠道

当酒店产品的消费者购买频率低，但购买量大时，酒店往往采用直接销售策略。因为消费者为了谋求供应关系的相对稳定，加上具体交易时，产需双方往往需要较长时间协商谈判才能达成协议，因此，销售途径比较适宜。

2．长渠道和短渠道策略

渠道的长短即指经销旅游产品通过中间商的个数，选择中间商的环节多的营销渠道成为长渠道，环节少的渠道称为短渠道。长短渠道的选择，主要看中间商的销售能力，包括他的推销速度、经济效益、市场信息等。中间商的销售能力大，需配置的中间商的环节就可减少。反之，为保证市场的产品覆盖面，就要加长营销渠道。

3．宽渠道和窄渠道策略

渠道的宽窄，取决于每个渠道层次使用中间商的个数。在客源不太丰富而且十分分散的地方，渠道宽能保证一定客源；在客源丰富且相对集中的地区，自然要选择窄渠道。在决定渠道的宽窄时，有3种方案可供选择。

（1）独家销售渠道，即在优先的几家中间商中挑选一家作为销售代理。对于旅游产品具有某种特殊性的，往往采用这种模式，期望经销商能因此更积极地推销，提高产品声誉，扩大利润率。

（2）密集型销售渠道，即为方便旅游购买，选择尽可能多的中间商推销自己的产品。

（3）择优型销售渠道，即选择少量优秀的中间商来推销酒店产品，它能稳固市场的竞争地位，并促进与挑选出来的中间商建立良好的关系，获得足够的市场覆盖面。

酒店市场销售渠道策略有很多种，到底选择哪一种要根据不同酒店市场重点而定，而且渠道策略一经选定并不是一成不变的。由于酒店市场随政治、经济、科技等因素不断地发生着变化，所以为适应市场，酒店必须具备灵活的头脑，选择不同的最佳销售渠道。

知识拓展6-6

酒店转换率

对酒店而言，转换率是衡量一家OTA网站对酒店客源供给能力的主要指标。转换率是指在规定时间内最终订房的人数与浏览人数的百分比。转换率越高，意味着酒店在该渠道的产品售卖能力越强；相应地，转换率越低，意味着产品售卖能力越弱。例如，转换率为

4.5%的销售渠道要比转换率为2.5%的销售渠道对酒店来说更为有效，因为酒店在相同的时间内能够在该渠道售出更多的产品，获得更多的收入。因此，酒店在销售渠道的选择中还应考虑转换率这一指标要素，尽量选择转换率较高的销售渠道。但考虑到影响转换率指标的因素较多，所以在选择时需要综合考虑和认真分析比较。

资料来源：郑向敏．酒店管理［M］.3版．北京：清华大学出版社，2014.

二、酒店营销渠道绩效的评估

（一）酒店渠道的服务分配的质量评估

服务产品分配质量的高低取决于分销渠道成员对消费者需要的满足的及时程度。酒店对消费者的需求的及时反映已成为酒店必不可少的能力甚至可以成为核心竞争力。而这种速度反应在于及时根据消费者的要求提高服务、提高专业化的酒店产品，建立快速反应（Quick Response，QR）系统以便在消费者有需要时为消费者提供所需的服务，消除消费者的缺乏状态。许多大型酒店在设计和管理渠道网络时，着重建立快速反应机制，这关系到酒店是否能及时满足消费者的需求的能力。快速反应能力把酒店作业的重点从根据预测转移到对消费者的需求做出反应方面来。

1. 建立柔性系统

柔性系统是指酒店既要能够快速地对消费者的需求做出反应，又要具有高度的弹性化。消费者的需求可能是有规律的，也可能是没有规律的，酒店业更是如此，在竞争激烈的今天，酒店的竞争优势就是对不规则的各种需求做出快速反应，满足消费者需求。这里包括3层含义。

（1）事先要有充分的准备，以便及时满足消费者的需求。

（2）瞄准市场变化趋势，开发新产品，以便在消费者需求发生大趋势改变的时候，能够及时推出新产品。

（3）建立计算机快速反应系统，以便更及时、高效、正确地对消费者的需求做出准确的行动。

2. 展览物流优化运输

国外研究表明，展览商品运输成本占商品总成本的比例可能达到10%左右，如果缺乏优化控制，就没有合理设计运输途径，就会造成运输成本的大幅度上升。而与运输关系密切的酒店则更应该制订高效的运输解决方案。

（二）酒店销售渠道的财务绩效评估

酒店销售渠道的管理人员可以通过财务指标对其渠道的绩效进行评估，一般可以从市场占有率、渠道费用、赢利能力等方面进行分析。

1. 市场占有率分析

市场占有率是分析经营状况的主要指标，可以从3个方面来进行考核。

（1）全部市场占有率，是指销售额占全行业的销售额的百分比。即

$$全部市场占有率=\frac{某一企业销售额}{全行业销售额}\times 100\%$$

（2）可达市场占有率，是指酒店认定的可达市场上销售额占酒店所服务的市场百分比。所谓可达市场是指酒店计划进入的重要目标市场。

（3）相对市场占有率，是指酒店销售额与主要竞争对手销售业绩的对比。这一指标可以说明酒店分销渠道是否比竞争对手更有效率。

2. 渠道费用的分析

渠道花费的多少也是考核酒店渠道的重要指标，渠道费用是指从渠道开发、维护、发展等所使用的一切费用，它的大小及各种费用的比例关系，直接关系到渠道成员的利润。它一般由如下项目构成。

（1）直接人员费用，包括酒店销售的渠道管理人员、渠道营销人员、渠道拓展人员等的工资、奖金、差旅费、交际费等。

（2）促销费用，包括新渠道拓展的广告费用、渠道促销的奖品费用、文案设计费等。

（3）包装和品牌管理费用，包括包装费、产品说明书费用、品牌制作费、品牌管理费等。

（4）其他费用，除了以上费用以外的所有费用。

评价渠道费用主要采取两个原则：一是费用比例与功能地位的匹配性；二是费用增长与销售增长的对应性。

合理的渠道费用构成应当是与分销功能分配相匹配的。根据价值工程原理，每一项必要的渠道功能都可以按照其重要性、执行难度等赋予一定的功能系数。有关的功能耗用的费用与渠道总费用之比就是有关的功能的费用系数，合理的功能系数大于1。

3. 赢利能力的分析

渠道赢利能力的评价主要是通过若干重要指标来分析的。这些指标分别从不同的侧面反映渠道的获利能力。

（1）销售利润率。它通常用于说明渠道运转带来的销售额中包括多少利润。有效运转的分销渠道能够节约成本费用，树立品牌形象。销售利润率是售后利润与商品/销售额的比率，其计算公式如下。

$$销售利润率=\frac{税后利润}{销售额}\times 100\%$$

将其变化一下，就得到如下公式。

$$渠道销售利润率=\frac{各个渠道成员税后利润之和}{销售总额}\times 100\%$$

（2）费用利润率。评价分销渠道效率的另一个重要指标是分销费用利润率，即分销渠道在运行中每花费100元能够创造多少利润。其计算公式如下。

$$费用利润率=\frac{当期利润率额}{费用总额}\times 100\%$$

如果“当期利润“是税后利润，则费用利润率与销售利润率之间存在下列关系。

$$费用利润率=销售利润率\times 费用效用系数$$

其中，费用效果系数是指分销渠道在运转中单位费用创造的销售额，或者说是渠道创造的销售额与其花费的渠道费用两者之比。

$$费用效果系数=\frac{销售额}{渠道费用}$$

案例 6-6

让用户成为酒店的粉丝

虽然现在很多酒店都意识到了在线渠道的重要性，但仅仅把互联网、移动互联网当成一个销售渠道是远远不够的。通过互联网和移动互联网，酒店可以和客户更好地连接起来。

目前营销的渠道已经很多，最重要的就是微博和微信，尤其是微信。

由于订酒店是一个相对私密的行为（之前多家酒店订房记录泄露就让很多人非常担心），而微信恰好能满足酒店和客户之间的私密交流。每家酒店都应该有自己的微信服务号。在微信营销的过程中，酒店完全可以做到个性化。比如通过让客户回答问题来了解客户的出行习惯，记住客户对酒店的需求，并且为客户提供出行建议。这样当客户需要预订酒店时，就更容易想到这家酒店。

在获得了客户的预定信息后，酒店其实对客户已经有了一定的了解，比如姓名、手机号，甚至可能还有客户在社交网络上的信息。如果之前通过微信和客户有过沟通，那么酒店就了解了更多客户需求。通过这些，酒店可以在客户到店时更好地协助其办理入住手续，提供更加贴心的服务。

资料来源：陈文生．酒店管理经典案例［M］．福建：福建人民出版社，2011.

评估练习

（1）简述选择酒店营销渠道的因素。

（2）简述酒店营销渠道宽窄的选择方案。

（3）简述从哪些方面分析市场占有率。

（4）间接渠道包括哪些方面？

第七章

酒店产品的促销策略

引导案例

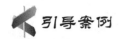

酒店价格上涨，旅行社纷纷推出春节产品促销

2015 年 1 月，距离 2015 年春节还有不到两个月，“出境过羊年”春节旅游产品开始热销，品质升级成为春节产品最直观的感受。随着旅游旺季到来，机票、酒店等价格上涨是不争的事实，但有心的出行者也可以根据自己的计划，选择适合的优惠路线，各大旅行社为此也推出了不少促销政策。

据凯撒旅游负责人透露，春节出游多以家庭为主，游客对旅游的食宿娱等各项元素的要求越来越高，凯撒旅游推出的“跨年大联欢”系列产品全面升级，在“星耀蓝澳——澳大利亚 10 日精致之旅（包含伊力特夫人岛）”中特别安排澳洲范思哲酒店住宿，体验名牌的奢华享受。在法国系列产品中，凯撒旅游特别安排在法国赫赫有名、但中国旅行团鲜少造访的法兰西王族庄园——尚蒂伊城堡，跨年游客不仅可以观看马术表演，更可以在尚蒂伊城堡享用新年晚宴。

在 2015 年春节放假安排公布的第一时间，携程网就发布了“向全国人民发放 2015 万份免费红包”的重磅消息。携程旅游事业部营销总监戴宇介绍，红包面值分为 100 元、300 元、500 元三种，通过手机端人人可以领取。春节红包使用范围广，适用于携程网上售卖的包括自营和代理在内的万条春节跟团游产品。

资料来源：田彩云．酒店管理概论［M］．北京：机械工业出版社，2016.

辩证性思考：

（1）分析两家公司为什么开展促销活动。

（2）什么是酒店产品促销？该如何进行酒店产品促销？

促销是酒店采取的一种方式，它向目标顾客传递了产品或服务的存在及其性能、特征等信息，帮助顾客认识酒店产品或服务所带给他们的利益，从而引起顾客兴趣，激发顾客的购买欲望及购买行为的活动。

第一节　酒店产品促销概述

教学目标：

（1）掌握酒店产品促销的概念。

（2）理解酒店产品促销的作用。

（3）理解酒店产品的促销组合。

一、酒店产品促销的概念

酒店产品促销是指酒店通过各种传播媒介，向目标消费人群宣传、介绍各种有关酒店产品信息、服务特色，以帮助顾客了解认识酒店所能为其带来的各种利益，唤起顾客需求，促使顾客发生实际购买行为的产品销售过程。

二、酒店产品促销的作用

（一）传递信息，提供情报

销售产品促销是市场营销活动的中心任务，产品信息的有效传递是顺利完成销售的保证。信息传递有单向和双向之分。在现代市场经济条件下，双向信息传递尤为重要，买卖双方都是信息的发出者和接受者。在营销过程中，一方面，卖方（企业或中间商）向买方（中间商或消费者）介绍有关企业现状、产品特点、价格及服务方式和内容等信息，以此来诱导消费者对产品或劳务产生需求欲望并采取购买行为；另一方面，买方向卖方反馈对产品价格、质量和服务内容、方式是否满意等有关信息，促使生产者、经营者取长补短，更好地满足消费者的需求。例如，当酒店刚刚推出一种新产品时，酒店为了使更多的顾客知晓这个新产品，就应该及时地向顾客和中间商全面提供关于这个产品的信息，并引起他们的注意。同时，如果酒店想要争取更多的中间商帮助销售新产品就必然要向他们提供及时的情报与信息，这样也为中间商再向顾客传递信息提供了便利。在终端销售过程中，化潜在客户为现实客户，占领酒店市场新产品的制高点。

（二）突出特色，刺激需求

现代市场经济中，酒店产品的同质化现象异常严重，如何在激烈的竞争中，形成属于自己的产品特色，构建具有代表性意义的酒店产品品牌，营销在这里起到非常重要的作用。一是酒店可以通过营销活动，宣传自己的产品区别于竞争对手的地方，突出自己的特点，从而使消费者认识到本酒店会给顾客带来某种特色的服务和享受，加深顾客对本酒店产品的印象，并发自内心地愿意去接受酒店的宣传，进而购买酒店的产品。二是酒店在营销活动中向消费者介绍酒店的产品，不仅可以引导他们进行购买，还可以创造出新的需求。其实，这也是顾客消费需求层次与经济发展水平呈正比列递进关系的必然表现，酒店之所以要营销，其重要的作用就在于通过向人们介绍新产品和服务，展示给他们合乎时尚潮流的前沿消费模式，满足消费者更高层次的精神需求，从而唤起消费者的内在消费欲望，创造出新的消费需求。

知识拓展7-1

节日促销主题明显促销形式多样

促销活动要给消费者耳目一新的感觉，就必须有个好的促销主题。因此，节日的促销主题设计有几个基本要求：一要有冲击力，让消费者看后记忆深刻。二要有吸引力，让消费者产生兴趣。例如很多厂家用悬念主题吸引消费者探究心理。三要主题词简短易记。比如酒店在春节期间要做好年夜饭生意，就必须以“合家欢”“全家福”为促销主题，有针对性地开展服务项目。

> 一想到促销，很多人就想到现场秀、买赠、折扣、积分、抽奖等方式。尽管在促销方式上大同小异，但细节的创新还有较大的创意空间。例如，一家保健品企业设计的“新年赢大奖，谢谢也有礼”活动中，就进行了促销形式的组合。该企业进行了两种形式的组合，共设置5个奖项，分别是冰箱、微波炉、自行车、保温杯和“谢谢”，然而还制定了一个规则，那就是消费者凭借刮刮卡的4个“谢谢”可以换一盒小包装的产品。这样就在设计大奖的同时，把买四赠一设计进来了。
>
> 资料来源：成荣芬. 酒店市场营销［M］. 北京：中国人民大学出版社，2013.

（三）指导消费，稳定销售

在酒店营销活动中，营销者循循善诱地介绍酒店产品知识，一定程度地对消费者起到了教育指导作用，通过提供良好的产品和服务，有助于建立起酒店与顾客的忠诚消费关系，让顾客内心形成对于某种特定产品品牌的归属感和信任感。同时，由于在激烈的市场竞争中，酒店产品的市场地位常常处于不稳定状态，致使有些酒店的产品销售此起彼伏、波动较大。这时候，酒店就可以运用适当的营销方式，开展营销活动，从而使较多的消费者对本酒店的产品和服务产生购买动机，进而稳住已占领的市场，达到稳定销售的目的。对于原有顾客，亦可以通过积极有效地实施营销活动，及时地做出市场反馈，调整对策，促使对该品牌的需求得到一定程度的恢复和提高。

三、酒店产品的促销组合

（一）酒店产品促销组合的方式

所谓促销组合，就是企业根据产品的特点和营销目标，综合各种影响因素，对各种营销方式的选择、编配和运用。营销组合作为营销策略的前提，只有预前组织，统一计划，才能在具体的营销策略实施过程中起到较好的作用。

通常，在实际酒店经营过程中，营销的方式有广告营销、人员促销、销售促进、公共关系等。

1. 广告营销

广告营销主要通过大众媒体，如广播电台、电视、报纸、杂志、户外展示等方式向目标顾客传递饭店产品和服务信息，以提高信息覆盖范围、扩大在公众中的知名度、促进酒店产品销售量的增加。

2. 人员促销

人员促销是酒店通过选择业务素质水平高、谈判能力强的销售人员组建销售团队，直接与顾客进行接触、面谈、宣传推介酒店产品，以达到促进销售目的的营销方式。

3. 销售促进

销售促进是酒店通过价格折扣、有奖销售、礼品赠送、积分兑换等各种鼓励消费者购买的营销方式。

知识拓展7-2

酒店赠品促销

赠品促销是指顾客购买酒店产品时，另外以有价物质或服务等方式来直接提高酒店产品价值的促销活动，其目的是通过直接的利益刺激达到短期内的销售增加。酒店业赠品促销可采用以下4种形式。

1. 商业赠品

酒店营销人员为鼓励大主顾企业经常光顾，可以赠送商业礼品给一些大主顾。

2. 个人礼品

为鼓励顾客光顾餐厅，在就餐时间可免费向客人赠送带有酒店标志的礼品，在节日和生日之际向老人和老主顾赠送庆祝的礼品或纪念卡。

3. 广告性赠品

广告性赠品主要起到宣传酒店餐厅、使更多人了解餐厅、提高餐厅知名度的作用。酒店管理人员要选择价格便宜、可大量分送的物品作为这类赠品，比如给客人分发一次性使用的打火机、火柴、菜单、购物提包等。礼品上要印上餐厅的促销性介绍，如餐厅名称、位置及电话号码等。广告赠品对过路的行人和惠顾餐厅的顾客均可赠送。

4. 奖励性赠品

广告性赠品主要是为了让公众和潜在顾客进一步了解餐厅，而奖励性赠品的主要目的是刺激顾客在餐厅中多购买菜品和再次光临。这种礼品是有选择的赠送。例如根据顾客光临餐厅的次数、顾客在餐厅中消费额的多少，分别赠送礼品。

资料来源：蔡万坤．现代酒店市场营销管理［M］．广州：广东旅游出版社，2012.

4. 公共关系

公共关系主要是指酒店针对目标市场，通过新闻媒体、重大公益活动等，树立企业良好的社会形象，增加顾客对酒店的好感，同时刺激人们对于酒店产品和服务的需求，增加销售。

（二）影响酒店促销组合的因素

影响酒店促销组合和促销策略制定的因素较多，主要应考虑以下几个因素。

1. 促销目标

促销目标是酒店从事促销活动所要达到的目的。在酒店促销的不同阶段和为适应市场促销活动的不断变化，必然要求有不同的促销目标。无目标的促销活动收不到理想的效果，因此，促销组合和促销策略的制定，要符合酒店的促销目标，并根据不同的促销目标，采用不同的促销组合和促销策略。例如，虽然促销的主要任务都是为了使顾客更加了解、信任和购买酒店的产品，但在促进顾客对酒店及产品的了解方面，广告的成本效益最好，人员促销其次；在建立顾客的信任感上，人员促销则比其他促销方式更有效果。因此，酒店只有根据不同的促销目标选择不同的促销方式，才能达到事半功倍，实现投入产出比的最大化。

案例 7-1

某酒店促销主题

1.“世界杯与您同行，惊喜好礼送不停”

凡在酒店看球赛消费者可以用消费小票通过特别准备的两个投票箱为自己喜欢的球队进行投票。服务员不断更新投票，渲染两球队的人气，比赛结束后向获胜方的投票者每人赠送一支小装啤酒，而且还从其中抽取一张小票作为幸运观众进行免单，同时也在落败方投票箱中抽取一名球迷作为最佳观众，赠送额度一定的优惠券（20 元/张、50 元/张）。

2.“聚会派好礼，红运喜当头”

凡在世界杯球赛期间来本酒店或餐厅进行聚会的顾客可以凭小票在一定消费额度（116 元/次，216 元/次）下进行世界杯有奖竞猜活动。酒店提问与世界杯相关问题让消费者回答，回答正确者可进行抽奖。本次的奖项设计分四个层次：特等奖（免费体验震动圆床一次）、一等奖（送精品足球一个）、二等奖（送采用精美的小礼盒包好的品牌茶叶一包）、纪念奖（送世界杯吉祥物公仔一个）。针对优雅、富有格调的卡座推出“兄弟情聚会吧”“爱情浪漫吧”“商务休闲吧”三大主题清夏吧！同时还推出几款有浓浓世界杯特色的清夏套餐，买套餐即送卡通公仔一个（是茶业一小包），卡通公仔采用了最热的世界杯公仔形象，可爱十足；活动现场保证气氛喜庆热闹，不仅烘托出了聚会喜庆的特色，同时也表达了我们对顾客的美好祝愿！

资料来源：邢夫敏．现代酒店管理与服务案例［M］．北京：北京大学出版社，2012.

2. 产品自身因素

（1）产品的性质。不同性质的产品，购买者和购买目的就不相同，因此，对不同性质的产品必须采用不同的促销组合和促销策略。在消费市场，因市场范围广大多以广告和营业推广形式促销为主；在生产市场，因购买者购买批量较大，市场相对集中，则以人员促销为主要形式。例如，由于酒店产品是属于一种带有综合性质的产品，它囊括了食、住、娱等方面的内容，对于产品价格较昂贵、并不为许多人所熟知的酒店产品，人员促销和公共关系往往是比较适宜的选择；而对于那些购买频繁、价格适中的酒店产品，则以酒店广告、酒店营业推广的形式来促销较为理想。

（2）产品的生命周期。促销目标在产品市场生命周期的不同阶段是不同的，这决定了在市场生命周期各阶段要相应选配不同的促销组合，采用不同的促销策略。

在投入期，促销目标主要是宣传介绍商品，以使顾客了解、认识商品，产生购买欲望。广告起到了向消费者、中间商宣传介绍商品的功效，因此，这一阶段以广告为主要促销形式、以营业推广和人员促销为辅助形式。

在成长期，由于酒店产品打开销路，销量上升，同时也出现了不少新加入的竞争者，这时仍需加强广告宣传，但要注重宣传企业产品特色，以增进顾客对本企业产品的购买兴趣，若能辅之以公关手段，会收到相得益彰之佳效。

在成熟期，由于竞争对手增多，为了能够更好地与竞争对手抗衡、维持现有市场占有率、稳住已有客源市场人群，促销活动应以增进购买兴趣与偏爱为目标。广告的作用在于强调本产品与其他同类产品的细微差别，同时，要配合运用适当的营业推广方式。

在衰退期，由于新产品和升级产品的出现，使原有产品的销量大幅度下降。这一阶段，为减少损失，促销费用不宜再追加，促销活动宜针对原有忠诚顾客，采用提示性广告，并辅之适当的营业推广和公关手段。

（3）市场状况。市场区域的地理空间范围、竞争程度、供求关系、消费人群主要特征等都影响到酒店该采取何种促销策略。一般而言，若促销对象是小规模的本地市场，应以人员促销为主；而对市场范围较大，促销范围广泛的市场，则多采用广告形式。从市场类型看，消费者市场因消费者多而分散，多数靠广告等非人员促销形式；而对用户较少、批量购买、成交额较大的生产者市场，则主要采用人员促销形式。此外，在竞争激烈的市场环境下，制定促销组合和促销策略还应关注、研究竞争者的促销形式和策略，有针对性地不断变换自己的促销组合及促销策略。

（4）促销预算。促销活动作为酒店促销活动中的重要环节，在具体开展过程中，必然要耗费大量的人力、物力、财力。酒店必须全面预算所需的促销费用，量力而行。为了避免盲目性，在确定促销预算额时，除了考虑营业额的多少外，还应考虑到促销目标的要求、产品市场生命周期等其他影响促销的因素。

总之，影响促销组合的因素是复杂的，除上述 4 种因素外，酒店的促销理念、销售人员素质、市场竞争环境等都不同程度地影响着促销组合策略的选择。酒店经营管理者应审时度势、因地制宜，才能制定出有效的促销组合决策。

3. 酒店促销组合的基本策略

（1）推式策略。酒店促销组合的最基本策略就是推式策略。推式策略就是酒店着眼于积极上门把本地或是本酒店的产品直接推向目标市场。推式策略风险小、促销周期短、资金回收快。但其前提条件是必须有中间商的共识和配合。这种策略很显然是要以人员促销为主，辅之以上门的营业推广活动以及公关活动等。

（2）拉式策略。拉式策略是指针对最终消费者展开广告攻势，把产品信息介绍给目标市场的消费者，直接激发消费者对产品的兴趣和欲望，最终达到把中间商和消费者引拉到酒店身边的目的。这种策略是以广告宣传和营业推广为主，辅之以公关活动来进行。常用的方式有：价格促销、广告、展览促销、代销、试销等。

（3）综合策略。综合策略是指在进行“推式”促销的同时也进行“拉式”促销，交叉综合使用，这比单独地利用推式策略或拉式策略更为有效。一是先推广，后拉动。以酒店新产品为例，通过给予中间商和零售商以优惠政策来试销新产品，刺激拉动终端消费市场人群购买。这样做的优点是：拉动效果能得到直接体现。由于有前期的产品试销，经过促销宣传拉动后，消费者能立即购买到酒店的新产品，进而形成销售拉动。缺点是由于新产品知名度低，如果促销宣传活动不是很有效，易造成部分新产品的积压。二是先拉动，后推广。销售人员在调研走访中间商的过程中要先做好前期准备工作，充分调动他们参与销售的积极性，随后再促使客户进货。这样做的优点是由于有新产品的前期促销宣传造势，产品的销售短期见效快。缺点是新产品经过促销宣传后，货源如果没有及时供应，消费者可能购买不到产品，影响促销宣传的效果。

案例 7-2

× ×酒店促销活动

促销酒店：× ×酒店

促销日期：2015-08-01—2015-09-20

为答谢新老客户，我酒店特在 2015-08-01—2015-09-20 期间推出如下促销活动。

（1）在此期间入住的客人入住行政房客免费升级到行政豪华房，入住行政豪华房可免费升级到高级套房，入住高级套房可免费升级到豪华套房。

（2）在此期间入住豪华房（含）以上房型的客人每间夜赠送 50 元客房抵价券（有效期：即日起至 2015-12-31，抵价券在有效期内不限使用期限并可累计使用）。

（3）在此期间入住豪华房以下房型的客人每间夜赠送 30 元客房抵价券（同第 2 点）。

（4）在此期间入住的客人首日赠送大堂吧 40 元消费券（有效期：即日起至 2015-12-31）。

（5）在此期间通过住哪网预订入住的客人首日赠送软饮 2 听（限可乐和雪碧）。

资料来源：钟志平，谌文．酒店管理案例研究［M］．重庆：重庆大学出版社，2015.

评估练习

（1）简述酒店产品促销的概念。

（2）简述酒店产品促销的作用。

（3）简述酒店产品促销组合。

（4）简述影响酒店产品促销组合的因素有哪些。

第二节　酒店人员促销

教学目标：

（1）了解酒店人员促销的特征。

（2）掌握酒店人员促销策略。

一、酒店人员促销的概念

酒店人员促销是指酒店运用促销人员直接向宾客促销酒店产品的一种促销活动。酒店人员促销是一种买卖双方的双向信息沟通，可以充分发挥酒店服务人员的主观能动性，具有灵活性、选择性等特点。酒店服务人员通过现场解答、提供服务等方式，和顾客建立彼此信任友好的关系，酒店人员促销有着其他促销方式无可比拟的优势，是不可替代的。本书所指人员促销不局限于专业的促销人员，它更多地是指酒店员工全员销售的概念。酒店促销工作不仅仅是促销人员的事情，更不是某一优秀促销人员的事情，而是酒店全体员工的促销。

案例 7-3

不同岗位员工的酒店促销

酒店中的每一个人都是潜在的促销员，这包括餐厅经理、厨师以及服务人员。有效地施展这些潜在促销员的作用同样会给酒店带来利润。

1. 餐厅经理

传统酒店总裁比尔·伯恩斯说过："我们酒店的总经理、销售部经理和我，天天从12点到下午1点都站在饭店的大厅和餐厅的门口，问候每一位客人，同他们握手。当然我们是想以此赢得更多的生意。"假如餐厅经理也采用此法，就会让客人感到自己被正视、被尊重，就愿意来就餐，有利于刺激消费。

2. 厨师

利用厨师的名气来进行促销宣传，也会吸引一批客人。对重要客人，厨师可以亲自端送自己的特色菜肴，并对原料及烹制过程做简短介绍。

3. 服务职员

鼓励登门的顾客最大限度地消费，这一重担主要落在服务员身上。服务员除了提供优质服务外，还需要诱导客人进行消费。其中，服务职员对顾客口头建议式营销是最有效的。

资料来源：陈伟丽，魏新民．酒店市场营销［M］.2 版．北京：北京大学出版社，2014.

二、酒店人员促销的特点

（一）信息传递的双向性

酒店服务岗位众多且很多岗位为客人提供直接面对面的服务，服务人员为客人服务的过程就是酒店产品销售的过程。酒店人员销售的过程是酒店员工与宾客的双向沟通过程。如宾客在酒店进行入住登记的时候，酒店前台服务人员可以为宾客提供不同类型的客房产品介绍，根据宾客的反应适时地推荐高档产品。酒店员工在向宾客介绍酒店产品时也可根据他们的反应掌握宾客的个性化需求，从而更好地为他们提供定制化服务。

（二）促销过程的灵活性

酒店人员促销与其他促销方式相比，具有更大的灵活性。由于酒店员工直接与宾客打交道，因而更有利于了解各类宾客的欲望、需求、动机和行为，知道什么问题急于解决，什么问题需要暂缓或适当回避，什么问题需要解释说服，从而有针对性地采取必要的行动，灵活地解决在酒店产品销售中出现的问题。酒店人员促销可以根据宾客的意见，对促销策略做出必要的调整以促成宾客即时购买行为的发生。而广告等促销方式由于不能与顾客面对面交谈，因此，不能及时了解顾客的态度、需求，并不能及时地做出相应的反应，因此也无法使顾客立即采取购买行动。

（三）营业关系的长期性

酒店促销人员在对顾客长期反复来往过程中，往往培养出亲切友好的关系。一方面，促销人员从宾客需求出发帮助顾客选择称心如意的酒店产品，解决酒店产品使用过程中的种种问题，使顾客对促销人员产生亲切感和信任感；另一方面，宾客对促销人员的良好行为予以肯定和信任也会积极宣传酒店的产品，帮助促销人员拓展业务，从而形成长期稳定的营业关系。这种由稳固的联系和深厚的友谊所带来的营销业绩，是广告等非人员促销方式无法企及的。

（四）人员素质的高要求

酒店产品促销的过程就是促销人员运用各种促销术说服顾客接受产品的过程。因此酒店促销人员必须具备良好的基本素质。首先，在思想上酒店产品促销人员必须树立正确的促销观念，把满足宾客消费需求作为销售工作的起点，诚心诚意为宾客着想，全心全意为宾客服务，把促销酒店商品与解决宾客消费需求有机结合起来。其次，促销员要求具有较高的文化素质。高的文化素质是良好促销绩效的必要条件。促销员所接触的宾客成千上万，形形色色，促销员在促销活动中要以最短的时间、最快的速度对顾客作出判断，并确定促销的方式与技巧。因此，促销员应具有较好的经济学、市场学和促销业务知识，自觉地学习和具备政治经济学、经营管理学、市场营销学、新闻学、广告学、心理学等有关知识。

知识拓展7-3

全员促销意识

全员促销应该是一种意识、观念，需要长期的培养，而不是在酒店生意不好时的一种临时抱佛脚的行为。现代营销观念以客人的需求为中心，也就是客人需要什么，我就生产什么、提供什么，而酒店里强调的也是宾客的需求。所以酒店的每一位员工都需具备促销意识，即全员促销。然而，要成功地贯彻酒店全员促销的思想首先应该是培养酒店内部员工的促销观念。酒店作为一个服务行业，它的独到之处在于酒店的员工也是服务产品的一部分。这就要求酒店的服务人员首先必须先熟悉自己所提供的服务内容并了解它们的价值。其次，他们必须对自己工作的酒店以及自己所提供的服务怀有热情。这样，顾客才会因为酒店员工的热忱服务更好地接受酒店所提供的产品与服务。

资料来源：郑红．现代酒店市场营销［M］．广州：广东旅游出版社，2009.

三、酒店人员促销的基本策略

酒店人员促销的策略选择应该因人而异，不同的客人应该选择不同的促销方式，这就要求酒店员工学会察言观色、灵活机动地选择和运用促销策略。

（一）刺激反应式促销策略

刺激反应式促销策略是指营销人员采用特定的问题、促销词或展示特定的行为举止，给予客户某种刺激，促使客户做出预期的反应。例如，餐厅服务员可主动询问宾客："我是否可以向您介绍一下我们的招牌菜?""您是否想品尝一下我们新推出的菜肴?"这类提议往往可以刺激客户预订额外的菜单项目。

（二）购买决策过程式促销策略

购买决策过程式促销策略是假定顾客的购买过程是由需要感知、信息研究、判断选择、决定购买以及购后评价 5 个阶段组成的。饭店营销人员根据顾客购买决策过程不同阶段的心理变化和心理需要，有计划地进行针对性促销。顾客购买阶段及营销策略如图 7-1 所示。

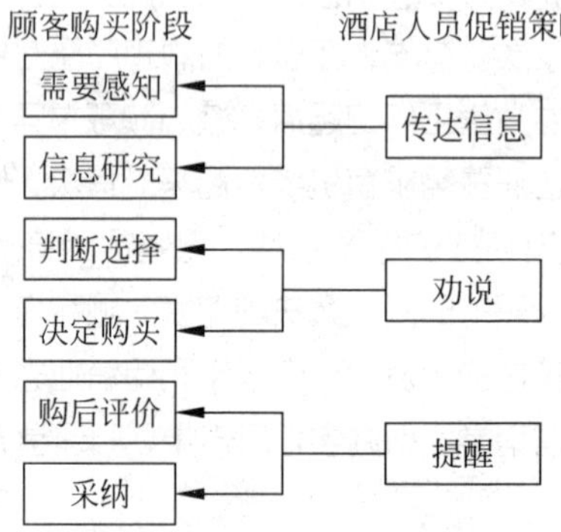

图 7-1　购买决策过程式促销

（三）程式化促销策略

程式化促销是应用最广泛的促销策略，由 7 个步骤组成。

1．寻找顾客

促销工作的第一步就是找出潜在的或可能的重要顾客。饭店的潜在重要顾客一般应具备 4 个要素：有需要、有相应的购买力、有购买决策权、有接近的可能性。寻找重要顾客的方法有很多，主要有 3 种：对饭店过去和现在的顾客进行认真的筛选，收集一切有价值的客户信息；争取竞争对手手中最大的几家客户；查阅当地企业名录、电话号码簿、旅行社指南等资料，从中挑选出重要的潜在客户。

2．事前准备

促销人员在促销之前应做好充分的准备工作，主要包括 3 方面。

（1）全面准确地掌握本饭店的产品情况及特色、明确产品能够给顾客带来的利益，并准备好有关的展示资料，如饭店产品宣传介绍手册、优惠计划等。

（2）详细了解促销对象及其需求，包括其姓名、职务、个性、偏好等。

（3）竞争者的产品情况和优惠措施等。同时要设计和计划好与促销对象的接近方式和访问时间，预见到促销对象可能的态度和抵触力。

3. 接近顾客

促销人员做好充分准备之后，就可以接触顾客，以便成功地转入促销面谈。初次接触顾客应注意3个方面的问题：注重礼仪，给对方一个好印象；验证在准备阶段所得的全部情况；为后续工作做好准备。

4. 介绍阶段

介绍阶段促销人员要运用各种方法介绍产品，说服顾客购买。说服的策略一般有以下两种。

（1）提示性说服，即通过直接或间接、积极或消极的提示，将顾客的购买欲望与产品特性联系起来，促使顾客做出购买决策。

（2）演示性说服，即通过文字、图片、影视片、证明等样品或资料去劝导顾客购买产品。

5. 处理异议

异议是指顾客针对促销人员提示、演示的产品或服务提出不同的或反面的意见和看法。促销人员首先应注意倾听顾客的意见，进而认真分析顾客异议的类型及其主要根源，最后有针对性地进行解释或采用处理策略。

6. 达成交易

达成交易阶段是最为关键的阶段。促销人员应根据实际情况及时促成交易，这一阶段有的顾客可能进行实质性的讨价还价，促销人员一方面要进行积极的劝说，另一方面还可以在条件允许的情况下，提供一些优惠条件，促成交易。

7. 跟踪服务

跟踪服务是指促销人员为已购买商品的顾客提供各种售后服务。其目的是为顾客提供完整的服务，了解顾客对酒店的意见和建议，加深顾客对酒店产品的信赖，促使重复购买。

知识拓展7-4

酒店员工促销的三重角色

1. 导购专家

酒店员工促销时担任的是指导工作，以专家的身份指导消费者购买。

2. 企业和产品的形象代言人

酒店员工促销时是企业和产品的形象代言人。举止得当、真诚友好的酒店员工在用热情服务赢得消费者认同的同时，也带来了企业和产品美誉度的提升，能够形成口碑。

3. 一线情报人员

酒店员工促销时是企业在市场的一线销售人员，也最了解目标酒店经营情况、商品促销及销售情况和消费者对本品的反应。因此，担任好情报员的角色、做好信息反馈、协助公司完成促销任务也是酒店员工促销的重要职责。

资料来源：郑向敏．酒店管理［M］．3 版．北京：清华大学出版社，2014.

（四）满足需求式促销策略

满足需求式促销策略侧重考虑顾客的个性化需求，要求促销人员根据各个顾客的特殊要求，灵活地决定促销方法。一般应采取以下 4 个步骤。

（1）通过讨论、询问等多种方法，明确顾客的需要。

（2）根据顾客的要求，策划出最能满足顾客需求的定制化服务方案。

（3）与顾客研讨服务方案，回答顾客新提出的问题，解决顾客关心的其他问题。

（4）确定交易，了解这些服务是否能满足顾客的需求。

这是一种非常有效的促销策略，但需耗费大量的时间和精力。

（五）解决问题式促销策略

解决问题式促销是满足需求式促销策略的延伸，它们都是建立在顾客特殊需求的基础上。解决问题式促销策略适用于并不清楚自己所面临的问题的顾客。基本步骤如下。

（1）发现、定义，并证实预期顾客的问题。

（2）提出解决问题的各种方案。

（3）提出最佳方案选择标准。

（4）根据标准来判断可替代的方案，并推出一个方案。

（5）完成交易，确保本饭店的产品和服务解决了顾客所面临的问题。

案例 7-4

喜来登公司的促销策略

喜来登酒店公司采取的促销策略有广告、人员促销、价格优惠、设立国际俱乐部、特殊活动项目，利用酒店内部的文体娱乐设施为顾客提供方便、周到的服务。

在喜来登酒店公司众多的促销手段中有两点是国际酒店业上的创举：一是设立国际俱乐部，其目的是为了吸引高档市场，并且鼓励他们经常到酒店来住宿；二是开辟“喜来登塔”，提供特殊的服务，从而在世界酒店业中加强了喜来登的高级、豪华的形象。

资料来源：陈伟丽，魏新民．酒店市场营销［M］．2 版．北京：北京大学出版社，2014.

评估练习

（1）酒店人员促销的概念是什么？

（2）简述酒店人员促销的特征。

（3）简述程式化促销策略。

（4）结合实际情况，试述酒店人员促销策略。

第三节　酒店广告促销

教学目标：

（1）了解酒店广告促销的概念。

（2）熟悉酒店广告促销的作用。

（3）掌握酒店广告促销的类型。

一、酒店广告促销的概念

酒店广告促销是指酒店通过广告对自身产品展开宣传推广，促成消费者的直接购买，扩大产品的销售，提高酒店的知名度、美誉度和影响力的活动。广告促销是酒店促销组合中的一个组成部分。酒店广告促销一般主要以户外广告和媒体广告为主。户外广告是在大型的商场、地铁站、电影院等人口密集、人流量比较大的场所投放广告，媒体广告主要指在包括报纸、广播、电视、网络等媒介上投放广告。酒店主要借助以上两种方式来宣传自身产品，树立自身品牌形象，吸引潜在客户的注意力及对产品的意识感，唤起宾客对酒店产品的兴趣，进而消费酒店的产品。

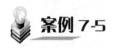

案例 7-5

酒店另类媒体广告——太阳镜凝视

当洗手间里出现这样一双戴着太阳镜的眼睛，你的第一反应是什么呢？不不不，这可不是在给太阳镜做广告，而是将横幅贴纸与镜面巧妙结合，为黎巴嫩最著名的集阳光沙滩、海滩酒吧和豪华泳池为一身的酒店 Riviera Privé 所设计的环境媒体广告——而太阳眼镜正是海滩度假的必备佳品。

它借用海报贴纸和镜面的巧妙结合，为受众制造了被凝视的感觉。想想在沙滩的一切吧，泳衣、辣妹和热烈的眼神。太阳眼镜下隐藏着什么样的凝望着你的眼神呢？不知不觉中你可能早就被异性盯上了。先在卫生间里练习着接受这些眼神吧，然后到酒店的沙滩去！

资料来源：蔡万坤．现代酒店市场营销管理［M］．广州：广东旅游出版社，2012.

二、酒店广告促销的作用

（一）产品信息传递

广告是最大、最快、最广泛的信息传递媒介。它在传递信息、促进沟通、指导消费、建立和提升产品品牌形象方面发挥着积极的功能。通过广告，酒店能把产品特性、功能、用途等信息传递给消费者，引起消费者的注意与兴趣，促进购买。广告往往会以一两句语言或者一两个场景抓住消费者的心，因此它是一种重要的产品信息传递渠道。

（二）激发和诱导消费

由于中国酒店众多，消费者脑海中往往难以形成固定的酒店品牌，因此恰当的宣传必不可少。在市场竞争激烈的情况下，酒店通过大规模的广告宣传，能使消费者对本酒店产生注意力，这对于酒店开拓市场是十分有利的。消费者对某一产品的需求，往往是一种潜在的需求，这种潜在的需求与现实的购买行动，有时是矛盾的。广告造成的视觉、感觉印象以及诱导往往会勾起消费者的现实购买欲望。

知识拓展7-5

节日促销的5个特点

有人说春节前的一两个月是促销的黄金时期，就连萝卜白菜都销量猛增，这是不争的事实。但对于企业的节日促销来说，实现节日促销丰收的关键还是促销策略组合，制定好恰当的促销策略组合不但可以增加销量，还可以适当地改善促销毛利率。

绝大多数企业的产品线比较多，于是就一股脑儿地把所有的产品拿出来做节日促销，不但目标性不强，还大量地占用促销资源和摊薄促销毛利率，最后极有可能导致销量没有取得可喜的增长，同时还没有获得足额的促销毛利。

在节日促销策划实践当中，酒店制定详细的促销策略组合，在产品、价格、渠道和促销的选择上要达到科学有序，而不是摆摊儿式的一窝蜂。

首先，在产品线的选择上，要明晰哪些产品是节日促销的核心产品？哪些产品是节日促销的重点产品？哪些产品是节日促销的辅助产品？甚至还有一些产品根本就不会做特别的促销推进。这样，企业就可以在终端资源、促销力度、人员安排、产品供应等方面做到合理配置，保证节日促销的平稳进行。

其次，在节日价格的调整上，企业就不会一味地采取跟随性的价格战策略，而是形成多层次的对节日消费者的吸引，这种吸引可能是价格促销带来的，也有可能是合适的礼品价格带来的，或者是价格带来的品质认知。

再次，渠道的选择也非常重要。看似节日里到处都是商机，其实，找到最符合自己企业的促销商机才最为重要。在哪些渠道做节日促销，公司层面要有一个清晰的、全面的规划，同时，各个区域各个市县都要清楚自己区域的节日促销到底怎么搞、在哪些渠道发力、在哪些终端发力、具体发多大的力。

> 最后，节日促销就更是一门需要严密思考和审慎细节的大“学问”了。节日里的促销价格调整一定是最为核心的促销策略，有的采取五折、有的采取赠券、有的采取满多少减多少。总体上，节日里的产品价格都在降价，但明降、暗降等却是企业需要认真思考的。不要一降再降，最后导致毛利率都给降没了，造成销量越大亏损越大。做什么样的促销，各个区域都要认真地思考；做什么程度的促销，企业也要认真地衡量。
>
> 资料来源：田雅林．酒店市场营销实务［M］．北京：人民邮电出版社，2010.

广告的反复渲染、反复刺激，也会扩大产品的知名度，甚至会产生一定的信任感，也会导致购买量的增加。表 7-1 中显示出酒店在一定时期的广告语，如深圳星宫酒店抓住新年到来之际，开展年终宴会预定的广告；大连海洋酒店仅仅围绕旅游资源特色开展广告，在一定程度上会激发旅游者的兴趣。

表 7-1　酒店广告语

序　号	酒 店 名 称	广　告　语
1	北京皇家酒店	当然，我们的魅力无须多言！
2	大连海洋酒店	乐在海洋，可食可玩可住！
3	洲际酒店	阁下一投必中！
4	深圳新兴大酒店	到深圳，住新兴，驾车来，免费停，真实惠！
5	沪上酒店	正宗潮州菜，享誉大上海！
6	吉祥酒店	这个季节，一切超值享受，将由吉祥开始！
7	北京假日酒店	悠然旅访神州大地；假日酒店伴随左右。
8	深圳星宫酒楼	年终宴会，来点鼓励吧！
9	广州中国大酒店	广州中国大酒店，一切以您为中心。
10	新世界酒店	千帆竞发扬子江，万冠云集新世界！

三、酒店广告促销的媒体

（一）户外广告

户外广告一般是指设置在户外的广告。常见的户外广告有：路边广告牌、高立柱广告牌、灯箱、霓虹灯广告牌、LED 看板、地铁站广告、公交站广告、商场广告等，现在甚至有升空气球、飞艇等先进的户外广告形式。

户外广告有其自身的特点，户外广告对地区和消费者选择性强。比如，户外广告一方面可以根据地区的特点选择广告形式，如在商业街、广场、公园、交通工具上选择不同的广告表现形式。另一方面可以为经常在此区域内活动的固定消费者提供反复的宣传，使其印象强烈。可以较好地利用消费者途中的空白心理。消费者在路途中具有一定的心理空白，在这个时候，一些设计精美的广告能给人留下非常深刻的印象，能引起较高的注意率；户外广告可以美化城市，广告往往与市容浑然一体，从而使消费者非常自然地接受广告；户外广告虽然有很多优点，但是其广告效益难以评估。

（二）报纸广告

报纸广告是指刊登在报纸上的广告。报纸是一种印刷媒介，以文字和图画为主要视觉刺激，它的特点是发行频率高、发行量大、信息传递快，因此报纸广告可及时广泛发布。但是现今报业不断受到其他新兴媒体的竞争，报纸广告的效益也是大打折扣。酒店的报纸广告一方面可以是自己内部的报纸，另一方面可以在旅游板块做广告，目前很多酒店并不会以报纸广告作为首选，因为报纸广告的客户不具有针对性，酒店的广告最好针对自己的客源市场。

报纸广告有其自身的优点：报纸可以反复阅读，便于保存；报纸具有广泛的渗透力，具有高度的市场覆盖率，能够接触到所有细分市场；费用相对较低。但是报纸广告也有缺点，如报纸的创意空间存在局限，因为大部分广告是黑白的，广告阅读注意度较低。因此，如不选择一些昂贵的方式，如大幅广告和彩色广告，广告主很难在众多干扰中脱颖而出。

（三）广播广告

广播是通过无线电波或金属导线，用电波向大众传播信息、提供服务和娱乐的大众传播媒体。在电视没有发展普及之前，广播是备受人们欢迎的。现今广播广告虽然不如以前受众面广，但是广播广告有较为忠实的群体，主要是以老年人为主。老年银发市场在我国旅游市场上也是不可忽视的群体，该类群体时间、金钱都比较充足，旅游机会比较多，在旅游活动中讲究生活稳定，因此良好的休闲场所对他们而言十分重要。

广播广告有其自身的特点：在同等级别的媒体中，无论报纸，还是电视的广告收费远比广播广告的收费高得多，因此广播广告成本比较低；广播广告具有流动感与兼作性。很少有人在大街上和商场里，边走路边拿着报纸看的；没有人在大街上和商场里，边走路边捧着电视瞧的，但人们可以在大街上和商场里边走路边听广播，这就是广播传媒的流动感与兼作性。

（四）电视广告

电视广告是一种以电视为媒体的广告，是电子广告的一种形式。它是兼有视听效果并运用了语言、声音、文字、形象、动作、表演等综合手段进行传播的信息传播方式。电视的普及使其成为广告促销的重要媒体，酒店产品可以通过电视广告的形式进行推广。电视广告可采用时间非常短的广告，如南安大酒店推出自己的餐饮产品在新春佳节之际恭祝人民新春快乐、阖家团圆、美满幸福。此外，酒店业也可采用时间较长的类似电视购物的广告来推销产品，通过长时间的广告说明让消费者清楚地了解酒店产品。

电视广告有其自身的特点：印象性。电视广告因为可以清楚地看到酒店产品形象，观众可以在很深程度上自主对酒店做出评价，因此电视广告具有很强的直观效果；电视广告基于线性播放，是单向传播的，具有明显的强制性；电视广告商不能确定观看广告的受众是否就是企业的目标群体；电视广告的成本比较高。

知识拓展7-6

POP促销目标

POP促销是指企业在活动现场运用展示牌、标旗、海报做现场促销宣传。其促销目标有7点。

(1) 以特殊标示将顾客引导到促销地点。

(2) 使顾客留意商品，对商品加深了解、提高购买欲。

(3) 将商品的价值、优点、材料等全部告知顾客（标明定价、说明特点）。

(4) 说明商品的使用方法（用文件说明）。

(5) 强调商品合用功能的优点，以促进全套销售，提高销售额（用文件说明）。

(6) 强调店面给予顾客的印象和感受（利用广告设计和色彩）。

(7) 举行展示会时，帮助展示会产生示范演出的效果（利用广告设计等方式）。

资料来源：李晏墅. 市场营销学［M］. 北京：高等教育出版社，2008.

（五）网络广告

信息传递历来是市场促销的关键环节。互联网作为信息传播媒体比现有的其他任何媒体都更具有优势，甚至可以说是其他媒体的集大成。近年来我国互联网产业发展明显加快，越来越多的互联网应用兴起，大量的网络新媒体迅速崛起，为网络广告提供了多样化的传播载体。酒店除了可以在网页上作一些广告外，还可以利用网络视频、网络博客、SNS、百度推广、专业网站销售等方式进行销售与推广。如现在很多团购网站酒店专栏推出很多酒店在线团购，一方面消费者只要用鼠标轻轻一点就能够非常清楚地了解自身所购买的酒店产品，如广东东方银滩大酒店曾经在拉手网上促销自身产品，团购人数达到6万多人；另一方面宣传了该酒店，同时也完成了一定的销售，可谓一举两得。

网络广告有其显著的特点。

1. 表现手段丰富多彩

电子网络广告采用集文字介绍、声音、影像、图像、颜色、音乐等于一体的丰富表现手段，具有报纸、电视的各种优点，更加吸引受众。

2. 网络广告受众关注度高

据资料显示，电视并不能集中人的注意力，电视观众40%的人同时在阅读、21%的人同时在做家务、13%的人在吃喝、12%的人在玩赏它物、10%在烹饪、9%在写作、8%在打电话。而网上用户55%在使用计算机时不做任何其他的事，6%同时在打电话、5%在吃喝、4%在写作。

3. 传播范围广、不受时空限制

通过国际互联网络，网络促销可以将广告信息24小时不间断地传播到世界的每一个角落。只要具备上网条件，任何人、在任何地点都可以阅读。这是传统媒体所无法达到的。

4. 网络广告也存在一些缺陷

如有些酒店利用网络宣传进行不正当竞争。如桔子酒店与格林豪泰曾经为网络广告宣传语而发生纠纷等。

案例 7-6

××酒店感恩节促销活动策划方案

感恩节是美国人的“春节”，在每年11月份的第4个星期四（2014年11月27日），美国举国上下都要举行隆重的欢庆活动。而在全家团聚的感恩节之夜，上至总统下至平民，所有的美国家庭都会在一起享用最为丰盛的感恩节晚宴。

感恩节晚宴作为感恩节活动的重头戏，餐饮酒店更应当结合广大消费者的消费需求，策划并举办独具美式风情的感恩节活动。那么，我们餐饮酒店应当如何策划感恩节活动？怎样安排感恩节活动才能凸显“感恩”的节日活动主题呢？下面，我们就来一同分享如下的某西餐厅感恩节活动方案。

一、感恩节活动主题

“倾情答谢新老顾客，××西餐厅感恩月优惠活动大酬宾”

二、感恩节活动时间

20××年11月1—30日

三、感恩节活动地点

××西餐厅

四、感恩节活动内容

1. 感恩节“感恩月优惠”促销活动

××西餐厅为了答谢广大新老顾客对本店的支持，特将11月定为××西餐厅的感恩月，并推出如下的菜品优惠活动。

（1）在本月（11月）每天（1—30日）中午11：00—13：00推出100元左右的商务餐，各类西式炒饭及沙拉奉送，营养搭配合理，美味可口。同时大厅将每天推出4～5款特价菜成本销售。

（2）为了使感恩节节日气氛更加浓厚，××西餐厅对生日聚会与结婚纪念日等特殊意义的日子进行了精心设计，过生日者将可以参与现场制作生日蛋糕并获赠此款蛋糕，乐手演奏及烛光晚餐、鲜花等都可以提前预订，让您的用餐充满浪漫与惊喜！

（3）在感恩节当天（11月25日）推出特价感恩节晚宴套餐，在当晚7时至10时30分，每位客人人民币588元，包括一杯博若莱酒或气泡苹果酒（美国人凭护照可享受8折优惠）。

2. 感恩节当天游戏活动

（1）蔓越橘竞赛。蔓越橘竞赛是把一个装有蔓越橘的大碗放在地上，4～10名竞赛者围坐在周围，每人发给针线一份。比赛一开始，参与者先穿针线，然后把蔓越橘一个个串起来；3分钟一到，谁串得最长，谁就得奖。至于串得最慢的人，将会收到一个特别的最差奖。

(2) 玉米游戏。游戏时，把5个玉米藏在餐厅的某个地方，由大家分头去找，找到玉米的5个人参加比赛，其他人在一旁观看。比赛开始，5个人就迅速把玉米粒剥在一个碗里，谁先剥完谁得奖，然后由没有参加比赛的人围在碗旁边猜里面有多少玉米粒，猜得数量最接近的奖给一大包玉米花。

(3) 南瓜赛跑。比赛者用一把小勺推着南瓜跑，规则是绝对不能用手碰南瓜，先到终点者获奖。比赛用的勺子越小，游戏就越有意思。

五、感恩节活动准备

1. 策划部

全面负责此次“感恩月优惠”活动的筹备、执行和监督，设计宣传单。

2. 客服部

编写手机短信内容，并将要发送短信的顾客号码统计后交策划部。

3. 营业部

进行电话、短信宣传，接受顾客预定感恩节当天的感恩节晚宴台位。

4. 保安部

安排人手，负责对此次活动各类装饰物品的监管保护工作，直至活动结束到物品回收入库。

5. 餐厅全体员工

餐厅所有人员加强对外宣传餐厅举办的此次感恩节“感恩月优惠”活动，感恩节当天任何部门、任何人取消休假。

六、感恩节活动宣传推广

(1) 宣传单印刷：5000份（夹报派发）。

(2) 发送手机短信告之顾客“感恩月优惠”活动。

(3) 餐厅门前广告横幅和广告牌宣传。

资料来源：钟志平，谌文．酒店管理案例研究［M］．重庆：重庆大学出版社，2015.

评估练习

(1) 酒店广告促销的概念是什么？

(2) 简述酒店广告促销的作用。

(3) 酒店广告促销的媒体包括哪些？

(4) 简述网络广告的特点。

第四节　酒店公共关系促销

教学目标：

(1) 了解酒店公共关系的概念。

(2) 掌握酒店公共关系促销策略。

一、酒店公共关系促销的概念

（一）公共关系

当今市场竞争是一种注意力的竞争、人心的竞争、传播的竞争、关系的竞争。公共关系是提高企业形象竞争力的法宝。它运用各种沟通的策略、传播的手段、协调的方法，使企业促销进入一种艺术化的境界。关于公共关系的定义，格鲁尼格教授在《公共关系管理》这本书里有一个很经典的定义，他认为：公共关系是一个组织与其相关公众之间的传播管理。这个定义科学地揭示了公共关系的3个基本要素。

1．公共关系的主体是组织

任何组织在其生存发展过程中都和社会环境发生各种各样的关系，组织运用传播沟通的手段来处理这些关系就叫作公共关系。所以公共关系不是指以个体为支点的人际关系。把公共关系和人际关系相混淆，是主体定位的偏差。不是说公共关系和个人无关，公共关系中也包括很多人际关系，但是它的主体定位不应在个人的层面上，而应在组织的层面上，这对公共关系职能的规范化、科学化是很必要的。

2．公共关系的对象或者客体是公众

公众总是与某个组织相关，他们的观点、态度和行为决定了这个组织的成败，组织必须和他们建立有效的沟通，争取他们对自己的了解、理解、信任、合作和支持。开展公共关系工作必须搞清楚谁是你的公众，谁对你的目标和利益具有直接的或间接的、现实的或潜在的影响力和制约力。

3．公共关系的手段是传播沟通

公共关系必须借助各种现代的传播技术、信息载体和沟通方法来实现组织和公众之间的有效传播。在知识经济的年代、在信息爆炸的环境中、在全球经济一体化的条件下，组织和公众之间的传播沟通业务越来越频繁，掌握各种传播手段、强化组织的传播沟通能力非常重要。

（二）酒店公共关系

案例 7-7

上海锦江酒店的公共关系

我国上海的锦江五星级酒店，长期由政府直接经营，服务对象级别高，在一般公众心目中，其中包括国外一般企业、旅游者，锦江的形象是庄严有余、亲切不足。在新的形势下，这家五星级酒店认识到：原有的形象对扩大业务、提高经济效益不利，要根据公众心理及其消费结构的变化，在保持锦江原有高贵豪华形象的同时，再赋予亲切平和的情调色彩。在公共关系部的提议下，这家五星级酒店打破森严的壁垒，开门迎客，锦江园内许多昔日令普通市民望而却步的地方，今日成了人们喜欢去的场所，并通过广告，使“锦江是属于公众的”这一信息广为传播。

资料来源：王大悟，刘耿大．酒店管理180个案例品析［M］．北京：中国旅游出版社，2007.

在我国，公共关系首先是在旅游行业特别是在宾馆酒店发展起来的，公关部也首先是在宾馆酒店建立起来的，酒店的公关活动是最早向职业化和国际化方向发展的。酒店公共关系从静态角度看表现为一种关系状态，这种关系状态反映了饭店内部和外部各种关系的亲疏程度、好坏程度。从动态角度看酒店公共关系表现为一种活动，即一个酒店为了协调各方面的关系，在社会上树立良好的形象而开展的一系列专题型或日常性公共活动的总和。酒店公共关系活动可以改善酒店组织的对内、对外关系，创造一种良好的公共关系状态，进而建立起酒店组织的良好、持久、稳定的形象，以促成酒店总体目标的实现。

酒店公共关系是一项专业性的行业公关，它由3方面的要素构成：公关的主体即酒店组织；公关的手段即桥梁；公关的客体即公关的对象。

1．公关的主体

酒店公共关系的主体是酒店企业，酒店企业要有效地开展公关活动，就必须科学设置机构、配备高素质的公关人员，以使公关工作经常化和职能化。

2．公关的手段

酒店公共关系的手段多种多样，如展览推广、知识促销、公关广告、主题赞助、制造新闻事件、利用名人效应、利用影视事件等，成功的手段是占领市场的重要法宝。

3．公关的客体

酒店公共关系的客体是指与酒店组织发生联系并相互作用的群体、组织和个人的总和。酒店公共关系的客体有内部和外部之分。酒店内部公关对象主要是指酒店员工、股东。良好的内部人际关系使员工感情融洽，工作上共同协作，从而使员工焕发出积极性和工作热情，提高服务效率。反之，则会削弱团体内凝聚力，影响经济效益。酒店是社会活动的一个基本单位，它的经营活动既有相对的独立性，又是整个社会活动的有机组成部分。一方面，酒店需要社会提供必要的资金、劳务、原料、销售市场及多种社会服务。另一方面，酒店也必须为顾客提供优质产品和优质服务，向国家上缴利税，参加各种社会活动等。酒店的经营活动必然涉及政府主管部门、司法机关、财政金融机构、原材料供应者、批发零售商、广告公司、新闻机构、各方顾客等，所有这些部门就构成了酒店的外部公众。

知识拓展7-7

五星级酒店公共关系的对象

五星级酒店公共关系的对象有内部和外部之分。五星级酒店外部公关对象是指五星级酒店与外部生产协作者（如设在五星级酒店的银行、航空公司售票处、邮局等）、竞争者、宾客、政府主管部门、五星级酒店所处社区等。五星级酒店内部公共对象主要是指五星级酒店员工、股东。

资料来源：吕莉．酒店公共关系实务［M］．北京：经济科学出版社，2014.

二、酒店公共关系促销的作用

酒店公共关系的根本目标在于塑造良好的酒店形象，通过公共关系来增进酒店的可信度和知名度是塑造酒店形象的重要途径。传统的促销是推销产品、技术、劳务，促销的目的是做成生意；公关促销不仅仅是推销产品，还推销企业的品牌、树立企业的良好形象，即便生意做不成，也要把关系建立起来，把企业形象树立起来。如果产品推销出去了，关系却给毁掉了，就是失败的推销。所以公关促销不仅仅瞄准顾客，还瞄准广大的社会公众。在功能上，公共关系不具有直接的推销功能，而是具有一种间接地促销功能。如果说推销就像马鞭子抽在马背上能使马儿跑得快的话，公共关系就是清除跑道上的沙石障碍，铺平跑道上的坑坑洼洼，给马儿创造跑得更快、更好的条件和环境。从效果上，公共关系更注重长期的效果和影响。

知识拓展7-8

五星级酒店业公共关系的主要任务

1. 设计五星级酒店形象，这是塑造形象的基础

一个好的五星级酒店形象，设计时至少要综合考虑两大方面：公众对五星级酒店的要求、五星级酒店的条件和优势。换言之，也就是要在公众希望五星级酒店怎样、五星级酒店又擅长为公众做什么之间，找到五星级酒店形象的落脚点，并引申出个性特征。我国北京的香格里拉五星级酒店，其形象特征便是：一座在阳关下闪闪发光的、东方的景致和西方的舒适珠联璧合的24层大楼。

2. 推广五星级酒店形象

设计出来的五星级酒店形象，要通过各种方式和媒介，比如画片、模型、录像、宣传材料及各种社交活动推广出来，使广大公众了解和熟悉，以提高五星级酒店的知名度。这里要特别注重三方面公众：一是五星级酒店的内部员工；二是潜在的顾客；三是经营伙伴。

3. 检测五星级酒店形象

要通过广泛的调查，了解、检测五星级酒店的实际形象与期望的形象有否差异，分析差异产生的原因，并报告给五星级酒店决策者，采取相应的措施。

4. 调整五星级酒店形象

在必要的时候，五星级酒店还要根据形势的变化，对形象进行调整，重新定位。

资料来源：张建庆．酒店公共关系［M］．上海：上海交通大学出版社，2011.

三、酒店公共关系策略

（一）酒店内部公共关系策略

酒店内部公共关系是酒店公共关系的重要组成部分，其状态如何，直接关系到酒店公共关系目标的实现和酒店良好形象的塑造，是酒店公共关系的基础，也是实现酒店良好外部公共关系的前提和保证。酒店的内部公众，主要包括内部的工人、技术人员、管理人员等，他们是酒店实现组织目标和利益的主要依靠力量，因为他们是组织赖以存在的细胞、是组织的物质承担者。酒店所确定的目标、制订的计划、工作的任务、采取的措施，必须取得他们的理解、支持和配合、并且要依靠他们的身体力行才能付诸实施。因此，酒店必须具有对内部公众的吸引力、凝聚力，必须运用各种方法、采取各种手段、通过各种途径，把内部公众牢牢地吸引和凝聚在自己的周围，使内部公众把组织的目标作为自己的目标、把自己的利益与组织的利益紧紧结合起来，与组织融为一体，具有强烈的责任感、参与感、归属感，愿意和企业同心同德、同甘共苦。只有这样的内部公共关系才会成为酒店实现目标和利益的强有力的力量。

1. 培养内部员工的公关意识

公关意识包括：树立良好形象的公关意识，公众至上的公关意识，积极传播的公关意识，文明竞争的公关意识，品牌管理的公关意识。塑造良好形象的公关意识是公关意识的核心，这是一种无形的资产，是员工首先要具备的公关意识。现代公关之父艾维·李在著名的《原则宣言》中明确提出了公众的重要性，现代社会的信息工具高度发达、市场竞争激烈，员工具有积极传播的公关意识已成为决定一家酒店发展成败的关键。作为现代酒店的员工，应具备文明竞争的意识，注重其他酒店利益与自身利益的平衡协调，建立平等互利的友好关系。品牌是酒店通过服务给予消费者或客户的一项重要承诺，是酒店生存和成功的关键因素，酒店内部只有全员具有了品牌管理公关意识，才能维系品牌的成长。

2. 做好酒店内部危机公关工作

酒店的危机公关是酒店在处理危机时所采取的一切手段和谋略，以恢复公众信任、重塑酒店形象。危机无时无处不在，首先，应积极主动、迅速反应，以负责任的态度应对公众和媒体。其次，应编制危机处理手册，为处理危机提供科学指导。最后，处理危机并着手进行恢复管理，消除不良影响。在处理危机时，酒店内部人员应真诚公开地面对公众和媒体，不得编造、歪曲或掩盖事实。任何时候，真实诚恳地对待公众，才能使自己得到公众的支持和理解。

3. 加强酒店内部文化建设

企业文化是企业的灵魂，是推动企业发展的不竭动力，那么优异的酒店企业文化也是酒店的灵魂，是推动酒店发展的动力。酒店内部的每个员工都应树立酒店的价值观，根据具体情况建立适合本酒店发展的文化。加强酒店的企业文化建设，对酒店的生存和发展有着重要作用。

（二）酒店外部公共关系策略

酒店外部公关的主要任务是扩大酒店的影响，提高酒店的知名度，提高公众对酒店的认知程度，增加酒店的吸引力，实施双向的信息交流，有效地进行酒店与公关对象之间的信息沟通。因此在酒店推出新产品、新的服务项目、新的经营方式时，酒店要及时利用各种形式的公关活动进行宣传和介绍，消除公众的观望心理。酒店在发展顺利时，公关活动要宣传已取得的成绩，进一步扩大影响，强化酒店在公众心目中的良好形象。酒店应该适时地组织各种活动，宣传酒店形象；适时制造新闻，扩大影响；召开新闻发布会（记者招待会）；进行社会公益服务，承担社会责任；做好公关广告宣传等。具体来说酒店公共关系促销的类型主要有以下几类。

1. 六寸空间攻心战

现代公关促销理论把建立、维持、发展各种市场关系作为促销的一个重点。市场是很具体的，是活生生的消费者，所以占领市场不是占领商场的柜台，而是占领消费者的大脑，即占领六寸空间。公关促销的品牌渗透、形象渗透，叫作六寸空间攻心战。人的消费行为是由消费意向支配的，消费决策决定消费行为，酒店要想影响消费者的消费行为，首先要影响他们的消费决策和观念，所以用酒店的品牌和形象占领消费者的六寸空间是酒店公共关系促销的关键。一般来说，人的记忆容量是非常有限的，人们对同类型的品牌最多能够记住 5 ~ 7 个，酒店如何能在消费者有限的空间里面占领一个位置且占领首位空间，在现代信息爆炸的环境里是比较困难的。现在酒店的市场是同质化的，产品之间的差异越来越小，关键是谁的品牌先占领了消费者的六寸空间，谁就是赢家。酒店市场竞争不仅是产品的较量和价格的较量，也是酒店品牌和形象的较量，这正是酒店公共关系促销的重要性所在。

2. 开展公益活动

酒店是社会的一员，对促进社会发展有着不可推卸的责任，积极参加社会公益活动既有利于回馈社会，也有利于提高自身知名度和信誉度，在公众中树立酒店注重社会责任的形象。从另一角度讲，这也是一种情感策略，可从内心征服客人，让客人感觉到这是一个有感情的酒店，从而更愿意来光顾。

案例 7-8

天津发生重大爆炸事件，酒店人在行动

2015 年 8 月 12 日，天津滨海新区港务集团瑞海物流危化品堆垛发生爆炸后，酒店业也迅速行动起来。多家当地酒店通过微信发布信息，当晚免费为伤者开放，提供食物、水等用品。下面简要列举部分酒店的举措。

天津滨海假日酒店表示从即日起为滨海新区受灾的同胞友人提供免费休息场地及简餐。

天津滨海喜来登酒店从即日起为滨海新区受灾的同胞友人提供免费休息场地及简餐。

天津万丽泰达酒店即日起为因爆炸无法回家的同胞提供免费休息场地、饮水及服务。

天津生态城世茂希尔顿酒店即日起至 8 月 15 日为因爆炸无法回家的同胞提供免费休息场地、用水及服务。

天津瑞湾开元大酒店即日起至 8 月 15 日，将免费为滨海新区受灾的友人及同胞提供免费休息场地、用水、简餐以及服务。

塘沽格林豪泰外滩金街店免费对伤者开放，为其提供住宿、水和食物，请受伤的同胞有需要的过来！地址：塘沽大道与山东路交口格林豪泰，联系人：刘店长和田店长，到店直接联系即可。

天津开发区腾龙家园宾馆今晚向所有受伤人员提供免费住宿，地址：开发区第三大街菜市场西侧！有需求者请直接去前台登记！

天津滨海一号酒店即日起至8月17日为受灾同胞提供免费休息场地、用水、简餐及服务。

天津中心唐拉雅秀酒店即日起，将免费为滨海新区受灾的同胞提供免费休息场地、用水、简餐及服务。

天津锦江之星滨海新区5家连锁店全力支持救灾工作，从即日起对受伤群众、无家可归群众、消防战士等需要帮助的友人提供免费住宿场所。

天津碧桂园凤凰酒店从即日起为滨海新区受灾的同胞友人提供免费休息场地、用水及简餐。

塘沽宜必思酒店免费对受伤者开放，为受伤的同胞提供住宿、食物、水。

天津滨海建国大酒店因受爆炸影响，酒店玻璃被震碎，在安抚客人的同时，第一时间对外宣布：即日起，天津滨海建国大酒店将免费为滨海新区受灾同胞免费提供休息场地、用水及服务，大灾面前滨海建国大酒店全体员工将尽绵薄之力与您共渡难关。

天津胜利宾馆于即日起至8月15日，由酒店免费向受灾居民提供会议室、咖啡厅等休息场所及饮品。

天津塘沽开发区七家汉庭受难同胞提供饮用水、盒饭、大堂休息及住宿。

99旅馆天津滨海新区于家堡店即日起，将免费为滨海新区受灾的同胞免费提供住宿、休息场地、用水、食物及服务。

美豪酒店天津店从即日起为滨海新区受灾的同胞友人、医疗救护人员，提供免费休息场地、矿泉水及简餐。

铂涛旗下共42家7天、IU天津相关分店为所有因爆炸影响受伤或无法回家的受灾人员及参与救援的消防人员、医护人员、志愿者提供休息场地（大堂或餐厅区域），并提供水、小食品、充电器、医疗救护用品（绷带、止血贴、口罩等）、电话拨打服务；各分店根据自身情况提供一定数量的免费房间作为受灾人员及救护人员的临时居所。

资料来源：迈点网．天津发生重大爆炸事件，酒店人在行动［OL］．http://info.hotel.hc360.com/2015/08/131111614609.shtml，2015-08-13.

3．制造新闻事件

公共关系在促销传播中常用的一个手段是利用媒介关系，其中比较有特色的一个做法是利用一些偶发事件和突发事件制造新闻事件，创造轰动效应。但制造的新闻事件一定要以事实为基础，而不是伪造，必须符合新闻传播规律，包含新闻各个要素，有新闻价值；它不是一篇新闻稿，而是一个活动或一个事件。新闻事件只有满足以上几个要求才能引起新闻界的关注或产生轰动效应。人们常说记者要有灵敏的新闻鼻，要能闻出哪里有新闻，公关人员则要有新闻脑，要能主动地制造新闻，或把有价值的新闻挖掘出来，并通过一个活动展现出来，在这方面公关人员在某种意义上比记者技高一筹。

4. 利用影视影响公众舆论

面临现代的国际传播竞争，衡量一个国家在国际上的地位，不仅仅看它的政治、军事、经济、科技实力，还要看其传播实力。香港旅游业利用影视做宣传是非常成功的。香港政府旅游协会拍过一部《在神秘的大幕后面》的旅游宣传片，该片反映了香港的旅游资源、人文特色。这部片子成功地向东、西方不同文化背景的游客推销了香港的旅游形象。据香港旅游协会统计，投入一元港币的旅游宣传费，可以赢得200元港币的旅游综合收入。此外，如迪拜七星级帆船酒店制作视频反映酒店建造的思想、过程及酒店形象，从而让更多的消费者了解它，并想尝试着去居住或观光。再如，有一部电视剧叫《五星大饭店》，给观众展示的是贴身管家工作，通过这部电视剧观众不仅了解了贴身管家，同时也有很多消费者想尝试这样的贴身服务。

5. 利用名流效应

对于中国的潜在高端消费者而言，当酒店的高档设施和细致服务都已相差无几时，也许名人入住是对于潜在消费者的最好示范。特别是在一个酒店品牌尚未被人深刻理解的国度来说，知名人物的下榻带给酒店的往往是规模化的效仿。利用名流效应是公共关系人际传播里常用的手段。这方面的案例很多，基本的道理就是利用名人的光环效应。我们应该承认，名流对公众的影响力比一般的传播效果要好，借助名人效应，能够强化信息的影响力。例如，很多酒店可以邀请名人在酒店内部作讲座。

位于北京建国门外的国际俱乐部饭店，是北京声名最为显赫的五星级酒店之一。美国总统布什访问北京时就下榻于其中唯一的一间总统套房，而球王乔丹来访时与他的总统选择了同一个房间。这家酒店的两个大股东是中国外交部和美国喜达屋酒店集团，酒店由后者以他们旗下的高端品牌“圣·瑞吉斯”品牌进行管理。每临美方高层访京，这里和钓鱼台国宾馆都成为中国政府给美方提供的候选住所，而因为美方管理的背景以及“圣·瑞吉斯”品牌号召，美方往往钟情此地。

对于那些声名显赫的名人而言，选择酒店的基本前提当然是酒店应该有一个知名的品牌，而在他们进行了选择之后，他们的名气又赋予了酒店新的品牌竞争力。名人效应得以传递给了其他消费者，这种选择和被选择的过程使得品牌的效应接力传播。

6. 人际传播个性化

酒店公共关系促销策略中也可以运用人际传播个性化策略，人际传播就要非常注意个性化设计，无论是一个电话、一个信函、一个卡片，都要非常有针对性地设计，这种设计来源于酒店对传播对象的了解，所以酒店做公共关系的要建立客户公共关系档案，要不断更新，一旦需要时，就可检索个人档案，对其进行针对性设计，会收到非常好的效果。

评估练习

（1）什么是酒店公共关系？

（2）酒店公共关系的主体是什么？

（3）简述酒店内部公共关系策略。

（4）举例说明酒店外部公共关系促销策略。

第五节　酒店营业推广

教学目标：

（1）了解酒店营业推广的概念。

（2）熟悉酒店营业推广的特点。

（3）掌握酒店营业推广的方式。

一、酒店营业推广的概念

酒店营业推广是酒店一种适宜于短期推销的促销方法，是酒店为鼓励购买、销售酒店产品而采取的除广告、公关和人员促销之外的所有企业促销活动的总称，它是在短期内刺激顾客或中间商迅速和大量地购买酒店特定产品或服务的促销活动。其目的在于在短期内迅速刺激和扩大需求，取得立竿见影的效果，从而改善酒店的经营效果、增加销售、扩大市场占有率。营业推广在促使消费者使用产品，劝诱使用者再购买、增加消费、对抗竞争和促进酒店其他产品的消费等方面起着重要作用。

二、酒店营业推广的作用

（一）吸引消费者购买

吸引消费者购买是酒店营业推广的首要目的，尤其是在酒店推出新产品或吸引新顾客方面。由于营业推广的刺激比较强，较易吸引顾客的注意力，使顾客在了解酒店的基础上采取购买行为，也可能使顾客追求某些方面的优惠而订购酒店产品。

（二）奖励酒店忠实者

因为营业推广的很多手段，譬如销售奖励、赠券等通常都附带价格上的让步，其直接受惠者大多是经常使用本酒店产品的顾客，从而使他们更乐于购买和使用本酒店的产品，以巩固酒店的市场占有率。

知识拓展7-9

忠诚顾客

忠诚顾客是指那些持续关注并且购买企业产品或者服务的顾客。忠诚顾客是对企业十分满意和信任，而长期、重复地购买同一企业的产品和服务的顾客。

资料来源：梁冬梅. 旅游公共关系原理与实务［M］. 北京：北京交通大学出版社，2008.

（三）实现酒店促销目标

实现酒店促销目标是酒店营业推广的最终目的。营业推广实际上是酒店让利于购买者，它可以使广告宣传的效果得到有力的增强，破坏消费者对其他酒店产品的品牌忠实度，从而达到本酒店产品的销售目的。

三、酒店营业推广的特点

（一）短期性和非规则性

短期性是营业推广最主要的特点，当然也是酒店营业推广的主要特点。适用于诸如酒店刚开业、酒店新产品上市、重要节假日等短期内的促销活动，能有效地吸引新消费者。酒店营业推广不会如广告、人员推销、公共关系一样经常出现，目的只是解决一些具体的促销问题。

（二）灵活多样，适应性强

酒店可根据顾客心理和市场促销环境等因素，采取针对性很强的营业推广方法，向消费者提供特殊的购买机会，具有强烈的吸引力和诱惑力，能够唤起顾客的广泛关注，立即促成购买行为，在较大范围内收到立竿见影的功效。如酒店在网络上进行团购，会满足消费者团购低价心理，从而带来很多的消费者；又如酒店联合景区在短时间内开展住酒店送景区门票。酒店营业推广的方式很多，关键要在特定的时间、特定的环境下抓住消费者特定的心理。

（三）直观的表现形式

许多营业推广工具具有吸引注意力的性质，可以打破顾客购买某一特殊产品的惰性。它们告诉顾客说这是永不再来的一次机会，如酒店开业免费办会员卡、成为会员则会免费入住一晚，这对于一些精打细算的人来说非常具有吸引力，但这类人对任何一种品牌的产品都不会永远购买，是品牌转换者，而不是品牌忠实者。

（四）有一定的局限性和副作用

酒店营业推广确实可以在一定程度上增加销售量，但是如果这种促销方式采用较多可能适得其反。有些消费者会产生逆反心理，高档的酒店可以被消费者认为品质较差，如此可能失去一些有名望的消费者。

四、酒店营业推广的方式

酒店营业推广因针对的对象不同，可以分为面向中间商的营业推广与面向消费者的营业推广。由于消费者是酒店产品的最终用户，酒店在市场机制日趋成熟、市场竞争也日趋激烈的情况下，只有赢得消费者才能赢得市场，因此面向消费者进行营业推广时的策略是否得体、是否让消费者满意是尤为重要的。在此，本书主要介绍酒店对消费者常用的营业推广方式。

（一）价格引诱

价格引诱是指利用顾客求廉和求实惠的心理，在价格制定等方面所采用的措施。价格引诱策略是餐饮店经营中常用到的定价策略，可以刺激顾客的消费欲望、增加营业额。灵活运用价格引诱策略对增加餐饮店的利润水平有着重要的作用。价格引诱策略常用的方式有如下3个。

1．吉祥数字价格策略

吉祥数字价格策略略是指利用顾客对不同数字的心理反应来确定产品的价格，对顾客实施引诱，如对一些爱追求经济实惠、对价格较敏感的顾客所采取的小数点定价策略或零头标价的策略。例如本是70元的产品实施时定为68元却更利于销售。价格引诱策略还常用吉祥数字标价，以迎合顾客求吉祥的心理，例如“8”代表发财，“6”代表顺利，“9”代表长久等。

2．价格诱饵策略

一些餐饮店为吸引顾客光临，特将个别菜品价格定得较低，甚至低于产品成本，例如某餐饮店推出“一大瓶可乐仅一元”的特价优惠策略，其实质就在于以此为饵，吸引顾客到该餐饮店用餐。而几乎没有顾客会只在餐饮店里喝一瓶可乐，而没有其他的消费。在运用这一方法时，诱饵的选择十分重要，必须注意诱饵做工要简单，以免直接人力成本的提高，造成销售无法支付费用。诱饵菜品必须是顾客比较熟悉，并且比较喜欢的。要控制好诱饵产品的价格幅度及与其他产品价格之间的互补，诱饵产品的价格最好不要低于其原材料成本支出及人力成本支出，同时其他产品的价格应稍微调高一些，以弥补诱饵产品的利润及费用。如果以竞争对手的代表菜品为饵，会取得更好的效果。

3．幸运抽奖策略

幸运抽奖策略源自百货业的有奖销售策略，是针对顾客的侥幸心理展开诱惑的策略。在实施时，可对顾客宣称，当消费额达到某一比例时，即可参与餐饮店幸运抽奖，作为餐饮店的幸运嘉宾。奖项可以是就餐免费、赠送优惠卡或纪念品等。不过在实施此法时应注意要在征得有关部门同意后方能进行，要力求公平、公正合理，做好中奖率的配置，并做好组织实施工作。

（二）奖券和抽奖

酒店所推出的奖券和抽奖都是用来刺激顾客进行购买的诱因。对于奖券，酒店可以把它附载在报纸、杂志以及宣传材料中或是通过邮寄直接寄送给顾客。当然，酒店还可以在顾客消费的时候就赠送给他们奖券，以求在第一时间刺激他们的再次购买和消费欲望。

酒店抽奖的形式多种多样，目前在美国和欧洲有许多酒店就采用一种幸运抽奖的方式。凡是在本酒店消费的顾客都有机会参加这种抽奖活动，一旦顾客中了奖，他们就可以获得一些酒店提供的实物或是一次免费的服务，以使他们更进一步地接近酒店的产品，并在此过程中获得身心的愉悦。但是，酒店在举行抽奖活动的时候，一定注意要实事求是，不能出现只抽无奖的情况，这样会使顾客产生反感。

案例 7-9

××酒店的促销活动

××酒店作为服务业，它是在销售一种服务，是利用有形的外在物质加上无形的内在服务融合在一起给客户呈献一种“产品”。因此在服务过程中××酒店利用这种融合的硬件与软件条件，有针对性地来选择酒店促销手段。××酒店可以采用的促销手段有以下4种。

1. 入住抽奖活动

入住××酒店即可参与抽奖活动，鉴于××酒店是绿色环保酒店，不提供洗漱用品，所以我们的三等奖是一份洗漱用品（若有两人同时入住，即赠送两份），比例为50%；二等奖是7折的折扣券，比例为10%；一等奖是5折的折扣券，比例为5%。

2. 抵价券

在每位入住的客人退房的时候，××酒店将送上一张30元抵价券（1、2条促销措施，将在不同的月份轮流实施）。

3. 团购券

客人在各大团购网上可以购买××酒店的团购券（团购券的价格将按酒店的旺季、淡季及实际情况改动）。

4. 超级团购价

买10送1，凡当日一次性同时入住11间客房，可减免1间价格最低的客房房费；或者，一次性同时入住10间以上（含10间），送结款人200元左右的礼品。

资料来源：李伟清，贺学良，李菊霞. 酒店市场营销管理与实务［M］. 上海：上海交通大学出版社，2010.

（三）提供酒店的产品样品

有时候，酒店可以让一些顾客先试住或是品尝自己的产品，再向他们收取费用，或是进行大量的销售。其实这也是酒店的一项很有竞争力的高招，这种方法对于消除顾客不了解酒店的顾虑有很大的帮助，尤其对于中间商和酒店大型宴会的办理者的购买是十分有效的办法。

（四）退款和折扣

给予没有得到满意服务的顾客以全部或是部分的退款或是折扣是使顾客对酒店产品质量充满信心的一种保证，同时也是酒店吸引顾客的一大有利条件。比如，美国的酒店规定，如果顾客送洗的衣物没有在规定的时间内洗好并送回，酒店将不得收取顾客的洗衣费用；再比如，如果在酒店餐厅内，客人所点的菜肴没有在规定的时间内送到，这桌客人就将免费享用这顿佳肴。这种方法对于个人或是少数的消费者是行之有效的。

（五）优先照顾

酒店对待自己的特殊顾客，比如说重要顾客、贵宾、酒店俱乐部的成员、长期客户等，可以实行一种具有个性的特殊服务。酒店可以为他们优先进行订房，定期地给予他们一些特别的礼品，或是赋予他们在酒店内部就可以将支票兑换成现金的业务等。

（六）红利

酒店有时候为了刺激中间商的购买积极性，也可以采取销售分红的形式，使之可以与酒店共享一定比例的利润。酒店通过这种红利形式，就将自己与中间商的利益紧紧地结合在一起了。

（七）鼓励重复购买

鼓励重复购买是酒店对经常下榻本酒店和与酒店有长期业务关系的客户所给予的各种优惠以及激励的方式，以提高顾客对本酒店的忠诚度。例如，在美国有很多酒店对于曾经购买过本酒店产品 6 次以上的顾客给予特殊的荣誉，其中包括按照其特殊的要求来安排房间，以及在其所用的客房用品上面绣上客人的姓名以供其专用。另外，还有些酒店按照顾客每次住宿房间的天数来累计分值，给予他们十分丰厚的奖赏，以刺激他们对本酒店的产品的持续购买。

（八）酒店俱乐部

酒店举办俱乐部是稳定自己客源的一项有效的手段。目前，酒店俱乐部的形式多种多样，比如健身中心俱乐部、高级管理人员俱乐部、秘书俱乐部等。顾客参与进来，既可以是以一种消费的形式，也可以是以一种被酒店给予优惠或是奖赏的形式。酒店通过俱乐部的成员提供优质的服务，来提高顾客对本酒店的忠诚度，并争取使之成为自己酒店的常客。

（九）特殊活动

举办各式各样的酒店活动，在顾客的心目中形成“活动中心”的形象，是酒店进行促销的又一形式，也是酒店促销活动的一大优势。现存一些酒店大搞酒店食品节、酒店店庆、夏日消暑节、啤酒节、烧烤节，以及针对白领女性的健康保健节等，真是层出不穷。这样，酒店就可以利用这个机会来扩大自己的影响，增加自己的销量。

案例 7-10

布丁酒店的网络推广

选择国内学生群体比较活跃的社交网站，如新浪微博、校内人人网、腾讯 QQ、百度贴吧等。在这些网站免费注册官方账号，在网站中发表酒店的宣传文字、图片以及提供布丁酒店的优惠信息。

与携程网、去哪儿网、淘宝旅行网、艺龙旅行网等网站合作，在这些网站预订的顾客可以享受学生价以外的其他优惠折扣。同时这些网站需要在网站首页给布丁酒店提供广告的位置，给酒店提供宣传的途径。

资料来源：贺友桂，李明飞．酒店管理：理论、方法与案例［M］．北京：中国经济出版社，2014.

（十）赠送礼品

向客人和中间商赠送特别的礼品也是酒店加强与顾客感情交流和联系的有效途径。酒店使用一些精美的礼品其实也是酒店的一种促销手段，它能够使这些礼品的接受者更加了解酒店，并对酒店留下深刻的印象。

当然了，酒店的赠品并非是越贵越好。作为酒店的一种宣传品，当然是一种带有酒店明显标记的物品，应该可以达到宣传酒店形象和产品的目的，比如说，印有酒店名称或标志的公文包、胸针、T 恤衫等。

知识拓展7-10

Aloft 酒店：互联网思维展示空间

喜达屋集团旗下的 Aloft 酒店，去年和美国家居内饰零售商 Design Within Reach 签订合同，在美国20个酒店展示和促销他们的家具，包括扶手椅、吊灯等，价目表就放在房间内客人触手可及的地方。酒店和家具品牌商各取所需，酒店可以根据自身定位和喜好进行挑选，并且免费使用；家具品牌展示商则获得免费的向用户展示的机会，不仅是展示更是深度体验。许多客人会在家具前自拍上传到社交媒体，本身对酒店也是一种宣传。酒店的诸多创新尝试，已经大大超越了传统酒店的常年促销乏力的礼品店，不仅扩大了自己的利润来源，同时获得了更多的媒体传播。

资料来源：石应平，冷奇君．酒店管理信息系统实务［M］．北京：高等教育出版社，2011.

评估练习

（1）简述酒店营业推广的概念。

（2）简述酒店营业推广的特点。

（3）简述酒店营业推广的方式。

（4）请用酒店营业推广的相关知识分析某具体酒店的促销情况。

第六节　酒店促销的新理念、新方法

教学目标：

（1）掌握酒店数字营销概念。

(2) 掌握酒店数字营销的优势。

(3) 酒店数字营销的新方法。

一、酒店促销新理念——数字营销

(一) 酒店数字营销的概念

酒店数字营销是使用数字传播渠道来推广酒店产品和服务的实践活动，从而以一种及时、相关、定制化和节省成本的方式与消费者进行沟通。

酒店数字营销包含了很多互联网营销（网络营销）中的技术与实践，但它的范围要更加广泛，还包括很多其他不需要互联网的沟通渠道。因此，酒店数字营销的领域就涵盖了一整套元素，如手机，短信/彩信，显示/横幅广告以及数字户外广告等。

(二) 酒店数字营销的优势

酒店数字营销具有许多前所未有的竞争优势：能够将产品说明、促销、客户意见调查、广告、公共关系、客户服务等各种营销活动整合在一起，进行一对一的沟通，真正达到营销组合所追求的综合效果。这些营销活动不受时间与地域的限制，综合文字、声音、影像、网片及视听，用动态或静态的方式展现，并能轻易迅速地更新资料，同时消费者也可重复地上线浏览查询。综合这些功能，相当于创造了无数的经销商与业务代表。

(三) 酒店数字营销的意义

在数字经济时代，酒店业必须把数字促销作为一个重要的方面来关注，变革原本不能满足需要的营销思想、模式和策略，实现新的促销方式。

一般来说，在充分竞争的市场上酒店业只能得到正常利润，如果想得到超额利润，就必须创新，而数字营销就是创新的典型事物。

酒店数字营销不仅仅是一种技术手段的革命，而且包含了更深层的观念革命。它是目标营销、直接营销、分散营销、客户导向营销、双向互动营销、远程或全球营销、虚拟营销、无纸化交易、客户参与式营销的综合。数字营销赋予了营销组合以新的内涵，其功能主要有信息交换、网上购买、网上出版、电子货币、网上广告、企业公关等，是数字经济时代企业的主要营销方式和发展趋势。

案例 7-11

7 天连锁酒店微信粉丝暴增 140 万的秘密

2014 年 5 月 16 日，7 天连锁酒店的微信公众号“7 天会”（今日起，7 天会将正式更名为“铂涛会”），目前粉丝已经暴增至 140 万。

对于大多数品牌商来说，微信运营的一个关键是如何以用户更愿意接受的方式向其传递信息。但除了被动接受信息，用户主动贡献内容也可以是微信运营的另一个方向。7天连锁酒店官方微信运营的一个小招数就是向用户约稿，增加微信用户参与度。

“我们的客户群体多数是年轻人，喜欢得瑟，喜欢玩，喜欢分享，所以（微信投稿）活跃度很不错，每天都会收到来稿。”7天连锁酒店微信运营负责人许开放表示。另外，移动端本来适合阅读，而微信公众号的一个特色也在于订阅，有很强的阅读属性。

当然，为了能更有效地激励微信用户积极投稿，一些积分奖励是必不可少的。据了解，7天连锁奖励微信投稿用户的方式主要是奖励5000积分。

资料来源：马开良．酒店营销实务［M］．北京：清华大学出版社，2015.

（四）酒店数字营销的发展建议

1．酒店需按预算来计划数字营销

酒店经营者应该把至少4%的客房总收入花费到广告/营销工作上，其中75%的广告/营销预算应该花费在数字营销方面。在2015年，50%以上的酒店房间将在网上预订！只有把更多的钱用在客人待的地方才有意义。

2．酒店需专注于业务需求

酒店目标是推动在线直接预订，确保把重点放在实现这一目标的技术和营销活动上。这包括网站的重新设计和优化、SEO（搜索引擎优化）和SEM（搜索引擎推广）/付费搜索、电子邮件营销、客户群营销、直接回应横幅广告营销以及更新的举措，如动态价格营销（DRM）、元搜索、动态内容个性化、多渠道营销活动、互动应用和高度集中的显示定位和重新定位。

3．酒店需优化所构建的酒店网站

根据网站访问者的人群特征、地理位置、网站访问路径、历史预订、喜好、所属奖励项目或所属某个特定客户群（短暂的商务旅行、休闲旅行、家庭旅游策划者，企业会议策划者，SMERF组织的策划者，婚礼策划者，社会活动策划者等），动态内容个性化为网站访问者提供独特而相关的、文本的、视觉的宣传内容。

基于地理定位的动态内容个性化是合乎逻辑的第一步，它将从这些关键的客源市场中以更高的转换率和增量收入的形式使酒店受益。

4．在酒店营销活动中整合实时动态价格

动态价格营销可以把实时酒店库存的可用性和价格插入各种营销活动中。启动动态价格营销的一个快速简便的方法是在Trip Advisor和Google Hotel Finder展开营销。比如，在GDN上，以具体的酒店价格和促销活动，利用动态价格横幅广告显著提高转化率，产生良好的投资回报。

5．选择适合的数字营销合作伙伴

酒店的数字营销合作伙伴应该成为酒店公司的团队延伸，朝着共同的目标努力，并提供业务需求的解决方案。这个合作伙伴也应不断带来新思路以及最新的最佳实践和技术发展。

二、酒店促销新方法——数字营销

知识拓展7-11

微信，指尖上的营销

移动端最为火爆的APP应用是微信，微信具有庞大的用户数量、尚未发掘的商业价值，使得商家们纷纷入驻微信。商家可以通过微信与用户进行互动、活动促销、推广自身企业品牌等一系列营销活动，吸引用户成为你的粉丝，促成线下实体店的交易。

资料来源：马开良．酒店营销实务［M］．北京：清华大学出版社，2015.

（一）酒店微信营销

1．酒店微信营销的概念

酒店微信营销是网络经济时代企业/或个人营销模式的一种，是伴随着微信的火热而兴起的一种网络营销方式。酒店微信不存在距离的限制，用户注册微信后，可与周围同样注册的“朋友”形成一种联系，订阅自己所需的信息。酒店通过提供用户需要的信息，推广自己的产品，从而实现点对点的营销。

2．酒店微信营销的优缺点

1）优点

（1）独特的语音优势，微信不仅支持文字、图片、表情符号的传达，还支持语音发送。如果你疲惫于打字发信息，就可以直接通过微信发个语音信息。每一个人都可以用一个QQ号码打造本人的一个微信的大众号，并在微信平台上完成和特定集体的文字、图片、语音的全方位交流、互动。

（2）定位功能，在微信的“查看附近的人”的插件中，用户可以查找与本人地理方位邻近的微信用户。体系除了显现邻近用户的名字等基本信息外，还会显现用户签名档的内容。酒店可以运用这个免费的广告位为本人做宣传，乃至打广告。

（3）高端用户，微信用户主要分布在一线大城市，多为年轻人、白领阶层、高端商务人士、时尚的iPhone一族，并且年龄在20～35岁的用户占到了50%以上。这一强大的优势使酒店营销有了更好的方向，特别是针对白领的产品。

（4）稳定的人际关系，“在现实中，僵尸粉丝和无关粉丝很多，而微信的用户却一定是真实的、私密的、有价值的。”《创业家》新媒体业务负责人表示。微信关注的是人，人与人之间的交流才是这个平台的价值所在。微信基于朋友圈的营销，能够使营销转化率更高。

（5）方便的信息推送，微信大众账号可以经过后台的用户分组和地域操控，完成精准的音讯推送。一般大众账号，可以群发文字、图片、语音三类的内容。认证的账号则有更高的权限，不仅能推送单条图文信息，还能推送专题信息。

2）缺点

微信基于隐私的保护，会看不见朋友的朋友与他的谈话，而“查看附近的人”这个功能会使自己的相册暴露在任何一个陌生人面前，因为没有取消可见这个功能。熟人社区和陌生人交友，这两个极端的关系链混合在一起，让朋友圈这个产品的定位变成一个艰难的决定。

知识拓展7-12

酒店做微营销的小技巧

微营销近来十分火热，是以微博、微信等社交应用为载体的一种新营销方式。餐饮行业和酒店行业对微营销、O2O这些新兴营销方式和商业模式的态度十分积极，某酒店运营者曾问，酒店行业的微营销到底该怎么做？

(1) 酒店微博势必要加入“强运营”，活动运营只解决了“告知”粉丝“我开通了微博”。

(2) 酒店做微博运营必须自己人去做，只有自己最了解自己的产品。

(3) 在微博站内搜索关于自己酒店的微博或粉丝，那才是自己的目标客户。

(4) 搜索竞争对手的微博，也能找到目标客户。

(5) 微博、微信之于直销的最大优势在于：酒店可以通过微博、微信直接和粉丝（目标客户）建立联系。

(6) 新浪微博、腾讯微信的DNA决定其在“强关系”和“传播”上的短板，换句话说：目前阶段，二者在营销上可以优劣势互补。（微博、微信也在互相学习，尝试弥补各自的优缺点。）

(7) 微博、微信在营销上并不是唯一的选择，但却是必需的选择，因为客户已经在“玩”微博、微信了。

(8) 酒店在推广微博、微信时要充分利用线下资源：①比如房卡卡衣等，因为房卡要伴随旅客从入住到离店且随身携带曝光率较高；②到店消费旅客才是老客户，你要用老客户的口碑带来新客户。

(9) 酒店在推广微博、微信时除了必要的流程引导，还必须加入人工引导，但前提是在不影响住店旅客体验下进行。

(10) 酒店在推广微博、微信时，需要建立传播矩阵。基于两点考虑：①酒店本身是人力密集型行业，人工成本较大，短期之内不可能投入太多人力，那就扬长避短，带动每个人都玩微博、微信，如果你的酒店目前有50个员工，那么50个账号的传播矩阵不可小觑。②微博、微信本身是个性化的产品，建立传播矩阵过程中，不可设置太多规定，只要告诉他们什么不能围观转发就可以了，即设置话题红线。

资料来源：伍剑琴．酒店营销与策划［M］．2版．北京：中国轻工业出版社，2016.

（二）酒店微博营销

1. 酒店微博营销的概念

酒店微博营销是通过微博网站或微博论坛接触微博作者和浏览者，利用微博作者个人的知识、兴趣和生活体验等传播酒店理念和产品信息的营销活动。

酒店微博营销通过原创专业化内容进行知识分享，争夺话语权，建立起品牌，树立自己“意见领袖”的身份，进而影响读者和消费者的思维和购买行为。

2. 酒店微博营销的优缺点

1）优点

（1）操作简单，信息发布便捷。一条微博，最多140个字，只需要简单的构思，就可以完成一条信息的发布。

（2）互动性强，能与粉丝及时沟通及时获得用户反馈。

（3）低成本，做微博营销的成本比做博客营销或是做论坛营销的成本低多了。

（4）针对性强，关注酒店或者酒店产品的粉丝都是本产品的消费者或者是潜在消费者。酒店企业可以其进行精准营销。

（5）信息量大，消费者可以对某一产品在购买前通过网友的评论来做购买决策或者是查找该酒店产品的有关信息。

（6）覆盖面广，微博涵盖了各行各业的业内人士对一些问题的看法。

2）缺点

需要有足够的粉丝才能达到传播的效果，人气是微博营销的基础。应该说在没有任何知名度和人气的情况下去通过微博营销，很难成功。由于微博里新内容产生的速度太快，所以如果发布的信息粉丝没有及时关注到，就很可能被埋没在海量的信息中。传播力有限，由于一条微博文章只有几十个字，所以其信息仅限于在信息所在平台传播，很难像博客文章那样，被大量转载。同时由于微博缺乏足够的趣味性和娱乐性，所以一条信息也很难像开心网中的转贴那样，被大量转贴。

案例 7-12

99 睡货大赛

酒店行业一直以来都是比较低调的传统行业，媒体上对于酒店行业的新媒体营销案例报道也比较少，整个酒店行业还处于新媒体营销的摸索起步阶段，真正非常成功的案例着实不多。这里就对2014年新浪微博上比较热门的“99睡货大赛”话题分析99连锁旅馆是如何开展新媒体营销的。

“99睡货大赛”的活动内容如下：每个人在99官方微博晒出自己、家人甚至动物的睡觉照片，并“@”了3个好友，被“@”好友在48小时回复并接力，99旅馆连锁活动组委会在参赛作品中，评选出“天下第一睡货”“最2睡货”“最文艺睡货”“最屌丝睡货”“最优雅睡货”等15个奖项，每人奖励iPad mini一台，并评出5位最佳分享奖，各奖iPad mini一台。

99旅馆官方微博上显示了本次活动的营销数据，话题阅读量高达1054.2万人次，单条微博阅读量达205万人次。本次活动除活动奖品成本外没有任何推广投入，直接拉动粉丝增长69852人，粉丝活跃比达80%，活动直接参与者近6000人。品牌曝光约3000万次，两度登上微博热门话题榜，在新浪风云榜旅游酒店类排名第一，在新浪风云榜娱乐八卦类排名第三，微博影响力由1级直接跃升到3级。

显示数据对于一个酒店行业来说是成绩不菲，毕竟此次活动基本属于零投入，能获得如此高的品牌曝光值得思考。

此次成功的原因有以下3点。

(1) 参与门槛低，趣味性强。微博上以年轻人为主，他们都极具活力并喜欢分享生活，创新的有趣的活动能够吸引大批参与者。

(2) 目标群体精准。99旅馆定位“平价酒店”，这刚好符合网友们的住店标准，而且微博网友很容易就记住了你的品牌。

(3) 奖品刺激。奖品在活动中永远是主题，完全没有奖品的活动是肯定无法进行的，利用iPad刺激网友，万一要是中了呢。

综上所述，一个好的新媒体营销方案必须具备：门槛低、够新颖、易传播三大特点，减少用户参与活动的难度，活动有足够的吸引力而且方便裂变式的传播。2014年即将过去，未来酒店行业肯定也会在新媒体领域大放异彩。

资料来源：伍剑琴．酒店营销与策划［M］.2版．北京：中国轻工业出版社，2016.

（三）酒店聊天群组营销

聊天群组营销是即时通信工具的延伸，是利用各种即时聊天软件中的群功能展开的营销，目前的群有QQ群、旺旺群、新浪聊天吧等。

酒店聊天群组营销时借用即时通信工具成本低、具备即时效果和互动效果强的特点，它是通过发布一些文字、图片等方式传播酒店品牌、产品和服务的信息，从而让目标客户更加深刻地了解酒店的产品和服务，最终达到宣传酒店的品牌、产品和服务的目的，是加深酒店市场认知度的网络营销活动。

评估练习

(1) 简述酒店数字营销的概念。

(2) 简述酒店数字营销的优势。

(3) 简述酒店数字营销的发展建议。

(4) 简述酒店数字营销的方法。

第八章

酒店客户关系管理

引导案例

酒店为吸引顾客提供特殊福利

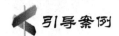

住进位于英国伦敦奈茨布里奇的韦尔斯利酒店，可在半径2.4km范围内免费乘坐酒店的劳斯莱斯轿车去任何地方，比如著名的哈罗德百货公司和皇家艾伯特大厅。住任何房型都可享受这项福利。

迪拜棕榈岛亚特兰蒂斯度假酒店的客人可免费进入水世界冒险乐园和“失落的密室”水族馆。

奥地利莱希的歌达酒店为客人免费提供新鲜自制柑橘酱以及当地出产的泉水，夏天还有向导带客人远足，还可以为客人提供山地车。

希尔顿酒店集团下属的双树酒店会在客人入住时奉上新鲜烘焙的曲奇饼。

遍布英国的Z酒店用免费奶酪、面包和葡萄酒款待客人。

位于伦敦莱斯特广场的W酒店向住套房的客人推出“不用带行李箱”服务。客人只需致电礼宾部，就会有服务员推来一个装满大牌服装配饰的衣橱供客人挑选，如果嫌衣橱里的服饰不合心意，还可以用平板电脑从一个有4000件服饰的网上衣橱挑选，由酒店派人去仓库取货并送到客人房中。网上衣橱中不少衣服出自维多利亚·贝克汉姆、亚历山大·麦昆、马克·雅可布等时尚大腕之手。

资料来源：姚建中．现代酒店管理理论、实务与案例［M］．北京：旅游教育出版社，2015.

辩证性思考：

（1）各酒店为何向顾客提供特殊福利？

（2）什么是酒店客户关系管理？其作用是什么？

客户是酒店的服务对象，良好的客户关系是酒店无形的重要财富。客户被称为酒店的“衣食父母”，没有宾客，酒店就难以生存和发展。酒店的经营特点，决定酒店必须要有良好的客户关系。酒店业的市场竞争，也决定酒店要有良好的客户关系。酒店业市场从过去的“卖方市场”形式，转变为今天的“买方市场”形式，在经营管理上，各酒店都在千方百计地争取客源，扩大客源。酒店竞争实质上已经上升为客户服务质量的竞争。下面介绍酒店客户关系管理的相关知识。

第一节　酒店客户关系管理的基本概念

教学目标：

（1）掌握酒店客户关系管理的含义。

（2）了解酒店客户关系管理的作用。

（3）理解酒店客户关系管理的意义。

一、酒店客户关系管理的含义

酒店为提高核心竞争力，利用相应的信息技术以及互联网技术来协调企业与顾客间在营销和服务上的交互，从而提升其管理方式，向客户提供创新式的个性化的客户交互和服务的过程。其最终目标是吸引新客户、保留老客户以及将已有客户转为忠实客户，增加市场份额。

酒店客户关系管理注重的是与客户的交流。酒店的经营是以客户为中心，真诚对待每一位客户，留住老客户，开发新客户。加强与客户的沟通，为客户提供多种交流的渠道。

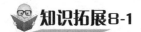

知识拓展8-1

提高酒店客户忠诚度的诀窍

生意人都知道，做生意靠的就是回头客。顾客也希望成为老顾客后可以获得一定的优惠。因此，培养顾客忠诚度的计划应运而生。如何利用有吸引力的优惠政策培养酒店顾客的忠诚度呢?

(1) 顾客希望从酒店会员忠诚计划中全年享受优惠，所以，要不断推出优惠。

免费住宿、房型优惠等都是顾客喜欢的优惠。其实，吸引顾客加入忠诚度计划的优惠方法有很多。酒店推出的优惠空间越大，吸引顾客的概率也越大；可选择的优惠方式越多，加入忠诚度计划的顾客也越多。当然，酒店的预订量也会越大。

(2) 与知名银行卡（或信用卡）签发行合作是扩充顾客数量的好办法。

21世纪是"信用卡"盛行的时代。刷卡订房送积分，刷卡租车或预订机票送积分等，这些都能帮酒店抓住新型消费群体的心。促销也是利于培养顾客忠诚度的好方法，比如，住两晚享第3晚免费。这两种忠诚度计划的优势在于，它们不仅对经济型旅游消费者有效，对想住顶楼套间的公司高层型消费者一样有效。住房送积分，也是忠诚计划的好点子。

(3) 想客户所想是培养酒店顾客忠诚度的最佳办法，也是酒店获得更多订单的途径。

比如，购物型消费者希望在酒店内就可购物；爱慈善的消费者希望酒店提供可捐赠的地点。如果酒店住客中就有经营这些业务的，那么酒店发展忠诚客户的机会又增加了。

(4) 酒店的忠诚计划中应为顾客提供可获得奖励积分的方式。如果一直只有一种单一的方式，肯定会流失很多客户。想想顾客每天的生活是多么忙碌，他们不可能每天就盯着酒店的忠诚计划。忠诚度计划提供的优惠方式越多，消费者越乐意参与进来。

(5) 奖励门槛不能设置得太高。除了打折，顾客也希望看到促销。奖励优惠的类型越多，忠诚度计划就会越成功。

(6) 重视客户满意度。如果每种奖励刺激都有多种参与方式、奖品，酒店一定可以引来更多的客源。再加上酒店一流的客户服务，酒店一定可以拥有更多的忠诚客户。

资料来源：陈学清．酒店市场营销［M］．北京：清华大学出版社，2014.

二、酒店客户关系管理的作用

（一）优化酒店业务流程

酒店客户关系管理的成功实施必须通过对业务流程的重新设计，使之更趋合理化，才能更有效地管理客户关系，从而降低酒店成本。

（二）提高业务运作效率

由于信息技术的应用，实现了酒店内部范围内的信息共享，使业务流程处理的自动化程度大大提高，从而使业务处理的时间大大缩短。员工的工作也将得到简化，使酒店内外的各项业务得到有效的运转，保证客户以最少的时间、最快的速度得到满意的服务。

（三）保留客户，提高客户忠诚度

客户可以通过多种形式与酒店进行交流。酒店的客户数据库可以记录分析客户的各种个性化需求，向每一位客户提供“一对一”的个性化服务，而且酒店可以根据客户的不同消费水平及层次的优惠措施，鼓励客户长期与企业开展业务。

（四）有助于拓展市场

酒店客户关系管理系统具有对市场活动、销售活动的预测、分析能力，能够从不同角度提供有关产品和服务成本、利润数据，并对客户分布、市场需求趋势的变化做出科学的预测，以便更好地把握市场机会。

（五）提高市场营销效果

酒店通过客户关系管理的营销模块，对市场营销活动加以计划、执行、监视、分析；通过调用酒店外部的电信、媒体、中介机构、政府等资源，与客户发生关联；通过销售模块，提高酒店销售过程的自动化，随着企业的网络化发展，订单处理和信息传递都会通过网络进行；通过前端销售功能模块与后端酒店资源管理的整合，协调酒店其他经营要素，在酒店内部达到资源共享，以提高酒店销售部门的整体反映能力和事物处理能力，强化销售效果，从而为客户提供更快速、周到的优质服务，吸引和保持更多客户。

（六）酒店技术支持的重要手段

酒店通过客户关系管理，借助通信、因特网等手段，利用本酒店及销售商、服务商等合作伙伴的资源共享，对已有客户自动地提供个性化的技术解答、现场服务、产品修理等支持和服务，并能优化其工作流程。

案例 8-1

微信连 Wi-Fi，让酒店与用户更近

微信连 Wi-Fi 是轻入口，当用户连上酒店 Wi-Fi 后，打开微信，点击微信界面的“查看详情”便能直接进入酒店服务菜单，该菜单提供了注册会员、酒店预订等服务，住店客人还可享受六大“微服务”：预留房、秒退房、晚退房、微续住、呼叫清洁阿姨和维修大叔。

入口价值的提升可以使酒店延伸出很多 O2O 服务，比如餐饮预订、购物指南等。据悉，东呈即将向外界开放这一平台，连接起更多的商家、品牌与消费者。酒店也可以将 PMS 直连微信的后台，实现客人在微信上自助选房。点击服务菜单的订房按键进入订房页面，预订成功后，客人可选择微信支付房费，这样就能实现在线选房。酒店楼层和客房布局会通过微信在 HTML 5 页面展示出来—房间位于几楼、是否临街、是否靠近电梯、是否位于拐角一览无余，一起住店的同事或亲友也可以自行选择相邻房间，甚至还有 360°全景看房功能。

资料来源：李伟清，贺学良，李菊霞．酒店市场营销管理与实务［M］．上海：上海交通大学出版社，2010.

三、客户关系管理对酒店的意义

进入 21 世纪，酒店市场营销也进入了一个新阶段，各种营销模式、概念不断更新；众多酒店在市场竞争日趋激烈的情况下遭遇重重困难；酒店品牌的生命周期越来越短，目标客户群体越来越小。在产品及品牌的感觉价值迅速降低并且导致价格低落的今天，酒店对客户需要的反应、实现高效的客户管理，将最终决定其在市场的成败得失。

案例 8-2

丽思·卡尔顿如何创造忠诚顾客

丽思·卡尔顿酒店对于崇尚奢侈品的人来说是一个传奇，这个传奇有着无数名流为其背书，其中最为有名的故事来自可称得上时尚代名词的可可·香奈尔，从 1934 年到她去世的 1971 年，可可一直住在巴黎的丽思酒店，酒店专门为她安装了私人专用电梯，电梯从她的豪华套房一直延伸到酒店后面的康朋街大门，方便她只需穿过康朋街就到达办公室。

又比如，有位员工在酒店餐厅接待了一位带着两位孩子的普通客人。对方穿着套头圆领衫和大短裤，脚踩海滩鞋，走在洛杉矶大街上，没人会认为有什么特别之处。本着酒店一贯的待客之道，员工尽心地接待了父子一行，看得出来，孩子们非常喜欢这个地方。退房之际，客人出手订下了 8 间海景套房。在接下来的 5 年时间，每到暑期，这位客人都要带着家人在这家酒店住上近 4 个月，每次还都住在那 8 间面向大海的套房中。

根据丽思的统计，有 22% 的客人贡献了大约 78% 的生意，而总营业收入中的 60% 是由

2%的客人贡献出来的，也就是说，每50位客人中，有一位比其他49位客人给酒店带来的总收入还多。在外人看来，这个贡献度有点匪夷所思，但是丽思酒店的人只将其视为服务准则的第一条“建立良好的人际关系，长期为丽思·卡尔顿创造终生客人”的必然结果。

资料来源：宿荣江．酒店营销实务［M］．北京：中国人民大学出版社，2012.

（一）适应市场竞争环境的需要

当今的酒店业市场竞争越来越激烈，谁能最终留住客户谁就能在激烈的竞争中站稳脚跟。当今的酒店市场竞争是围绕留住和吸引更多的客户展开的，客户关系管理是抓住客户需求、留住客户的必要和有效手段。酒店客户关系处理的好坏，直接影响酒店在行业内的竞争力及经济效益。面对激烈的市场竞争，不得不展开强势的客户关系管理来留住客户。

（二）实现客户忠诚度最大化的需要

酒店的客户忠诚度很难塑造及保持，这是由酒店产品及服务的可模仿性及可复制性造成的。酒店要塑造和实现客户忠诚的最大化就必须要从建立良好的客户关系及对客户关系进行有效管理着手，积极与客户进行沟通，与客户建立良好的关系，想客户之所想，以客户需求为中心开展经营，为客户提供真诚的服务。只有这样才能塑造和保持客户的忠诚度。

（三）实现客户价值最大化的需要

酒店要实现客户价值的最大化就是要让客户得到他所想得到的最大利益，并且争取与客户的长期合作，让客户在消费中获得最大利益，有利于客户关系的建立和稳定。同时运用其他手段与客户建立良好的关系，争取与每一位客户的长期合作，实际上就是把每一位客户都培养成酒店的忠诚客户、大客户和常客，从而实现客户、酒店与社会利益的多赢。

（四）实现酒店利益的最大化

酒店所有经营活动的最终目的都是为了顾客满意、组织获利。而顾客满意是组织获利的前提基础。为了使顾客满意就要与顾客建立良好的客户关系，注重细节，攻心为上。运用服务这个有利的手段建立和稳固客户关系，用细节感动顾客，用心服务于每一位顾客，争取使每一位到酒店消费的客人都能成为回头客，那么酒店利益的最大化也就随之实现了。

知识拓展8-2

酒店客户终身价值

酒店客户终身价值应包含历史价值、当前价值、潜在价值三部分，但由于历史价值是已经实现了的固定的价值，对于未来几乎没有影响，所以作为沉落成本，酒店在做出决策时可以不予考虑。而客户当前价值决定了酒店当前的盈利水平，是酒店感知客户价值的一个重要方面。客户潜在价值关系到酒店的长远利润，是直接影响酒店是否继续投资于该客户关系的一个重要因素。

资料来源：蔡万坤．现代酒店市场营销管理［M］．广州：广东旅游出版社，2012.

评估练习

（1）什么是酒店客户关系管理？

（2）酒店客户关系管理有什么作用？

（3）酒店客户关系管理的意义是什么？

（4）请举例说明酒店客户关系管理。

第二节　酒店客户关系管理的实施

教学目标：

（1）掌握酒店客户关系管理的基础。

（2）理解酒店客户关系管理举措。

（3）理解酒店客户关系管理技巧。

一、酒店客户关系管理的基础

（一）建立顾客数据库

建立顾客数据库是酒店客户关系管理的“硬件”基础。没有客户资料，连顾客都不知道在哪里，也就根本谈不上客户关系管理。如果酒店在每位顾客消费时，通过数据库，建立起详细的顾客档案，包括顾客的消费时间、消费频率、偏好等一系列特征，酒店就可借此准确找到自己的目标顾客群、降低营销成本、提高管理效率。酒店还可以通过数据库营销，经常与顾客保持沟通和联系，强化顾客与酒店密切的社会性关系，并预测顾客需求，提供更加个性化的服务。

（二）强化“软件”，即员工的素质保证

直接频繁地面对顾客的员工，作为最直接、对顾客影响最大的“品牌接触点”，必须经过严格的专业培训和标准化管理，具备较高的专业素质和服务水平。因为如果一个顾客第一次接触酒店，就没有得到足够的满意，那么很可能这是第一次，也是最后一次了。

知识拓展8-3

酒店如何通过互动提高客户黏性？

如今，旅游及酒店行业竞争激烈，消费者面对广泛的选择，会在做出选择前，先查询各种网站和社交媒体，以比较价格、查看别人的评论与推荐等。因此要赢得客户，并维护

客户的忠诚度，变得比以往更困难，光靠提供有竞争力的价格已远远不够。任何公司都需要拥有能够理解客户行为，并和客户在跨渠道进行有效互动的数字化营销战略。

一个成功的客户互动平台包括4大部分，即在线体验、脱机体验、营销体验、实体门店。其中，在线体验包括手机网页、手机应用、社交网络、私人通信、SEM/SEO。而脱机体验则包括纸质印刷品和电子邮件。另外，营销体验包括了统一客户数据、仪表板和深度洞察能力、面向营销人员的营销规划、实时个性化、端到端跨渠道/多触点营销活动。而实体门店则包括自助型终端、CRM系统、数字标牌、忠诚度计划、呼叫中心以及预订系统。

资料来源：田雅林．酒店市场营销实务［M］．北京：人民邮电出版社，2010.

二、酒店客户关系管理的措施

由于酒店行业的特殊性，客户关系管理必须贯穿于酒店经营管理的全过程。酒店客户关系管理可以在5个方面采取措施：区分客户、发展客户关系、维护客户关系、提升客户关系和不可忽视的标准化服务。通过客户关系管理，最终达到“客户满意、酒店盈利”的双赢目标。

（一）区分客户

对酒店来讲，客户是酒店提供产品和服务的对象。表8-1反映了酒店客户的基本类型。通过对客户进行区分，酒店可以对千变万化的市场进行系统分析，从而制订有效的市场开拓计划，将潜在客户开发为机会客户直至忠诚客户。

表8-1　酒店客户的基本类型

酒店客户的基本类型	基 本 特 点	关系纽带
潜在客户	处在注意与被注意的阶段，可能选择入住酒店的客户	以注意力为基础
机会客户	曾经纯粹偶然地入住过酒店，并有可能再次入住酒店的客户	以经济利益为基础
忠诚客户	长期入住酒店的客户，与酒店建立了稳固的合作关系，形成了选择偏好	以感情为基础

（二）发展客户关系

对于潜在客户，一是充分发挥媒体尤其是互联网的作用，通过提供全面、及时、个性化的酒店信息，争取他们成为酒店的新客户；二是以沟通为重点，通过广告宣传、专题促销活动、代理商介绍等手段接近潜在客户，努力使客户由潜在的购买状态转变为现实的购买行为；三是酒店建立客户服务咨询中心，为客户解答疑难，争取交易机会；四是通过客人之间的推荐建立口碑效应，促进潜在客户转化为现实的客户。

对于机会客户，要从与顾客打交道的每个环节中开发客户关系，如宣传广告、网站、旅行社、大堂服务、客房服务、餐饮服务、娱乐服务等环节。对于这种酒店与客户之间最初级的关系，酒店除了以合理的价格、优质的服务、便捷的交通、优良的设施、独特的环境等优势因素吸引客人，还可以采用许多创新的方法，例如深圳市雅园宾馆将产权直接售卖给客户，利用客户兼股东的身份，吸引机会客户成为忠诚客户。

（三）维护客户关系

根据帕累托定律，80% 的利润由 20% 的客户创造。这是因为一方面企业节省了开发新顾客所需的广告和促销费用；另一方面随着顾客对企业产品信任度的增加，从而诱发顾客提高相关产品的购买率。

理论上讲，酒店真正做到这一点，的确可以从维系客户关系中获得收益。那么，酒店如何才能做到这一点呢？关系营销理论认为，供需双方是处在一条供应链上的两环，是一种互相依存的关系，只有互利互惠才能求得共同发展。这一理论，对酒店进行客户关系管理具有指导意义。

案例 8-3

喜达屋提供终身会籍以奖励忠诚客户

为了表达喜达屋（Starwood Preferred Guest）对最为忠诚、保持会员资格最久的宾客的谢意，SPG 俱乐部计划推出了 SPG 俱乐部终身会籍。现在，总计完成 250 晚入住并至少（连续或不连续）保持 5 年精英会籍的会员将可获得 SPG 俱乐部终身黄金会籍。总计完成 500 晚入住及（连续或不连续）10 年 SPG 俱乐部计划白金会籍的会员将可终身尊享喜达屋的顶级会员礼遇。

资料来源：王大悟，刘耿大．酒店管理 180 个案例品析［M］．北京：中国旅游出版社，2007.

（四）提升客户关系

酒店产品如同工业产品一样，不仅需要有终端消费者，而且需要有中间代理商。在传统观念中，酒店并不把“中间客户”当成自己真正的客户，酒店往往忽视“中间商”的利益和要求，酒店和中间商之间即使有关系存在，也是暂时的、脆弱的、不平衡的。现在，已经有越来越多的酒店用对待“客户”的态度和方法来处理与中间商的关系，取得了良好的效果。旅行社是酒店产品最主要的中间商，企事业单位、政府部门以及民间组织机构是酒店产品最基本的中间商，新兴的客房预订中心正逐渐成为酒店所关注的中间商。实际上，酒店客户是一个庞杂而多层次的群体，实行客户关系管理显得非常重要，通过客户关系管理，酒店就能与客户之间建立起良好的合作关系，从而提升客户价值。

知识拓展8-4

酒店客户的口碑价值

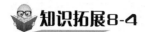

酒店客户的口碑价值是客户向酒店的潜在客户或其他企业介绍、推荐酒店产品品牌而导致酒店销售增长、收益增加时所创造的价值。口碑价值体现在两个方面：一是获取新客户的购买价值；二是降低新客户的获取成本。酒店客户通过口碑宣传交流酒店信息，并不会为此得到任何货币收益，它对任何购买行为都有很大影响。这是因为口碑的发出者是客观的第三方，他们有实际的使用经验和体会，且不带有功利性，可信度要明显高于酒店自身。所以，当潜在客户收到关于酒店的口碑宣传时常常会对其购买决策产生巨大的影响。但需注意的是，口碑影响有正有负。正的口碑影响有助于提升酒店形象，帮助酒店获得新客户，对酒店有利；负的口碑影响来自于客户对酒店的抱怨，它将酒店的潜在客户甚至是酒店的现有客户推向酒店的竞争对手，酒店若不及时处理，后患无穷。

资料来源：吕莉．酒店公共关系实务［M］．北京：经济科学出版社，2014.

（五）标准化服务

实施客户关系管理，主要研究的是如何对特定客户提供个性化服务。许多酒店可能个性化服务做得很好，令客人很惊喜，但是基础服务，即标准化服务就做得不是很理想，而且酒店往往忽视对标准化服务的管理。于是，有时我们可以看到一种怪现象，客人在对基本服务不甚满意的情况下，却能感受到某些没有预期的惊喜。比如，客人一进房间，发现酒店已经根据他的喜好提供了硬质枕头，客人非常惊喜；然而，当他除去衣物准备淋浴时，却发现淋浴喷头是坏的，不满意，刚才的惊喜也一扫而空了。所以，那些热衷于实施客户关系管理的管理者，在努力向顾客提供个性化服务的同时，要先做好标准化服务，免得本末倒置，顾此失彼。

三、酒店客户关系管理的技巧

善待老客户特别是投诉客户对于酒店的客户关系维护尤其重要，因为维护一个老客户的成本只是开发新客户成本的1/5，甚至更少。而维护老客户的重要途径就是做好客户的投诉处理。投诉，是指客人对酒店的设备、服务等产生不满时，以书面或口头方式向酒店反映情况或是针对问题所提出的意见或建议，并要求得到相应的补偿的一种手段。投诉顾客关系管理技巧如下所示。

1. 投诉产生的原因

投诉是顾客对饭店提供的设施、设备、项目以及员工的服务等各方面表示不满而提出的批评、抱怨或申诉。其表现途径有电话、书面和当面投诉。酒店顾客投诉的原因众多，但归结起来主要有以下 5 种。

（1）产品或设备质量原因引起的投诉。酒店产品的生产及其使用不能满足顾客的要求而导致投诉。比如说，空调不能制冷，食品的卫生状况不良而造成顾客身体不适，床上用品有污垢等。

（2）服务的不及时而引起的投诉。比如，顾客叫餐而没能及时送到客房，或者房间内的灯烧坏而没有及时得到维修。

（3）价格原因引起的投诉。顾客支付的酒店的费用与其自身的期望相比，所得到的利益与感觉相比、与产品或服务的实际使用价值相比、与其以往的经验相比，如果顾客觉得不是很值得，他就要对价格的不公平、不合理进行投诉。

（4）产品或服务的过度宣传而引起的投诉。酒店宣传手册或广告中对有关酒店产品以及服务的描述与实际不符，以及预订部所做出的承诺不能兑现等都能够引起顾客的投诉。

（5）“人”的原因所引起的投诉。一方面，顾客可能会因为不满酒店服务人员的服务质量或水平而产生投诉；另一方面，顾客之间的不良的相互影响，也会使其产生投诉。

2. 投诉对酒店的影响

投诉是酒店管理者与顾客沟通的桥梁，对客人的投诉应该有一个正确的认识。任何事都有它的正反两面性，投诉固然会使被投诉者不开心，接待投诉客人也不是件令人愉快的事，但也是一次挑战。投诉能反映酒店服务与管理中存在的问题，应该予以足够的重视。

（1）积极影响。投诉是一种信号，它告诉酒店在管理和服务方面存在着不足和失误，因此需要反思和改进。如果忽略顾客投诉，酒店将无法在竞争中取胜。酒店为使本身的服务内容和服务质量不断适应客人的需要，需要经常加以改进和提高。而顾客来自四面八方，其中不乏一些见多识广、阅历丰富的人。客人从他们的角度对酒店服务工作提出宝贵的批评意见，帮助酒店发现服务工作中的弱点、漏洞与不足之处，以便有针对性地采取措施，有利于酒店不断改进和完善服务工作。

（2）消极影响。投诉反映了客人对酒店的不满情绪，通常情况下客人是不会轻易前来投诉的，他们通常采取的做法是：在受到不公正的待遇之后，先想到的就是这一定是最后一次，今后再也不会来这家酒店了；还可能把这种不愉快的经历告诉其家人、同事和朋友，这是对酒店的一种极坏的影响，严重影响了酒店的对外形象和声誉。所以酒店应该欢迎客人投诉，以便消除投诉可能带来的不良影响，或将其限制在最小的范围之内。

3. 投诉处理技巧

（1）冷静、认真耐心地倾听顾客投诉。不仅对客人在气愤的状态下迸发的偏激言语或行为误导，始终保持冷静的头脑，我们还可以边听边记录客人投诉的要点，这样做不仅可以使客人讲话的速度放慢，情绪慢慢缓和，还能使客人感受到酒店对自己投诉的重视程度。此外，记录的要点资料也能作为解决问题的依据，还可以用于分析问题的症结。

（2）要设身处地地体会客人的感受，对其遭遇表示同情和理解。要站在客人的角度去思考问题，同时注意用恰当的语言安慰客人，注意自己的举止。千万不能采取“大事化小、小事化了”的暧昧态度或只知道喋喋不休地道歉。不要试图转移目标，不为自己找借口或者推卸责任，这些不仅于事无补，还会进一步激化矛盾！最好是将注意力集中在客人投诉的问题上。这些都有助于帮助客人看到我们对他的重视和人情味，从而有效弱化其对立情绪。我们要牢记：这时解决问题的关键不在于客人究竟是对还是错，而是我们解决问题的诚意！

（3）尽快核实问题，查清情况。应尽快找与投诉有关的部门或个人了解情况，核实客人投诉内容的真实情况以及当时的突发状况。然后把将要采取的措施和解决问题所需的时间告诉客人，征求其意见并做出适当的承诺。

（4）速战速决，检查落实。此时到了处理投诉的关键时刻，要对投诉处理的过程进行监督，保证处理问题的效率。因为，如果采取行动的时间与行动和对客人的承诺不相符，后果会很严重，不仅原来的投诉得不到解决，说不定失望的客人更可能因此产生新的投诉而使问题变得更复杂。所以必须重点抓好此环节的工作，并将解决问题的进展情况及时与客人沟通。问题解决后，对客人表示感谢。如果客人不满意，则应听取其意见后设法考虑用其他方法解决并落实。

（5）记录然后存档。将投诉的处理过程整理成资料，并加以归类存档备用。

（6）找出问题出现的原因，加以改进。酒店应采取进一步的改进措施，如完善管理制度、落实责任、加强员工培训等，以防止同类问题再次发生。

案例 8-4

酒店处理客人投诉

一位客人深夜抵店，行李员带客人进客房后，将钥匙交给客人，并对客房设施做了简单的介绍，然后进入卫生间，打开浴缸水龙头往浴缸内放水，客人看到行李员用手亲自调试水温，几分钟后，行李员出来告诉客人，水已放好，请客人洗个澡，早点休息。客人暗自赞叹该酒店服务真不错。

行李员走后，客人脱衣去卫生间洗澡，却发现浴缸里的水是冰凉的，打开热水龙头，同样是凉水。于是打电话到总台，回答是："对不起，晚上12点以后，无热水供应。"客人无言以对，心想，该酒店从收费标准到硬件设备，最少应算星级酒店，怎么能12点以后就不供应热水呢？可又一想，既然是酒店的规定，也不好再说什么，只能自认倒霉。"不过，如果您需要的话，我让楼层服务员为您烧一桶热水送到房间，好吗?"还未等客人放下电话，前台小姐又补充道。

"那好啊，多谢了！"客人对酒店能够破例为自己提供服务表示感激。

放下电话后，客人开始等待。半个多小时过去了，客人看看表，已经到了凌晨1点，可那桶热水还没送来，又一想，也许楼层烧水不方便，需要再等一会儿。又过了半小时，电视节目也完了，还不见有热水送来，客人无法再等下去了，只好再打电话到总台。

"什么，还没给您送去?"前台服务员表示吃惊，"我已经给楼层说过了啊！要不我再给他们打电话催催。"

"不用了，还是我自己打电话吧。请你把楼层服务台的电话告诉我！"客人心想，既然前台已经通知了，而这么久还没有送来，必定有原因。为了避免再次无谓地等候，还是亲自问一问好。

于是，按照前台服务员提供的电话号码，客人拨通了楼层服务台的电话，回答是："什么，送水？酒店晚上12点以后就没有热水了！"

……

在上述案例中，其实客人并非一定要洗个澡，只是酒店已经答应为客人提供热水，才使客人"白"等了一个多小时，结果澡也没洗成，觉也没睡好，还影响了第二天的工作。问题就出在服务员虽然答应为客人解决问题，但没有对解决过程和解决结果予以关注，由于交接班以及不同的人接电话的缘故，很可能让客人的问题石沉大海。

有时候，客人反映的问题虽然解决了，但并没有解决好，或是这个问题解决了，却又引发了另一个问题。比如，客人投诉空调不灵，结果，工程部把空调修好了，却又把客人的床单弄脏了。因此，必须再次与客人沟通，询问客人对投诉的处理结果是否满意。比如，可打电话告诉客人："我们已通知维修部，对您的空调进行了维修，不知您是否满意？"这种"额外的"关照并非多余，它会使客人感到酒店对其投诉非常重视，从而使客人对酒店留下良好的印象。与此同时，应再次感谢客人把问题反映给酒店，使酒店能够发现问题，并有机会改正错误。

资料来源：姚建中．现代酒店管理理论、实务与案例［M］．北京：旅游教育出版社，2015.

评估练习

（1）酒店客户关系管理的基础是什么？

（2）简述酒店客户关系管理的举措。

（3）简要介绍酒店客户关系管理技巧。

（4）如何处理客户投诉？

第九章

酒店营销部的运营与管理

引导案例

××酒店组织机构设置方案

××酒店文件

酒字〔2015〕01号

组织机构设置方案

为进一步理顺酒店管理体制，优化部门间协调沟通的渠道，从组织机构的设置上合理控制酒店用工数量，根据酒店实际运行状况，本着精简、效能的原则，拟定本组织机构设置方案。

一、酒店设“八部一室”，即总经理办公室、前厅部、客房部、餐饮部、营销部、工程维护部、人力资源部、财务部、保卫部。

二、酒店实行总经理领导下的“总监负责制”，总监级以上人员的分工详见××酒宇〔2013〕12号文件。

三、部门主要职责。

1. 总经理办公室

(1) 传达、贯彻、执行酒店的各项指示，按要求抓好检查、督办、反馈执行情况，做好有关方面的协调和上传下达工作。

(2) 参与策划酒店内的各项重大活动，督促各部门执行酒店决策，跟办落实各项具体事宜，及时向酒店领导班子反馈信息。

(3) 收集同行业信息和国家有关政策，参政议政，及时为酒店领导班子提供参考意见，起好参谋助手作用。

(4) 负责起草酒店对内、对外的各类文件，并做好文件的传阅、归档工作。

(5) 负责酒店内部各类会议的会务工作，并做好会议记录。

(6) 按照国家旅游局颁布的各项标准、集团质监办下发的各项要求以及酒店自有的各类规章制度，全面负责酒店的质量检查和考核工作，奖勤罚懒、奖优罚劣。

(7) 组织或参与酒店的各类检查，针对出现的问题提出整改要求，并跟进落实整改情况。

(8) 负责受理各类内部投诉，并依据程序进行调查、处理及回复。

(9) 负责酒店车辆的管理和采购工作。

2. 前厅部

(1) 积极获取市场信息，统计客源资料，为酒店的经营提供依据，最大限度地提高客房出租率和客房营业收入。

(2) 掌握特别团队、会议的动态，随时通知相关部门客房预订的走势。

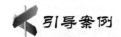

(3) 建立客人账户、对客人消费及时入账。监督检查客人信用状况，处理好各种账

务并及时办理结账手续。

(4) 加强与宾客的联系，做好对客销售、沟通、接待等工作，主动征求对酒店的意见、建议，及时改进工作，提高服务质量。

(5) 控制客房状况，收集、加工、处理和传递有关经营信息。

(6) 出具前厅部各类报表，提取重要数据并科学分析，为经营工作提供合理依据。

(7) 建立健全并管理宾客历史档案。

(8) 检查VIP抵店前接待准备工作，并关注VIP在店期间居停生活。

3. 客房部

(1) 客房部是接待入住宾客的主要部门。其主要职能是为宾客提供安全、舒适、清洁、便利的居住环境和配套设施以及相关的服务，是一个具有策划、组织、指挥和协调功能的服务中心。

(2) 严格按照服务的规范、标准和程序进行服务，关注VIP贵宾房的清洁卫生和物品配备工作，并迎送贵宾抵达和离开。随时关注VIP贵宾住宿状况，检查VIP房、监控工程房或维修房施工进度，抽查客房及空房，巡查楼层公共后勤区域，保证房间布置、服务和清洁卫生符合标准。

(3) 负责建立和完善客房各种物品、用品的消耗、管理、控制制度，严格控制日常用品的消耗，减少不必要的浪费。制订能源节约方案和定期维修方案。

(4) 负责落实客房设施的维护保养、家具翻新、大清洁和除四害等工作安排，跟进客房的特别装修进度/质量。

4. 餐饮部

(1) 为宾客提供餐食、各式饮料、酒品。具有多项服务功能，不但为宾客提供宴会、酒会、自助餐、送餐等服务，同时要为宾客提供会议、展览等服务，具有很强的综合性、协作性和服务性，是酒店的重要窗口之一。

(2) 负责对食品原材料进行采购、验收和储存的管理、控制和盘点工作，控制经营成本。

(3) 负责对厨房出品、卫生安全进行科学管理，控制好食品标准、规格和食品安全。

(4) 根据市场情况制订市场营销计划，调整饮食价格，参与新菜品的推出和价格的制定，组织做好餐饮促销推广工作，确保完成餐饮收入预算。

5. 营销部

(1) 积极开展市场调研，根据目标市场的需要，设计酒店最佳产品组合，选择合适销售渠道，制定合理的价格策略，招徕、开拓客源市场，全面完成酒店下达的经营工作指标。

(2) 负责做好酒店对外宣传工作，组织多种营业推广和促销活动。代表酒店接待重要客人，出席有关社交活动和同行组织的活动。

(3) 为酒店对外宣传的窗口，提高酒店知名度，获得良好经济效益和社会效益，树立在公众心中的良好形象，是酒店和外界客源联系的枢纽。负责编制年、季、月度市场销售、市场拓展、品牌形象推广，经领导批准后全面组织实施。

6. 工程维护部

（1）负责酒店设施设备的维修、保养，并确保水、气、电、暖、空调、电梯及所有设施设备正常运转。

（2）对设备、设施进行合理装置，择优选购。指导其他部门正确使用，精心维护，科学检修，并适时更新，保持设备完好。不断挖掘酒店的技术潜力，充分发挥设备效能，保证酒店的服务质量，保持酒店的硬件档次，维护酒店的形象。

（3）牵头组织全店的节能降耗工作。

7. 人力资源部

（1）认真贯彻执行国家劳动部门的有关方针、政策、法令和指标，组织制订人力资源计划。

（2）组织制定、修改、充实各项人事管理规章制度，做到管理规范化、科学化。

（3）根据用工计划，制订调整组织机构、定员定编方案，组织人员招聘工作，负责员工的调入、招聘、辞退、调出的审核，并负责组织实施。

（4）按照有关政策，结合同行业标准和酒店实际制定酒店工资、奖金、劳保、福利标准，并负责工资、奖金、劳保福利、加班费及各种津贴的结算报表审核。

（5）为保障酒店经营，培训、开发合格人员，创建和谐、健康、体现企业文化的员工关系，改善员工的福利和工作环境，为酒店经营提供组织和人力保证。

（6）建立健全人事、劳动工资、福利、奖惩、考核、培训等项规章制度，并组织实施。

（7）加强与劳动保障有关政府部门的联系与沟通，为各部门提供人事政策法规方面的咨询和指导。

（8）负责酒店各类证照的保管和办理相关因公借用手续。

（9）负责更衣室管理、员工伙食管理、员工后勤等工作。

8. 财务部

（1）建立酒店的会计核算体系，负责组织财务人员做好会计核算，向酒店经营决策者提供正确、及时、完整、真实的会计核算资料，以确保酒店资产保值、增值。定期进行经营分析报告给酒店领导提供决策依据。

（2）负责酒店各项经济指标的预算，做好资金的计划平衡和运用，合理掌握、控制成本和费用水平；控制酒店各个环节的财务收支情况，督导检查现金管理，加强外汇收支监督，杜绝套汇、贪污等违法乱纪行为，核定各类价格并负责实施，有效控制资金的使用。

（3）建立有效的物资采购与保管制度，负责酒店从采购、验收到仓库物流的控制，建立适合酒店的物资流程，核定各部门的物资消耗指标，提高物资利用率。

（4）负责与财政、税务、金融部门的联系，处理好与相关部门的关系，及时掌握财政、税务、金融及外汇动向。

（5）督促、检查酒店固定资产、低值易耗品、物料用品等财产的使用、保管情况，及时发现存在的问题，确保酒店财产物资的合理使用和安全管理。

9. 保卫部

（1）既是酒店的职能部门，也是公安机关在酒店安全防范工作的辅助力量。

（2）保障宾客安全，维持酒店治安秩序，配合消防机关进行防火检查，确保酒店宾客和员工的生命、财产安全。

（3）督促检查安保规程和各项制度的落实，保障各消防设施用品的有效。

此方案自2015年7月1日起执行。

资料来源：王大悟，刘耿大．酒店管理180个案例品析［M］．北京：中国旅游出版社，2007.

辩证性思考：

（1）结合案例，请问酒店营销部有哪些岗位？其具体职责分别是什么？

（2）酒店营销部在酒店经营中有无作用？为什么？

（3）酒店营销部工作人员应具备哪些素质？

酒店营销部以扩大客源、增加酒店收益、树立高档商务酒店形象为中心开展工作，既是酒店对外营销和宣传的窗口，也是酒店外联和广告宣传的中枢。其功能是协助总经理制订企业营销计划，分解落实营销指标，保证营销计划的正确贯彻执行，保持酒店产品对市场需求的长期适应性，以实现酒店产品的创新和增值。在营销过程中，根据不同的客源情况运用多种营销方式和手段，争取更多的客户。酒店营销部的重要性不言而喻。

第一节　酒店营销部的组织机构与岗位设置

教学目标：

（1）了解酒店营销部的组织机构。

（2）掌握酒店营销部门的职能。

（3）了解酒店营销部的主要岗位职责。

一、酒店营销部的组织机构

从管理学的角度出发，通常可以把绝大多数企业的营销组织归纳总结为6种不同的组织：职能管理型组织、区域管理型组织、产品管理型组织、市场管理型组织、事业部制组织及矩阵型等复合组织，每种方式都有其自身的优缺点。也正是由于这一点，通常市场营销组织也分为这样6种类型。而结合酒店经营的特点及其特殊性，酒店营销组织的建立通常有以下几种方式。

（一）职能管理型营销组织

职能管理型组织是根据营销部门内部的职能不同来决定组织的形式，换句话说就是组织的不同部门是按照各部门不同的职责进行划分。这是最常见的一种管理组织形式的划分方法，其一般的形态如图9-1所示。

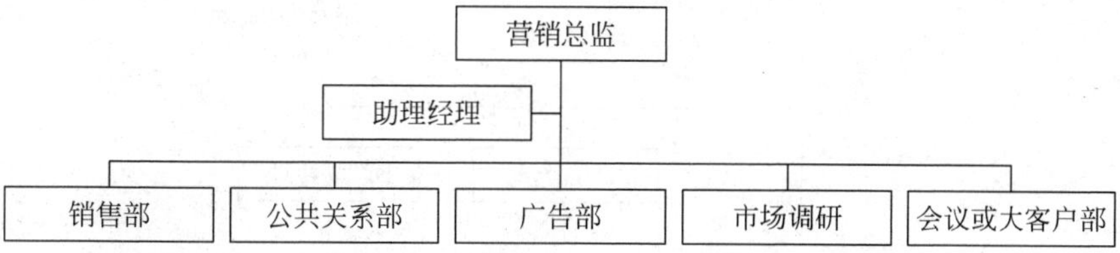

图 9-1　职能管理型营销组织

（二）产品管理型营销组织

产品管理型营销组织与职能管理型组织不同，其构建营销组织的基本出发点是依据营销组织所经营的产品不同而形成的相应的产品管理型营销组织。这种形势的营销组织有利于从产品的角度出发加强企业的营销管理。通常，下设不同的产品经理进行管理，产品经理以下还可以进行进一步的细分。对应到酒店营销组织，则组织的类型一般会相对简单一些——酒店最核心的产品一般只有两大类：客房与餐饮。其组织结构如图 9-2 所示。

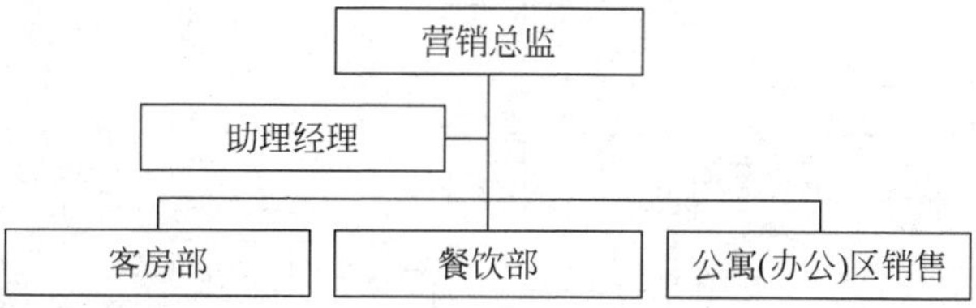

图 9-2　产品管理型营销组织

（三）区域管理型营销组织

区域管理型营销组织是指企业对市场营销组织的管理是从地域的概念出发进行相应的组织规划与管理。这种营销组织也是比较常见的类型，许多大的跨国餐饮集团为了管理方便，都在一定的区域范围内设定不同层次的管理组织对其所辖地理范围内的酒店进行相应管理。图 9-3 即为简单的区域管理型组织。

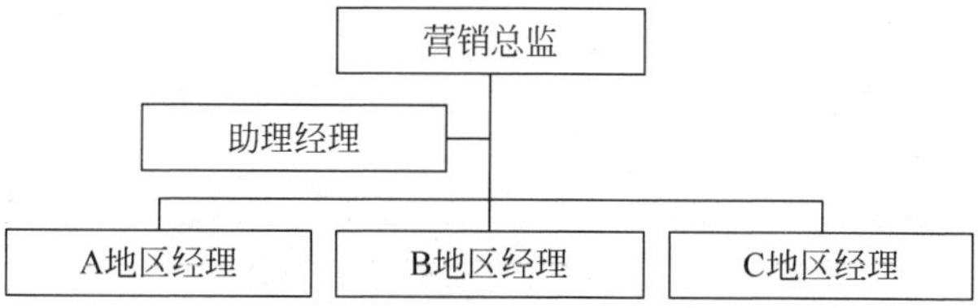

图 9-3　区域管理型营销组织

（四）复合型营销组织

复合型营销组织就是按照不止一条主线来规划设立企业的营销组织。最常见的复合型的营销组织是矩阵型的市场营销组织。我们也以矩阵型营销组织为例，来探讨复合型的营销组织。其简化的组织结构图如图 9-4 所示。

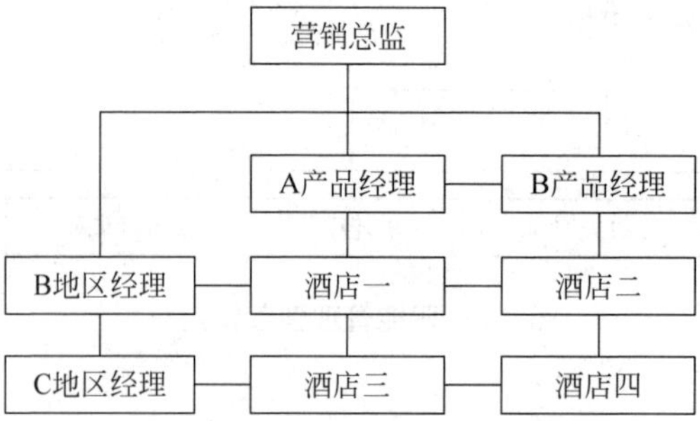

图 9-4　复合型营销组织

知识拓展9-1

××酒店的组织结构图如图 9-5 所示。

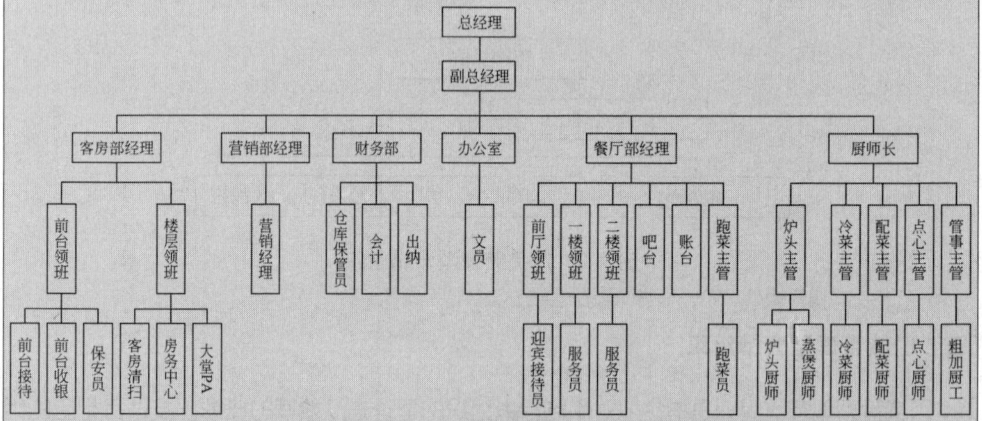

图 9-5　××酒店组织机构图

资料来源：杨劲松．酒店战略管理［M］．北京：机械工业出版社，2013.

二、酒店营销部门的职能

酒店营销部，有些酒店也可能称作“市场与销售部”，主要负责协调和计划酒店的市场营销活动，收集酒店市场营销信息，开发酒店市场，制定酒店的产品价格，并具体负责酒店客房和其他产品的销售。

酒店营销部的主要职责有以下几项。

（1）开展市场营销调研工作。重点收集酒店市场及客源动态消息，了解竞争对手销售活动和价格情况，预测和分析酒店客源市场规模和特征，并编制酒店销售趋势报告。

制订市场营销战略和计划，确定酒店的目标市场，并计划组织整个销售活动。其中包括：①有计划、有组织地对潜在客户和重点客户进行销售访问；②向客户介绍和推销酒店产品；③征询客户对酒店产品和服务的意见；④争取与之达成交易，签订销售合同。

（2）制订酒店的广告促销计划，包括制作酒店客房、餐饮、会议设施、康乐设施、商务服务设施等的宣传册，制定服务指南、电话使用指南、闭路电视节目单、店内公共区域广告、招牌广告、制作房价单、明信片、幻灯片、年历及特别促销活动的宣传资料等。

（3）与酒店其他相关部门一起规划特别促销活动。如与餐饮部一道规划推出圣诞新年晚餐及各种食品节，与客房部一道推出特别住房包价项目。

（4）制定酒店客房的标准价格、组合产品价格、长包房价格、淡季客房推销价格、特殊活动的促销价格、价格的折扣、价格的调整、预订金及佣金的标准和支付办法等。

（5）开展对外公关活动，负责与新闻界、地方政府及社团组织以及其他社会公众的联系，组织和安排各种店内外大型活动，与酒店高层管理当局一起处理各种突发性事件，并收集有关酒店形象方面的信息，为管理决策提供咨询，以树立和维护酒店良好的形象，为酒店创造和保持“人和”的经营环境。

（6）负责日常性的销售工作，处理业务往来信函、电报、电传、传真，回答客户关于酒店价格、产品和服务等询问，向旅行社报价及自行组团。

负责安排和处理团队消费者，尤其是旅行团和大型会议等的团队预订及与组团单位签订合同。

（7）该部门管理人员还负责计划、协调并全面负责编制酒店市场营销计划，协调全酒店的营销工作，并对本部门的业务营运和人员实施管理。

三、酒店营销部的主要岗位职责

（一）营销总监

营销总监是酒店营销部的最高管理人员。他在酒店总经理领导下，负责酒店营销部门的所有业务管理和人员管理。其主要职责包括：①根据酒店的经营目标，负责提出和参与制订酒店对外销售、招徕客源的计划，其中包括年度、季度和月度营销计划，并负责营销计划的实施。②编制酒店的《营销预算》报告，并于预算确定后在工作实施中控制各项费用使用。③组织市场调研工作，定期提出市场调研报告（主要为年度、季度），同时编制客源预测报告。④与酒店总经理配合，确定酒店产品（主要是客房）的价格以及调价和价格折扣的幅度。⑤组织销售部的全面工作，合理安排销售人员的工作，并明确规定其职责和权限；组织安排销售人员的销售访问工作，计划新老客户访问的次数和时间，并编写部门销售访问工作动态；督导销售人员的日常通信和业务函电往来工作；组织销售办公室日常工作，包括销售档案和设备设施的管理工作；负责销售部工作人员年度工作或成绩的考评工作。⑥对一些重要客户，特别是旅行社、航空公司和重要的企事业单位，进行有关签订销售合同方面的销售访问。⑦参加主要的博览会和展销会，以开拓客源市场，并发展和巩固销售渠道网络。⑧与人力资源部一道选择并培训酒店销售队伍。⑨与公关部总监密切合作，为酒店各种庆祝活动及促销活动制订促销计划；配合公关部组织新闻报道、会见旅游界重要人物并参与其他一些公关活动。

案例 9-1

××酒店总办营销总监岗位及职责

1. 在总经理办公室领导下，全面负责市场营销部工作，确保本部门及监管部门职能的正常发挥。

2. 制订并组织实施分店销售工作计划，督导营销人员进行市场开发。

3. 定期组织销售人员进行市场调研工作，收集市场信息，分析市场动向、特点和发展趋势，并及时向总经理汇报以便及时应对市场变化。

4. 制定市场销售策略，确定主要目标市场、市场结构和销售方针，负责集团经营产品的销售工作。

5. 负责本部门的工作质量和服务质量，以及本部门人员的工作指挥、考核权，制定、修订本部门各级人员的职责与权限，树立和改善人员的形象。

6. 督导、检查销售人员的市场开发与客户的维护情况。

7. 协调、沟通与集团监管部门的工作事务。

8. 完成总公司总经理办公室委派的其他工作。

资料来源：杨劲松．酒店战略管理［M］．北京：机械工业出版社，2013.

（二）营销副总监

一般作为营销总监的助手，负责管理销售办公室，作为总监的助手，管理销售队伍并负责部分客户。如果是只设销售经理级的单位，该职务名称为销售副经理。

案例 9-2

××酒店总办营销部副总经理岗位及职责

1. 根据企业未来战略发展规划制订可持续发展计划和目标。

2. 量化指标、下达分店任务。

3. 连锁酒店会员和公司卡的开发推广。

4. 分店销售培训及指导。

5. 负责促销推广及监控。

6. 统筹和协调其他兼管部门。

7. 完成上级委派的其他工作。

资料来源：郑向敏．酒店管理［M］．3 版．北京：清华大学出版社，2014.

（三）销售代表

销售代表是从事酒店推销工作的主体。他们在销售部经理的领导下，负责对客户进行推销及受理团队的大宗预订工作。其具体工作包括：①开展市场调研工作，寻找潜在的客户和市场。②了解、掌握酒店产品情况，了解酒店客房、餐饮以及其他设施和服务等销售信息。③对旅行社、商社、航空公司及其他企事业组织进行销售访问，与之建立业务联系，争取获得订单。④销售人员在销售访问结束后，应撰写销售访问报告或连续访问报告。⑤认真处理客户的业务函电往来，如信件、传真、电传、电话等。⑥做好各种订房资料、合同、消费者资料等的档案工作。⑦受理团队用房的预订，并填写团队客房预订的各种报表。⑧ 参加旅游展销会，开展酒店推销工作。⑨完成销售部经理安排的其他工作。

（四）大客户代表

大客户代表负责旅游等团体在酒店下榻期间与其的沟通工作。其具体职责包括：①协助销售经理对团体旅行业务进行管理，如建立团队档案、收集最新资料等。②同前厅、餐饮、客房、财务等部门进行联络，以保证旅游团用房及用餐的安排合理。③在旅游团到达前 7 天将旅游团资料如人数、名单、停留天数、抵离时间等汇总并分发至有关部门。④在团队到来之前检查核实旅游团名单、房间分配、用餐地点及时间。⑤在团队到达时会见旅游团领队和陪同，介绍酒店设施情况并通告团队用餐时间和地点。⑥同组团单位或导游进行沟通以保证旅游团的各种安排顺利。⑦填写每一个旅游团详细资料，如入住登记时间、实际用房量及预订用房量、领队姓名以及登记时的其他事项，保持完整的记录，以利于追踪。⑧在旅游团整个逗留期间同领队和陪同密切合作，以保证各安排有条不紊并使团队成员满意。⑨在旅游团逗留期间款待旅游团领队以及陪同，并同他们保持密切联系，以扩大酒店其他产品销售（如酒水、额外就餐及娱乐设施）。⑩向销售经理提出建议以改善和提高旅游协调工作。⑪在工作中遵守酒店所有的规定。⑫完成销售部经理或其他管理人员安排的工作。

（五）办公室文员

办公室文员负责营销部的文秘工作，以方便销售人员更多地接触并招徕客户。好的职员需要管好文件卷宗，如销售报告，且做适当的调研工作，他们要同销售人员一样对酒店产品了如指掌，以便于销售。

知识拓展9-2

酒店管理的四个层次

（1）决策层：这一层是由酒店高层管理人员组成，如总经理、副总经理。在这一层工作的员工主要职责是对酒店的主要经营管理活动进行决策和宏观控制，对酒店重要发展战略和产业经营目标进行研究并组织实施。

（2）管理层：这一层由酒店中层管理人员担任，如各部门经理、经理助理、行政总厨、厨师长等。他们的主要职责是按照决策层做出的经营管理政策，具体安排本部门的日常工作。管理层在酒店中起着承上启下的作用，他们是完成酒店经营目标的直接责任承担者。

（3）执行层：这一层由酒店中担任基层管理岗位的员工组成，如主管、领班、值班长等。执行层人员的主要职责是执行部门下达的工作计划，指导操作层的员工完成具体的工作。他们直接参与酒店服务工作和日常工作的检查、监督，保证酒店经营管理活动的正常进行。

（4）操作层：这一层包括酒店的一线服务人员，如迎宾员、厨师、服务员等。操作层员工职责是接受部门指令为顾客提供标准化、规范化服务。

资料来源：伍剑琴．酒店营销与策划［M］．2版．北京：中国轻工业出版社，2016.

评估练习

（1）简述职能管理型组织机构。

（2）简述酒店营销部门有哪些职能。

（3）简述营销总监的岗位责任。

（4）简述大客户代表的岗位责任。

第二节　酒店营销人员的管理

教学目标：

掌握如何管理酒店营销人员。

一、酒店营销人员的招聘

（一）营销人员的工作职责

一般而言，酒店营销人员的工作职责可以概括为以下几方面：①负责搜集、整理及反馈公司产品的市场信息（消费需求的变化、消费者对产品的要求、竞争者的 情况等）；②实现公司产品的销售（访问客户，向消费者介绍和展示公司产品、报价商议、签订合同等）；③跟踪合同的履行（为客户提供售后服务、处理消费者抱怨、回收账款等）；④寻找潜在的客户，开拓新的目标市场；⑤进行客户管理（建立客户档案，定期巡访客户、为客户提供信息服务等）；⑥根据需要开展公司产品的市场调查。

（二）酒店营销部人员需具备的素质

打造一支优秀的营销队伍是酒店人员营销取得成效的关键。那么一名优秀的营销人员需要具备哪些基本素质和条件呢？

案例 9-3

××酒店内部招聘

某酒店总经理李某从国内某知名高校招聘了高才生小王担任其秘书，由于这个年轻小伙子亲和力强、反应敏捷、口齿伶俐，且文字功底好，文秘工作做得十分出色，深得李某的赏识。两年后，李某认为该给小王一个发展的机会，于是把他任命为酒店人力资源部经理，属下有十多位员工。谁知在半年内，先后有三个下属离职，部门工作一片混乱，业务部门对人力资源部也抱怨颇多。原来小王从学校直接到酒店担任高管秘书，并不熟悉基层业务，从未从事过管理工作的他与同级、下属的沟通方式很不到位，决策理想化，让下属都觉得难以接受；同时，他个人认为工作只需向总经理汇报，推行人力资源政策时没有必要征求业务部门的意见，于是，开展的一系列 HR 工作只会徒增业务部门的工作负担却收效甚微……在各种内部压力下，小王也引咎递交了辞职信。

由此案例可见，总经理任用小王担任人力资源部经理前缺乏全面、客观的评估，其决策的基础是建立在对小王的个人感情而非岗位要求上，这是风险极高的事情。酒店在开展内部招聘活动时，不能念及私情，坚持“人职匹配”是最重要的原则。如果让员工就职于一个与其才能不相适宜的岗位，不仅让被任用者身心疲惫，抑制其才能的发挥，而且还会影响其职业生涯的发展。

资料来源：游富相．酒店人力资源管理［M］．杭州：浙江大学出版社．

西方发达国家评价酒店营销人员的综合能力采用了科学的方法，它们把综合能力分解成了 30 个能力子系统，以“低、较低、中、较高、高”5 个标准对应聘者进行综合考察。其中，对营销人员要求较高的是：承受压力的能力、灵活性、精力体力、主动性、决策果断性、忠诚性、集体观念、冒险的胆量、谈判才能、记忆力、责任心、受教育程度、实践能力、商业经验和酒店基本知识。要求最高的是：容易接近；可信性；气质；外语口才。

根据酒店业务开展与竞争的需要，目前我国酒店业对营销人员基本素质要求大体包括下列 5 个方面。

1．良好的形象和气质

营销员的形象和气质成为第一产品展现在消费者面前。虽然外表不再是最关键的因素，但不可否认外表的重要作用。外表的魅力，要求应聘者仪表好、穿着考究、神态安详、面带微笑，这样才能使消费者乐于接近。

2．语言能力

酒店营销人员要有出众的中文表达能力和外语听说能力。

3．德才兼备

营销人员的守信用、真诚、敬业精神和广博的知识十分重要。只有营销人员能够赢得消费者的信任，其营销的产品才能为消费者所接受。营销人员的优良品格是与消费者建立长期稳定关系的基础。

4．综合能力

综合能力包括观察能力，理解、判断和决策能力，说服能力，应变能力等。营销人员的综合能力对于促成销售至关重要。

5．充沛的体力和精力

营销人员每天都要与各种各样的消费者打交道，健康的体魄是搞好营销工作的重要保证。

知识拓展9-3

酒店业高端管理人才紧缺

据开元酒店集团公关部负责人介绍，由于酒店的高级管理人才不仅要有较高的语言能力、沟通能力和文化素养，熟悉国际酒店业行规、法规、操作模式，还要有把握市场动态及发展趋势的能力，精通经营管理。因此，招聘到一个合格的优秀酒店管理人才并不容易，尤其是高端管理人才非常紧缺。

资料来源：田雅林．酒店市场营销实务［M］．北京：人民邮电出版社，2010.

（三）选择适合的招聘渠道

在企业制定出招聘标准之后，即应着手组织招聘。为了把优秀、合格的人员招聘进公司的营销队伍，企业可根据企业人力资源的状况，选择采用企业内部招聘或外部招聘，或二者相结合的方式进行招聘。

1．企业内部招聘

企业内部招聘就是把本企业适合营销工作的人才选拔到营销部门工作。

2．企业外部招聘

企业外部招聘是营销人员招聘的主要方式，外部招聘的渠道大致有以下 4 种。

（1）通过广告招聘，主要指通过报刊、网站、电视、广播等做招聘广告，广告招聘方式的优点是受众面大且影响广，可吸引较多的应聘者；缺点是广告费用较高。

（2）人员推荐，是通过本企业员工推荐或关系单位相关人员推荐。这种招聘方式的优点是由于是熟人推荐，所以招聘与应聘双方在事先已有一定的了解，可简化招聘程序和节约费用。缺点是由于是熟人推荐，有时会因碍于情面而影响招聘水平。如果录用此类人员多了，易在公司内形成裙带关系，给管理工作带来困难。

（3）从大专院校的应届毕业生中招聘，每年都有大批大专院校的应届毕业生，为企业招聘营销人员提供了大量人选。通过测评选拔出具有发展潜力的青年人充实到公司的营销队伍，会给销售组织注入活力和生机。但是他们缺少实际工作经验，所以企业必须投资进行培训。

（4）职业介绍机构与人才市场，职业介绍机构又称猎头公司，为公司选拔中高级销售管理人员提供服务，如企业招聘营销部经理或营销总监等。人才市场则为公司招聘一般营销人员提供了便利。

（四）营销人员的考察与录用

为准确地选拔出优秀的推销人才，企业可采取多种考核方式，利用申报、笔试、面试、情景模拟等方式考察应聘人员。

1. 申报

申报由报名者自己填写申请，企业可借此掌握报名者的性别、年龄、受教育程度及工作经历等基本情况。

2. 笔试

笔试主要考察应聘者的知识结构、从业素质、分析问题与解决问题的能力等。

3. 面试

面试用各种方式进行试探提问，主要考察应聘者的仪容仪表、思想觉悟、价值观、个人修养、求职动机、工作经验、相关专业知识、语言表达能力、应变能力和决策能力、团队意识、责任心等。考察中，对那些才高而德行品质差的人要坚决拒绝。

4. 情景模拟

许多中外合资酒店选聘营销人员时经常使用情景模拟法对应聘者进行全面考察，要求应聘者扮演营销人员，主试者扮演客户，全部采用外语对话，进行情景模拟。此种方法既可考察应聘者的语言能力、应变能力，还能考察应聘者的心理素质和形态举止。这种方式可以有效地测评被试者是否适应该工作岗位。

知识拓展9-4

丽思卡尔顿的12道面试

丽思卡尔顿极为著名的是它的选人过程，任何一个岗位都需要通过12次面试。前两次是通过电话，后面的10次都是面对面，其中最为重要的部分是由将来一起工作的团队同事进行面试，在这个过程中只要有人对候选者不满意，都不能进入下一环节，只有这样才能找到“发自内心愿意服务的人，能融入团队的人”。丽思卡尔顿视之为“情感投入”，而且当候选人真的走完这12个流程，都会感觉自己是个胜利者，也非常喜欢将来一起工作的团队，对薪酬反而不是特别在意了。

因为这一特殊的流程，所以丽思卡尔顿的A类员工比率才会特别高，而且即使入职时的技能还不熟练，因为有很强的意愿和“服务他人”特质，也可以很快培养成A类员工。

资料来源：胡友宇．酒店人力资源管理实务［M］．北京：清华大学出版社，2013.

企业在对应聘者经过了各种考察之后，最后一个步骤就是录用。为了确定应聘者的身体状况是否适应工作的需要，在筛选之后、录用之前还要要求应聘者进行体检。对于重要推销岗位人员在录用之前，企业有必要对应聘者的学历水平、以往工作经历及表现、个人诚信度进行调查，以便做出人员录用与否的决策。

二、酒店营销人员的培训

人员招聘工作完成后，重要的工作就是对营销人员进行培训，以提高他们的业务素质，确保企业销售目标的实现。

许多企业在招募到新的销售人员之后，立即派他们去做实际工作，企业仅向他们提供样品、订单簿和销售区域情况介绍等。这些企业担心培训要支付大量费用、薪金，会失去一些销售机会。但事实证明，训练有素的销售人员所增加的销售业绩要比培训成本更大。而且，那些未经培训的销售人员其工作并不理想，他们的营销工作很多是无效的。

在消费者自由选择度日益增强和产品复杂程度越来越高的今天，消费者总希望自己能够获得正确的产品知识，并且能够比较愉快地购买产品。营销人员不经过系统的专业训练，是不能很好地与消费者沟通的。有远见的企业在招聘营销人员之后，都要对其进行几周乃至数月的专业营销培训。国外企业的平均培训时间，产业用品公司为 28 周，服务公司为 12 周，消费品公司为 4 周。培训时间随销售工作的复杂程度与所招入销售机构的人员类型而有所不同。如 IBM 公司的新销售代表头两年是不能独立工作的，公司希望其销售代表每年用 15% 的时间参加额外的培训。

企业对营销人员的培训工作要遵循科学的流程，具体实施步骤如下。

（一）确定营销人员的培训目标

企业首先应进行培训需求分析。重点分析组织目标、营销人员完成本职工作所应具备的知识和技能，以及员工的现有状况与应有状况之间的差距，来确定哪些人员需要接受培训，以及培训的内容和目标。营销人员的培训大体分为：新员工培训、员工继续培训、销售主管人员培训等几种不同的类型。一般来说，不同类型的培训，要达到的培训目标应有明显差异。

（二）编制培训计划

企业在进行培训需求分析的基础上，需拟订具体的培训计划，报公司主管领导批准后，由人事部门组织实施。编制培训计划需要明确的问题包括：培训对象、培训目标、培训内容、培训师资、培训时间、培训地点、培训方法等。

1．培训对象

需要明确受训的人是新营销人员、全体营销人员、销售主管人员等。

2．培训目标

培训目标有许多，每次培训至少要确定一个主要目标。

一般来说，针对新营销人员的培训目标是认同企业的价值观念、企业精神，掌握工作岗位所需的基本技能；针对全体营销人员的培训目标主要有：发掘营销人员的潜能；增加营销人员对企业的信任；训练营销人员工作的方法；改善营销人员工作的态度；提高营销人员工作的情绪；奠定营销人员合作的基础等。最终提高营销人员的综合素质，以增加销售，提高利润水平；针对销售主管人员提升对营销队伍的管理能力，以确保企业销售目标的实现。

3. 培训内容

为达到预期的培训目标，企业对培训内容要精心设计。一般来说，针对新营销人员的培训内容应侧重：企业的价值观、行为规范、企业精神、企业的产品情况、市场状况、营销基本理论知识和营销策略、企业销售管理制度及业务流程、销售技巧等；针对全体员工培训内容应侧重：企业的新产品、新的市场营销计划和新的市场营销策略，改进工作方法，改善工作态度等方面的培训。针对销售主管人员培训内容应侧重：营销管理知识及技能、人际关系协调、工作协调能力、决策能力、领导组织能力等。

4. 培训师资

培训师的好坏直接影响到培训效果。企业可以根据培训课程内容要求，确定是利用企业内部的高级营销管理人员担当兼职培训师，还是聘请外部培训机构或教育机构的专职培训师。优秀的培训师既要有广博的理论知识，又要有丰富的实践经验，更要有扎实的培训技能和培训经验。

5. 培训时间

培训时间可长可短，根据需要来确定。确定培训时间需要考虑：①产品性质，产品性质越复杂，培训时间应越长；②市场状况，市场竞争越激烈，训练时间应越长；③人员素质，人员素质越低，培训时间应越长；④要求的销售技巧，若要求的销售技巧越高，需要的培训时间也越长；⑤管理要求，管理要求越严，则培训时间越长。此外，企业还要根据培训课程和员工工作时间的要求，考虑是选择白天还是晚上、工作日还是周末，确定培训的日期何时开始、何时结束。

6. 培训地点

培训地点一般可以选择企业内部的会议室、宾馆内的会议室或者教育机构的教室，要根据培训的内容来布置培训场所。

7. 培训方法

培训营销人员的方法很多，常被采用的方法有3种。

（1）讲授培训。这是一种课堂教学培训方法。一般是通过举办短期培训班或进修等形式，由专家、教授和有丰富营销经验的优秀营销员来讲授基础理论和专业知识，介绍营销方法和技巧。

（2）模拟培训。它是受训人员亲自参与的有一定真实感的培训方法。具体做法是，由受训人员扮演营销人员向由专家教授或有经验的优秀营销员扮演的消费者进行营销，或由受训人员分析营销实例等。

（3）实践培训。实际上，这是一种岗位练兵。当选的营销人员直接上岗，与有经验的营销人员建立师徒关系，通过传、帮、带，使受训人员逐渐熟悉业务，成为合格的营销人员。

（三）营销人员培训的实施

实施培训是整个培训过程中的关键步骤。人事部门要组织好培训计划的落实，成功的组织工作是取得良好培训效果的保障。

（四）培训效果的评估

企业在每次实施培训后，还应对培训是否达到预期效果进行评估。培训效果一般可从以下几方面进行测定。

1. 向受训人员进行问卷调查

问卷调查可以问下列问题：受训者是否喜欢这次培训？是否认为培训师很出色？是否认为这次培训对自己很有帮助？哪些地方可以进一步改进？

2. 对受训人员的学习成果进行测定

可运用书面测试、口试、案例分析、情景模拟等方法来测定受训者与受训前相比，受训后是否掌握了较多的知识和技能、工作态度是否发生了改变等。

3. 对受训人员在实际工作中的表现进行测定

可以通过上级、同事、下级、客户等相关人员对受训者的业绩进行评估测定。主要测定受训者在受训后行为是否改善，是否在工作中运用培训中的知识、技能，是否在交往中态度更正确等。

目前，已经有越来越多的企业认识到持续、有效的培训对于打造一支高素质的营销队伍，提升企业销售业绩的重要性。根据国外相关资料表明，对员工培训投资 1 美元，可以创造 50 美元的收益，它的投入产出比为 1∶50。可见，培训对于企业来说，不仅是一种成本，更是一种投资。

三、酒店营销人员的激励

酒店员工激励是指酒店利用适当的奖酬、晋升及改善工作环境等形式充分调动酒店员工的积极性，并运用一定的规章制度和惩罚措施来约束酒店员工的行为，使其自觉并自发地向酒店整体目标靠拢，并进行自我实现的过程。

（一）影响酒店营销部人员工作积极性的因素

通过对建工锦江大酒店激励机制运用的考察，笔者将就酒店激励机制的建立和完善提出建议。

1. 薪酬

对于酒店员工来说，酬劳是满足日常生活的最基本需要。所以收入的高低，分配的公平与否是影响员工积极性的最大因素。

2. 竞争机制

酒店层次观念分明，员工只能一级级往上升迁，这种方式极大地抑制了人的发展，难以调动员工的工作积极性。

3. 人际关系

在一个酒店中，员工关系融洽、和谐，有利于增强团队精神，增加组织凝聚力；有利于组织文化的发展，并提高员工积极性。反之，员工工作时心情不畅，会影响其工作积极性，造成工作效率低下。

4. 协调和沟通

在酒店中，协调是谋求大家行动上步调一致，沟通则是求得思想上的共同了解，没有恰当的协调和有效的沟通，再好的计划也不能很好地实施。

5. 管理方式

在管理中，酒店管理者要学会抓大事，而不应“事必躬亲”。这样不仅可以减轻管理的负担，放开手脚抓大事，更能使员工人尽其才，各司其职，既提高了管理效能，又调动了员工的积极性。

（二）酒店营销人员的激励举措

1. 准确了解营销员工的需求

激励是源于人们需求的存在。抛开了需求来谈激励，是无法实现的空中楼阁。马斯洛需求层次理论提醒我们：人的需求是有多样的、有层次的、动态的以及潜在的。这就决定了我们在制定和完善激励措施时必须及时、准确和充分地了解员工的需求，抓住主要合理需求作为企业激励制度制定的主要依据。这样才能有章可循，收到良好的激励效果。因此，建立激励制度就应了解需求的层次，然后去尽量满足它以及更高层次的需求。

2. 完善酒店员工薪酬福利制度

酒店薪酬福利是酒店对员工付出的回报和补偿，是影响员工稳定性的重要因素。调整工资结构和工资水平是保持物质刺激动力，提高员工稳定程度的关键。提高工资待遇是最佳的激励途径，然而，工资不能无限制增长。

3. 制定合理的绩效评估体系

首先要制定合理的绩效目标，在目标确定以后，使效率和绩效成正比例。在提高绩效目标的同时要考虑是否能同酒店本身的效率成正比，若只是盲目地提高绩效，反而会降低员工的工作积极性。制定合理的绩效目标，当员工达到目标时会增加信心，从而提高工作积极性。绩效评估是整个酒店人力资源管理的控制系统，有监督、控制、反馈并最终提高组织绩效的作用。目前，大多数酒店员工绩效评估采用目标管理法，这种形式的绩效评估是针对员工过去某段时间的工作进行的，是一种过去式，而对于培训信息和引导员工成长方面很少涉及。因此，要将以过去式为主的酒店员工绩效评估体系改变成为以“将来时”为主。首先要改进“员工工作评估表”，要通过绩效评估来引导员工实现职业发展，有利于员工认识到自身的兴趣、价值、优势和不足；有利于员工获取酒店内部有关工作机会和职位的信息；有利于员工确定职业发展目标；有利于员工制订行动计划，实现职业发展目标。

4. 为酒店员工进行职业生涯规划

酒店里的每位员工都有自己的思想和需要以及对酒店和工作方面的要求，假如酒店本身能多从员工角度出发，在某种程度上满足他们的合理需求，员工自然也会全力为酒店服务。作为酒店管理者应该为每一位员工设计好他的职业发展规划，尤其是对高素质人才的职业发展应有一套明确的规划发展方案，使员工能够看到自己未来的发展方向和发展目标。因此，酒店在员工的培养上多投资，健全人才培养相关机制，为员工提供进修以及其他能不断提高自身技能和素质的学习机会。这样健全的职业生涯发展规划必然会受到员工的推崇，员工也会真心为酒店服务。

5. 创建优良的企业文化

酒店文化是酒店人力资源管理中的一个有效的和重要的运行机制，只有当酒店自身文化内涵能够真正渗透到每位员工的价值观时，他们才能把酒店的发展壮大当成自己的发展奋斗目标，因此用员工认同的可行文化来管理企业，这样才能为酒店的长远发展提供动力，得到员工的支持。员工处在酒店优秀文化氛围中更易发挥自己的最大潜能，创造出更大的价值。

案例 9-4

香格里拉酒店的员工激励

香格里拉酒店非常关注员工在“衣食住行”方面的需求。员工餐厅摆设时尚高档、菜品新鲜、环境优美；员工拥有专业的制服；为实习生提供免费的宿舍，距离酒店也不远，配备免费 Wi-Fi、自助洗衣服务等。同时，香格里拉酒店鼓励管理者要学会自我激励、激励员工，将自己所信任的理念和价值观传递给下属。这种激励不仅仅是依靠培训，也体现在日常生活中的沟通和互通。

资料来源：汝勇健．沟通技巧［M］．2 版．北京：旅游教育出版社，2012.

四、酒店营销部人员的监督

营销人员的工作自由度比较大，企业仅对营销人员的工作结果进行考评是远远不够的，还需要建立一套完整的销售管理工作制度和工作流程（如制定营销人员的行为规范、客户访问报告制度、市场与产品信息的反馈制度、客户管理制度、销售工作计划与执行情况报告制度、销售费用管理制度等），使营销人员的各项工作有规可循，能够大大地提高营销人员的工作效率和工作效果。此外，营销部门负责人还要对营销人员的日常工作过程进行必要的指导与监督。

评估练习

（1）简述酒店营销人员的工作职责。

（2）简述对酒店营销人员的培训步骤。

（3）简述如何激励酒店营销人员。

（4）简述如何监督酒店营销人员。

第三节　酒店营销管理制度的设计与执行

教学目标：

（1）了解酒店营销管理制度设计的重要性。

（2）掌握酒店营销管理制度设计的原则和方法。

（3）掌握酒店营销管理制度的执行。

一、酒店营销管理制度设计的重要性

酒店制度是维系一个酒店作为独立组织存在的各种社会行为的总和，各种依法制定的规

章制度作为酒店的“立法”，是酒店规范运行和行使权利的重要方式。在法律的大框架内，每个酒店都有自己的具体情况，设计制定一种适合酒店自身情况的规章，能够使酒店获得最大的潜在效益，提高组织协调性，提升管理有效性。

知识拓展9-5

××五星级酒店新开拓客户实地拜访标准程序

新开拓客户实地拜访标准程序如下。

(1) 初次接触客户为表示礼貌和节约时间，应提前电话预约。

① 自我介绍自己所服务的酒店。

② 陈述打电话的目的。

③ 引起潜在客户的兴趣。

④ 要求安排一次会面。

(2) 实地拜访。

① 按约定时间抵达目的地。

② 自我介绍，递上名片（交换名片要双手递接，表示尊重）。

③ 了解客户基本情况（姓名、职务）。

④ 推销自己，并介绍酒店基本情况。

⑤ 了解客户的消费能力及需求。

⑥ 根据客户的兴趣爱好，尽可能多方面介绍酒店优势。

⑦ 询问客户的合作诚意。

(3) 注意事项。

① 介绍用语：抱歉，打扰一下，我是……（同时递名片），有关酒店的情况能不能给我一些时间作一介绍。

② 确认对方（主要确定具有决策权者）：“请问你是……主任吗?”“有关接待方面的工作，是不是找办公室主任?”

③ 在对方还没有说“请坐”以前，绝不可坐下，入座时避免坐在对方的正前方，应坐在左侧或右斜方。

④ 第2次拜访时，先感谢客户的第1次热情接待，然后送上酒店的宣传资料及报价表。

⑤ 第3次拜访时，应与客户建立起一种亲密的客情关系，谈话主题应深一层。在与客户长期接触中，要建立一种自然的合作关系。

资料来源：张萍，王蕾蕾. 酒店营销实务［M］. 福州：福建人民出版社，2014.

二、酒店营销管理制度设计的原则

(一) 制度观合理

制定的制度应与酒店发展目标及酒店所倡导的价值观念相一致，并在酒店的日常管理中严格地贯彻落实。

（二）规章制度应以正激励为主，与文化管理理念相符

员工需求按照马斯洛需要层次可分为：生理、安全、社交、自尊与自我实现5个层级。所以制定规章制度要以员工需要为出发点，充分考虑员工更高层次的需求；规章制度的落实要考虑奖罚明晰及执行落地，让员工好的行为得到及时鼓励和强化，调动员工多担责任的主动性以及工作的积极性。

（三）规章制度执行到位，塑造严肃性

规章制度制定目的明确，内容合理，可操作性强。执行不偏私，不例外，保证规章制度本身的严肃性。

案例9-5

××酒店前台管理制度

为配合前厅各项工作的顺利进行，规范员工的工作行为，特制定此制度。

1. 诚实，是员工必须遵守的道德规范，以诚实的态度对待工作是每位同事必须遵守的行为准则。

2. 同事之间的团结协作、互相尊重、互相谅解是搞好一切工作的基础。

3. 以工作为重，按时、按质、按量完成工作任务是每位同事应尽的职责。

以上3条是每位服务人员必须遵循的行为准则。

一、考勤制度

1. 按时上下班签到、签离，做到不迟到，不早退。

2. 事假必须提前一天通知部门，说明原因，经部门批准后方可休假。

3. 病假须持医务室或医院证明，经批准后方可休假。

4. 严禁私自换班，换班必须有申请人、换班人、领班、经理签字批准。

5. 严禁代人签到、请假。

二、仪容仪表

1. 上班必须按酒店规定统一着装，佩戴工号牌，工服必须干净、整齐。

2. 酒店要求保持个人仪容仪表，站、立、行姿势要端正、得体。

3. 严禁私自穿着或携带工服外出酒店。

三、劳动纪律

1. 严禁携带私人物品（提包、外套）到工作区域。

2. 严禁携带酒店物品出店。

3. 严禁在酒店范围内粗言秽语，散布虚假或诽谤言论，影响酒店、客人或其他员工声誉。

4. 工作时间不得无故串岗、擅离职守，下班后不得擅自在工作岗位逗留。

5. 上班时间严禁打私人电话，干与工作无关的事情。

6. 严格按照规定时间换饭，除用餐时间外，不得在当值期间吃东西。

7. 严禁在工作时间聚堆闲聊、会客和擅自领人参观酒店。

8. 上班时间内严禁收看（听）电视、广播、录音机及任何书报杂志。

9. 严禁使用客梯及其他客用设备。

10. 严禁在公共场所大声喧哗、打闹、追逐、嬉戏。

四、工作方面

1. 严禁私自开房。

2. 除行李员外，其余人员不得擅自到客房、餐饮、康乐区域。

3. 当班期间要认真仔细，各种营业表格严禁出现错误。

4. 不得与客人发生争执，出现问题及时报告部门经理与当领班，由其处理。

5. 服从领导的工作安排，保质保量完成各项工作。

6. 服务接待工作中坚持站立、微笑、敬语、文明服务，使宾客感觉亲切、安全。

7. 积极参加部位班组例会及各项培训工作，努力提高自身素质和业务水平。

8. 工作中严格按照各项服务规程、标准进行服务。

9. 认真做好各项工作记录、填写各项工作表格。

10. 自觉爱护保养各项设备设施。

11. 工作中要注意相互配合、理解、沟通，严禁出现推诿现象。

12. 严禁出现打架、吵架等违纪行为。

13. 严禁出现因人为因素造成的投诉及其他工作问题。

14. 工作中要有良好的工作态度。

资料来源：陈明．酒店管理概论［M］．2 版．北京：旅游教育出版社，2014.

三、酒店营销管理制度设计的步骤

酒店制度设计部门需要在明确分工和完全清楚设计目的的情况下，按照以下步骤操作：明确制度制定的依据、时机的选择是否明智、制度需要达到的目的等；提炼企业文化使命、企业精神、企业作风、质量方针、服务理念等价值理念，在调查分析的基础上，经过各相关部门的充分讨论；设计管理制度（程序、表单）草案，反复修改后由高层管理者审定；试行、修订后全面推开，同时根据运行情况制定配套措施。

四、酒店营销管理制度设计的方法

（一）借鉴法

酒店在借鉴学习其他企业先进的管理制度时，要巧学活用，但绝不等同于生搬硬套的拿来主义。酒店管理者要大胆地解放思想，追求管理创新，彻底摈弃陈旧的管理观念，用所学到的、借鉴的科学管理理念、方法来统一企业员工的认识，使全体员工的思想观念、工作作风合乎自身企业发展前进的要求，主动参与管理、配合支持管理。

（二）总结法

酒店要认真审视自己管理工作中的不足和问题，并通过不断总结、完善、修正来提升管理工作水平，以建立健全真正意义上的科学的现代企业管理制度。

（三）循序渐进法

酒店管理制度设计者要按照管理的系统工程进行编制，不能想当然的让制度缺失和出现空档；同时，要从酒店管理的实际出发，由低向高，由简到繁，通过日积月累，逐步提高管理制度的针对性和时效性；当然，酒店管理制度要贯彻执行到酒店各项工作的每一个环节中去。

（四）特色设计法

酒店管理制度的设计没有绝对的模式，但有相同的框架。有特色的酒店管理制度，一是要对制度有效宣传，得到员工的普遍认同；二是对制度执行过程中不断出现的问题和困难，应当有一个正确的认识和评估。所以，因地制宜地适时进行修改和完善制度是一个正常的必要的过程，需要管理者有足够的勇气去自我调整或自我否定。

五、酒店营销管理制度的执行

酒店营销管理制度的设计、建立并不难，难的是是否得到正确和严格的执行；工作任务的布置下达也不难，难的是执行是否到位、符合预期。这也就是酒店管理中是否达到应有的执行力度。执行力的问题经常困扰着各级管理人员，要提高对酒店营销管理制度的执行力可以从以下 4 个方面入手。

（一）组织有方

组织即宣传、培训、下达和贯彻的过程。所谓组织有方指的是：宣传，要将制度、任务的意义所在，讲足讲透；培训，让员工既要知其然，还要知其所以然；任务下达要做到目标明确，责任到人；而制度的贯彻则由简入繁，由松到紧，循序渐进，配套进行。组织阶段不但不能忽视省略，而且还要多花些时间和精力，认真按以上要求去做。只有组织阶段举轻若重了，才可能在执行中做到举重若轻，事半功倍。

案例 9-6

× ×酒店例会制度

某一商务酒店长期以来只是要求部门经理每周参加一次例会，而且无须上缴文字材料。新到任的总经理准备在部门经理中推行一项新的制度：要求部门经理每天上交工作日记并参加每日一次的工作例会。这一制度推行之前，新任总经理不遗余力地向部门经理宣传这一制度的种种好处，同时不急于要求大家一步到位，先是一周的三次早会（其中一次还作为一周的工作计划会），日记写多写少、写好写差不予评说。执行了一段时间，大家慢慢养成写日记的习惯，一个季度之后全面走向正轨。有了工作日记，总经理可以对日记中反映的某些问题或在晨会前即做指示，或安排于晨会后另开专题会解决。这样每一天晨会的内容只涉及3个必须：必须强调、必须通报和必须在会上协调的，大大缩短了晨会时间，还克服了过去那种会上每人轮流发言、大家陪听甚至互相扯皮的现象。

资料来源：孙丽钦，酒店基础知识［M］. 北京：清华大学出版社，2012.

（二）督导有力

制度、程序、规范、标准等的贯彻执行、任务工作的布置开展，倘若放任自流，很可能被执行走样变形甚至没有执行，从而达不到预期目标。因此在执行过程中，监督、指导就成了管理人员特别是基层管理人员日常工作的主要职责和内容。

（三）狠抓落实

制度、程序都在执行中，但执行走样；规范、标准都已颁布，但执行不严；工作任务作了布置，但不是进度达不到，就是脱节出纰漏。因此，各级管理人员要想放得下心，先要狠得下心，对工作中的关键部位、关键环节决不放过，勤于走动检查，一旦发现问题，立即追踪整改，直至落实。

知识拓展9-6

某酒店安全管理

某酒店在安全管理方面不可谓没有制度："动火"制度建立了（如规定工程部在车间以外电焊必须由保安部到场检查并采取防范措施后方可施工），消防培训演练制度也有了，然而实际执行情况如何呢？某日工程部对正在营业的客房电焊维修窗户，没有人落实"动火"制度，工程部没按程序要求报保安部，保安部无人到场监督指导。结果电焊火花飞溅引发火灾。还因为保安部对新员工消防培训演练制度没有执行落实，导致火灾发生时，楼层服务员虽然在慌乱中找到灭火器，但又因平时缺乏训练而不懂得如何使用。

资料来源：方伟群. 酒店安全生产管理实务［M］. 北京：中国旅游出版社，2010.

（四）关注细节

"细节决定成败"，尤其是在对客服务方面。对客服务的程序、规范乃至标准，各家酒店不但都会向标杆酒店学习，甚至比追赶超，订得既细又严，但执行者有时对关键细节就是不认真执行。例如，接待客人入住时，没有请客人在"贵重物品和现金请寄存"通知栏上签名，而客人在酒店丢失了贵重物品，公安部门认定系酒店安全措施不力所致，判定由酒店赔偿；接受客人叫醒要求，忘记复述确认，致使叫醒失误，由此造成客人因行程变更所产生的经济损失由酒店承担，诸如此类，不一而足。其缘由无不是原定程序的重要细节执行疏漏。为此，各级管理人员在培训指导时要强调细节，在监督检查时要落实细节，唯有如此，才可能使得制度、程序、规范、标准执行到位，工作任务以及重大接待活动圆满完成。

评估练习

(1) 简述酒店营销管理制度设计的重要性。

(2) 酒店营销管理制度设计的原则是什么?

(3) 简述酒店营销管理制度设计的步骤和方法。

(4) 简述酒店营销管理制度的执行。

第四节　酒店营销业务绩效管理

教学目标:

(1) 掌握酒店营销业务绩效管理概念。

(2) 掌握酒店营销业务绩效管理原则。

(3) 理解酒店营销业务绩效管理举措。

绩效管理是当前酒店营销管理的重要方法之一。酒店如果能将绩效管理运用得当，就能激发员工的工作潜能、维护组织顺畅运行、促使酒店业绩提升；但如果运用不当，则会引发考核者和被考核者的对立情绪，进而影响团队合作热情，降低组织绩效。

一、酒店营销业务绩效管理的概念

酒店营销业务绩效管理是指酒店管理者用来确保员工的工作行为和工作结果与酒店的战略目标保持一致的手段以及过程。

酒店营销业务绩效管理既是管理者和员工应当实现的工作目标以及如何实现目标达成共识的一个过程，同时还是通过人员管理、流程管理等来实现酒店成功的一种方法。酒店绩效管理往往充分开发和利用每个员工的资源来提高酒店整体绩效，即通过提高员工的绩效达到改善酒店整体绩效的目的，从而确保酒店战略目标的成功。

知识拓展9-7

酒店绩效 SMART

S代表具体的（Specific），指的是绩效目标应该在绩效标准的基础上更加明细化、具体化。

M代表可衡量的（Measurable），指目标只有采用可衡量的方式陈述，才能对员工行为进行有效的反馈。

A代表具有吸引力的（Action-oriented），指有行为导向的，绩效目标应该能够引导员工的行为。

R代表切实可行的（Realistic），指要向员工提出一个切实可行的工作方向和目标以激发员工更好地实现管理者对他（她）的期望。

T代表受时间和资源限制的（Time and resource constrained），指绩效目标应该带有时间要求和资源限制。这种时间和资源限制实际上是对目标实现方式的一种引导。

资料来源：胡友宇．酒店人力资源管理实务［M］．北京：清华大学出版社，2013.

二、酒店营销业务绩效管理的原则

（一）稳定原则

绩效管理制度、考评指标及标准还有分配方式等经过绩效管理讨论确定后，在一个考评周期内基本上不会发生大的变化，需要保持相对稳定性。

（二）参与原则

被考评者有参与制定本岗位考评指标、考评标准的权利。同时，在考评过程中，有进行自评和获知上级评价意见、评价结果的权利。

（三）激励原则

各级主管要切实做到激励先进、鞭策落后，使优者多得、差者少得或不得。

（四）反馈原则

过程监控结果和考评结果要及时反馈给被考评者本人，肯定成绩，指出不足，并提出今后努力改进的方向。

（五）申诉原则

当被考评者认为考评有失公正，可以要求必要的解释或进行申诉。

（六）结果导向原则

酒店主要对部门的经营管理结果进行考评，同时力求关注绩效过程。对过程管控，在一定程度上就是对结果的管控。

案例9-7

××酒店营销部业绩考核范畴

（1）客房：会议团队、旅行社团队、协议散客、网络订房等一切由营销部进行开发、接待、维护的客人的用房。

（2）餐饮：会议团队、旅行社团队、营销部预订的散客餐、协议客户散客餐等一切由营销部进行开发、接待、维护的客人的用餐。

（3）温泉：会议团队、旅行社团队、协议散客等一切由营销部进行开发、接待、维护的客人的温泉SPA。

（4）VIP卡：含酒店目前销售的所有卡型，综合储值消费卡、次卡。

备注：业绩考核范畴不包括返佣金额。

资料来源：刘伟．酒店管理［M］．北京：中国人民大学出版社，2014.

知识拓展9-8

酒店关键业绩指标（KPI）

酒店关键业绩指标（KPI）是来自酒店战略/经营目标的层层分解，能够反映酒店关键重点经营活动情况，同时也是反映被考核人最重要的工作成果的指标。因此需要兼顾如下原则。

（1）少而精原则：KPI的制定应体现20/80原则，即KPI总和应能反映被考核人80%以上的工作成果，通常被考核人的KPI一般不超过8个。

（2）结果导向原则：KPI主要侧重于对被考核人工作成果的考核。

（3）可控性原则：KPI均应是被考核人可控制的或能够产生重大影响的指标。

（4）可衡量性原则：KPI应具备可衡量性，应当有明确可行的考核方法和考核标准。

（5）一致性原则：KPI与酒店战略/经营目标保持一致，其实现有助于酒店的战略/经营目标实现。

资料来源：李伟清，贺学良，李菊霞．酒店市场营销管理与实务［M］．上海：上海交通大学出版社，2010.

三、酒店营销业务绩效管理的举措

（一）精心分解目标，做好绩效计划

绩效计划是酒店领导和下属就考核期内应该完成哪些工作，以及达到什么样的标准进行充分讨论，并形成契约的过程。通过绩效计划，使各岗位目标清晰。计划的过程，可以使酒店总体的绩效计划恰当地转化为各个业务单元的具体目标，可以使个人或组织明确在一定时期内经过努力应达到的预期成果。

（二）精心预测环境，做好绩效实施

绩效实施是绩效管理的重要环节，也是绩效管理中最容易被忽视的部分。注重持续的绩效沟通。在绩效实施阶段，管理人员应与员工进行持续沟通。通过沟通，可以依据酒店运行

的实际状况，及时对绩效计划中的部分环节进行调整。同时，沟通也可以及时发现员工工作过程中遇到的困难，为员工提供帮助和支持。

（三）精心评价业绩，做好绩效考核

当前，绩效考评在酒店中应用较多，关注程度也最高，因此，这部分工作的开展具备一定水准。目前，运用较多的方法为相互间打分，即我们常说的360度绩效考评法；另一种便是围绕经营指标的目标管理法。其实，绩效考评还有很多方法也十分科学、可行，如排列法、成对比较法、关键事件法等。酒店管理者需按照指标的不同选择最合适的考评方法，最大限度地实现考评公正、结果准确。

（四）精心沟通情况，做好绩效反馈

绩效管理的目的是使员工了解自己的业绩表现与当初的目标有所对照。反馈评价信息，能使员工意识到自身的长处与缺点，表现优异与不足，使员工对自身的表现形成综合全面的评价。

（五）精心改进工作，做好绩效改进

绩效管理的最终目标是实现酒店整体绩效的提升，因此，绩效改进是显现绩效管理效果的重要环节。可以从两个方面入手，明确绩效改进的要点，并选择科学的绩效改进方法。

无论酒店处于何种发展阶段，绩效管理对于提升酒店的竞争力都具有巨大的推动作用。没有有效的绩效管理，组织和个人的绩效得不到持续提升，就不能适应残酷的市场竞争的需要，最终必将被市场淘汰。

案例 9-8

××酒店绩效考核流程

1. 经理级由总经理考核

2. 部门主管、领班级由部门经理考核

（1）被考核人员通读相应评估表格，根据各级各岗《绩效考核评估表》内容，逐项评估。

（2）由部门经理与被考核人员面谈、初评，并填写“评语”。

（3）被考核人员对考核结果提出意见及对今后的工作提出整改方向。

（4）部门经理评估后，行政人事部会根据评估内容进行抽查，合格后呈总经理审批。

（5）行政人事部公布考核等级，严格执行考核结果。

3. 员工级考核

（1）被考核人员通读相应评估表格，被考核员工的直接上司根据《绩效考核评估表》内容，逐项严谨客观、实事求是、认真负责地进行评估。

（2）由直接上司与被考核人员面谈、初评，并填写“评语”。

（3）被考核人员对考核结果提出意见及对今后的工作提出整改方向。

(4) 经部门经理确认签字后，行政人事部会根据评估内容进行抽查，全部完成后呈总经理审批。

(5) 行政人事部严格按照本制度执行月度、年度考核，并公布考核结果。

资料来源：姚建中．现代酒店管理理论、实务与案例［M］．北京：旅游教育出版社，2015.

评估练习

（1）酒店营销业务绩效管理的概念是什么？

（2）酒店营销业务绩效管理原则是什么？

（3）酒店营销业务绩效管理举措有哪些？

（4）什么是酒店关键业绩指标（KPI）？

第五节　酒店市场营销发展的新趋势与挑战

教学目标：

（1）理解酒店市场营销发展的新趋势。

（2）了解酒店市场营销面临的挑战。

一、酒店市场营销发展的新趋势

（一）酒店市场细分化程度日益提高

近些年来各种不同形式的主题酒店、文化酒店等不断出现并取得成功。这既包括主题酒店作为一种新形式的酒店载体本身，也包括在主题酒店概念范畴内不断涌现出的新形式的主题酒店。比如，2009 年作为世界著名冬季旅游胜地的日本北海道地区出现的价格不菲的“冰雪”酒店，既是其冰雪旅游产品的一部分，也是一种新形势的主题酒店。入住的宾客，可以在其入住期间享受到与五星级宾客同样一流的设施和周到的服务，同时，又能体会到全新的冰雪旅游的新奇感觉。

这一切主要是源于随着国际酒店业的不断进步和竞争的不断加剧，一方面，市场被细分得越来越细致，用以满足越来越多样化的消费者需求；另一方面，在服务营销方面的方法、手段不断创新，以更好地取悦消费者，也得到了一定程度的体现。

案例 9-9

维也纳酒店的市场细分

维也纳酒店集团旗下现拥有 6 个子品牌，包括维纳斯皇家酒店、维纳斯度假村酒店、维也纳国际酒店、维也纳智好酒店、维也纳好眠酒店、维也纳三好酒店。品牌的细分不仅仅是在房间价格上的差异，更为重要的是每个品牌有自身独特的定位，正所谓“术业有专攻”。

维纳斯度假酒店选址就设在国家5A级别景区，又有天然温泉为伊伴，圣地生灵感、仙境渡人生，为高端人士打造高端商旅休闲。

维纳斯皇家酒店是集团五星级或以上的高端子品牌，不仅在选址上讲究，其以美食、艺术、典雅、豪华为产品设计理念为宾客提供美味、典雅、豪华、安全、舒适的酒店产品、服务更是独树一帜，让每一位入驻宾客享受到超越的高端体验。

维也纳国际酒店为精品商务连锁酒店，定位“轻五星”第一品牌，是卓尔不凡的企业家们差旅的必备选择。五星体验二星消费，以健康美食、经典艺术、智能化为产品设计理念，为宾客提供超值、安全、美食、艺术、健康、环保的入住体验。

维也纳智好酒店被誉为“客房专家”，致力于为客户提供高品质的酒店产品和周到的服务，让宾客深切感受物超所值。

维也纳好眠酒店是集团旗下全新子品牌，拥有助眠专利26项，汇聚全球顶级睡眠智慧。酒店在床铺和睡枕的专利上极为考究，将中国第一长寿之乡巴马的特殊喀斯特地貌地磁结合人体睡眠生物波融入床铺，改善因失眠或垃圾睡眠所致的各种亚健康状态。酒店在助眠度上全球第一，不惧争议。

资料来源：全国MTA教育指导委员会秘书处．中国首届MTA教学案例评选优秀案例集[M]．北京：中国旅游出版社，2015.

案例9-10

向创意旅馆学营销

随着人们对于旅行的定义越来越多元化，传统旅馆经营模式也渐渐无法满足旅人的各式需求。如何跳脱这些传统营销模式的条条框框，用创意来吸引受众？如下这些提供独特服务的旅馆营销案例，或许可以带给你一些思考，是时候抛弃一下千篇一律的待客之道，用创意寻找新的商机了。

是展览中心？还是旅店？

荷兰的设计品牌Droog最近跨足旅馆业，最新开幕的旅馆坐落在阿姆斯特丹一栋17世纪的古老建筑内，整间旅馆有700m^2，却只有一间房间，位于建筑的顶楼。其他的区域规划成有设计感的咖啡厅、餐厅、时尚品牌专卖店、美容保养店，以及艺廊。中庭则种满绿色植物，像是童话故事里的花园。

艺廊随时会举办展览、活动，与其说Hotel Droog是旅馆，倒不如说是一个艺术中心。旅客不用出旅馆大门，就能浏览到当代杰出的工业设计、各类展览，听演讲，享受“一站式”的设计之旅。

在Droog共同创办人Renny Ramakers看来，认为“旅馆就是睡觉的地方”的想法已经过时，旅馆的概念已经扩大，应该思考如何提供给客人更多样化的服务。

资料来源：钟志平，谌文．酒店管理案例研究［M］．重庆：重庆大学出版社，2015.

（二）同业或异业联盟兴起

在集团化、连锁化的酒店集团得到快速发展的同时，一种情况是规模相对小、竞争实力稍差的酒店企业为了增强其自身的竞争力来对抗酒店业的连锁企业——尤其是国际化的跨国集团的巨大竞争压力，积极采取主动措施，以同业或异业联盟的形式来强化其竞争能力，提高其生存和发展的能力。这种联盟可能是由业内的某家酒店发起成立的，或是产业链的上下游企业发起的，也可能是由第三方发起的，旨在发展联盟、增强其竞争实力。另一种情况可能就是为了加强某些企业在业内的竞争优势而发起成立的这种组织。这种组织在国际上知名度较高，比较有影响的代表之一——世界一流酒店组织，就是集合了世界上第一流的酒店，为其消费者提供更好的服务。我国北京的贵宾楼、广州的白天鹅酒店等均是其成员。凡是加入其组织的成员，“加入即意味着档次”，是全球酒店业第一流的设施与服务的代名词。而我国的中国酒店网、商之行酒店网也同属此类。我国在美国上市的从事旅游与酒店预订服务的携程网就兼有同业与异业联盟的功能。

知识拓展9-9

万豪：酒店与Apple Watch的完美结合

Apple Watch作为可穿戴设备的代表，牢牢地吸引着用户的眼球。其内置的应用包括微信、微博、支付宝、美拍、携程、支付宝等多款应用，加上其NFC模块更能支持Apple Pay支付功能，可变身银行卡及酒店门卡。万豪酒店集团将利用iPhone 6推出与Apple Watch关联的App，用户可以在Apple Watch上完成预定、登记、支付以及开锁等一整套程序。

用户如果要对酒店赞扬或者吐槽，通过美拍记录，分享到微博微信等社交媒体即可。从场景到触点，一个完整的酒店O2O路径就完成了。除了能提高酒店的工作效率、降低人工成本外，更能为入住客人带来绝佳的入住体验。

旅游O2O大潮下，传统酒店业如果主动拥抱，积极创新，把产品和服务做到极致，处处为用户着想，就不致处处受制于OTA，反而拥有了更多的议价能力和腾挪空间，毕竟商业的本质是满足用户需求获得收益，产品和服务永远是最重要的。酒店能否站着把钱挣了，其实完全可以有不一样的思路，酒店O2O课题值得所有酒店重视。

资料来源：杜炜，旅游消费行为学［M］．天津：南开大学出版社，2009.

（三）民宿和精品酒店兴起

“八项规定”出台之后，同质化的高星级酒店、以公务接待为主的酒店、快捷酒店均出现过剩，日子并不好过。而新的市场需求——“80 后”“90 后”消费者的迅速崛起，令注重个性化服务的民宿、精品酒店有了发展的空间。不利形势下，星级酒店、快捷酒店也在谋求转型发展。酒店正面临旅游业迅猛发展带来的机遇，因此民居民宿、客栈、度假别墅、小木屋、帐篷、房车等不同类型的住宿是增长而不是分流。

（四）酒店“互联网 +”时代的来临

“互联网 +”可以帮助酒店打破信息不对称，降低交易成本，把分工进一步深化，然后提高生产力。从酒店行业来说，最明显就是可以利用互联网降低成本。

1. “互联网 +”是互联网的思维

思维里面有各行各业的生态圈，还有很多平台。同时，互联网很多东西都是免费的。

2. “互联网 +”需要相关工具和技术

要用一些互联网技术，互联网的工具。比如微信、微博等就是典型社交化的工具。

3. 互联网是一种模式

互联网是一种模式，例如口碑营销的方法和模型模式。互联网网络，特别是移动互联网给我们带来便捷的东西，包括面对面的建群，大家可以在这个群里进行探讨沟通。酒店行业也可以用这种方法模型，去做酒店的口碑营销。

知识拓展9-10

大数据：多维分析铸就未来酒店市场营销新利器

随着云计算的诞生，酒店行业迎来了大数据的时代。在酒店市场营销工作中，无论是产品、渠道、价格还是顾客，每一项工作都与市场数据息息相关。

通过获取数据并加以统计分析来充分了解酒店市场信息，掌握竞争者的商情和动态，知晓酒店在竞争群中所处的市场地位，来达到“知彼知己，百战不殆”的目的，然后将积累和挖掘的客户档案数据用以分析研究消费行为和价值趋向，便于酒店更好地为顾客服务和发展忠诚顾客，形成酒店稳定的会员客户。

资料来源：吴联仁．酒店管理信息系统［M］．北京：旅游教育出版社，2015.

二、酒店市场营销发展面临的挑战

（一）激增的酒店运营成本

作为投入大、成本高的行业，酒店在经营创收的同时，也要注意节约费用和降低成本。每个成功的经营者都深谙一个原则：经营创收和降低成本是酒店长期发展的必经之路，两者相辅相成，缺一不可。2015 年的相关预测显示，酒店行业在未来 5 年内，所有与经营相关的成本都会有不同程度地增加，主要是源于人力成本的增长。尽管人工数量在削减，但是人工成本却在提高。酒店除了通过准确定位缩减人力成本之外，还应提升效率和优化结构。

（二）缺乏正确的数据分析

一方面，酒店每天要对大量数据和信息进行处理，没有一个高效的智能管理系统辅助，单纯的人工处理不能对这些数据和信息进行深度剖析。目前虽有很多酒店已经意识到数据分析的必要性，但这也催生了它们对智能管理系统不易于用户使用的担忧。另一方面，尽管一些酒店已经具有智能管理设备，但是它们并未将这些设备用于数据处理和分析。在大数据概念全面普及的环境下，数据分析对酒店收益管理具有重要意义。

（三）网站建设和在线声誉管理重视程度不够

网站建设是现代酒店可持续发展的需要。当“信息”一词刚为人们所接受，与之相关的信息社会已经闪现在我们眼前，酒店经营信息化已成为不可抗拒的潮流。作为变革下的产物，网络订房是酒店信息化经营的重要标志。

不过大多数酒店认为，只要拥有自己的网站就可以大幅增加预订。仔细分析就会发现，酒店本身的网站并不是客人们预订客房的最优选择。因为酒店网站更新缓慢，网页上既没有醒目的促销活动，也没有亮眼的优惠回馈；既没有附加相关产品信息，也没有推广自己的特色服务。

（四）客户忠诚度的维系难度加大

酒店业在各类行业中竞争最为激烈。提供个性服务的酒店数不胜数，但却很难提供一个真正创新的产品。各个公司的目标客户基本上相同，酒店差异性变得更具挑战性，争夺客户尤为困难。因此，酒店保护客户群，建立忠诚度非常重要。当顾客支付或使用设备时，酒店可捕捉并存储客户信息；通过智能手机或网上优惠券和二维码对会员进行奖励；发送报价和促销信息。同样，这是一个复杂的技术和通信方案，需要各种支持以保证客户沟通渠道畅通。

酒店业和酒店营销要以变应变，以变制变，创新发展，从而更好地满足消费者的多样需求。

评估练习

（1）简述酒店市场营销发展的新趋势。

（2）酒店市场营销面临哪些挑战？

（3）简述“互联网＋”的含义。

（4）简要分析酒店运营成本激增的原因。

参考文献

[1] 周三多．管理学［M］．4 版．北京：高等教育出版社，2014.

[2] 吴健安，聂元昆．市场营销学［M］．5 版．北京：高等教育出版社，2014.

[3] 符国群．消费者行为学［M］．3 版．北京：高等教育出版社，2015.

[4] 曹孟勤，韩秀景．消费心理学［M］．保定：河北大学出版社，2000.

[5] 孙迎光，韩秀景．组织形象塑造：现代公共关系理论与实践［M］．上海：上海三联书店，2009.

[6] 汝勇健．沟通技巧［M］．2 版．北京：旅游教育出版社，2012.

[7] 金陵饭店工作手册编写组．金陵饭店工作手册［M］．南京：译林出版社，1999.

[8] 孙丽钦．酒店基础知识［M］．北京：清华大学出版社，2012.

[9] 陈明．酒店管理概论［M］．2 版．北京：旅游教育出版社，2014.

[10] 郑向敏．酒店管理［M］．3 版．北京：清华大学出版社，2014.

[11] 杜炜．旅游消费行为学［M］．天津：南开大学出版社，2009.

[12] 蔡万坤．现代酒店市场营销管理［M］．广州：广东旅游出版社，2012.

[13] 周显曙，丁霞．酒店营销实务［M］．北京：清华大学出版社，2013.

[14] 钱炜，李伟，谷慧敏，雍天荣．饭店营销学［M］．4 版．北京：旅游教育出版社，2013.

[15] 成荣芬．酒店市场营销［M］．北京：中国人民大学出版社，2013.

[16] 张萍，王蕾蕾．酒店营销实务［M］．福州：福建人民出版社，2014.